VONTADE INABALÁVEL

"Maria Silvia é uma guerreira e uma pessoa humana maravilhosa. Grande amiga, trabalhamos juntos em conselhos de administração onde pude constatar sua enorme capacidade e seu dinamismo." – ABILIO DINIZ, empresário e presidente do conselho de administração da Península Participações

"Conheci Maria Silvia durante a preparação dos Jogos Olímpicos Rio 2016. Competente, dinâmica e objetiva, é uma executiva que sabe fazer as coisas acontecerem. Trabalhar ao lado dela, uma das principais pessoas à frente daquele grande projeto, nos tornou amigos e só fez crescer minha admiração por ela." – GENERAL FERNANDO AZEVEDO E SILVA, chefe do Estado-Maior do Exército

"Maria Silvia tem imenso talento para administrar, formar equipes e engajar pessoas. Tem disciplina e foco como ninguém, e faz coisas complexas parecerem fáceis." – GUSTAVO FRANCO, ex-presidente do Banco Central e sócio-fundador da Rio Bravo Investimentos

"O conhecimento, a versatilidade e o estilo de liderança de Maria Silvia a conduziram a funções de destaque nos setores público e privado. Em sua última passagem pelo governo, atuamos juntos e pude apreciar de perto sua competência. Tenho certeza de que, com sua expertise, ela continuará contribuindo para fortalecer o Brasil e sua imagem." – ILAN GOLDFAJN, presidente do Banco Central

"Além de ser muito capaz, Maria Silvia demonstra especial aptidão para se adaptar a diversos ambientes. Já trabalhou no governo, em empresa estatal, indústria privada, ONG, mercado financeiro, deixando sua marca e amigos por onde passou." – LUIS ANTONIO DE ALMEIDA BRAGA, sócio do Grupo Icatu

"Em 1990, hospedada conosco na embaixada do Brasil em Washington, Maria Silvia esgrime números sobre a dívida externa com o então presidente do Banco Central. Começam três décadas de amizade, cidadania e dedicação em prol do bem comum dos brasileiros. Ela nunca esmoreceu em sua competência, sua simpatia e seu entusiasmo para enfrentar desafios, demonstrando sólida lealdade a seus colegas de jornada." – MARCÍLIO MARQUES MOREIRA, diplomata e ministro da Economia, Fazenda e Planejamento (1991-1992)

MARIA SILVIA

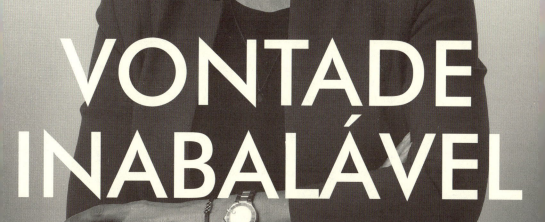

VONTADE INABALÁVEL

Os erros e acertos de
uma executiva pioneira

PRIMEIRA PESSOA

Todos os esforços foram feitos para creditar devidamente todos os detentores dos direitos das imagens que ilustram este livro. Eventuais omissões de crédito e copyright não são intencionais e serão devidamente solucionadas nas próximas edições, bastando que seus proprietários entrem em contato com os editores.

Copyright © 2018 por Maria Silvia Bastos Marques

Todos os direitos reservados. Nenhuma parte deste livro pode ser utilizada ou reproduzida sob quaisquer meios existentes sem autorização por escrito dos editores.

colaboração: Mariza Louven

preparo de originais: Virginie Leite

revisão: Hermínia Totti e Luis Américo Costa

diagramação: DTPhoenix Editorial

capa: Renata Vidal

foto de capa: Felipe Varanda

tratamento de imagens: Felipe Liporage

impressão e acabamento: Associação Religiosa Imprensa da Fé

CIP-BRASIL. CATALOGAÇÃO NA PUBLICAÇÃO
SINDICATO NACIONAL DOS EDITORES DE LIVROS, RJ

S594v   Marques, Maria Silvia Bastos
          Vontade inabalável/ Maria Silvia Bastos Marques. Rio de Janeiro: Primeira
          Pessoa, 2018.
          320 p.: il.; 16 x 23 cm.

          Inclui bibliografia
          ISBN 978-85-68377-22-2

          1. Silvia, Maria, 1956-. 2. Executivas – Brasil – Carreira. 3. Cultura
          organizacional. 4. Administração de empresas. 5. Negócios – Administração.
          I. Título.

                                                              CDD: 923.3
18-52800   CDU: 929:330

Todos os direitos reservados, no Brasil, por
GMT Editores Ltda.
Rua Voluntários da Pátria, 45 – Gr. 1.404 – Botafogo
22270-000 – Rio de Janeiro – RJ
Tel.: (21) 2538-4100 – Fax: (21) 2286-9244
E-mail: atendimento@sextante.com.br
www.sextante.com.br

Sumário

Prefácio (por Míriam Leitão) 13

Prólogo 17

CAPÍTULO 1
Sonho de mudança 21

CAPÍTULO 2
Admirável mundo acadêmico 27

CAPÍTULO 3
A primeira experiência executiva a gente nunca esquece 38

CAPÍTULO 4
A primeira vez no BNDES 54

CAPÍTULO 5
A mulher de 1 bilhão de dólares 66

CAPÍTULO 6
A dama do aço 89

CAPÍTULO 7
Executiva terceirizada 128

CAPÍTULO 8
Um novo olhar sobre o mercado de seguros 147

CAPÍTULO 9
Força olímpica 167

CAPÍTULO 10
De volta ao BNDES: No olho do furacão 210

Epílogo 270

Notas. 275

Bibliografia. 285

*"Sucesso não é definitivo, fracasso não é fatal.
É a coragem para continuar que conta."*
WINSTON CHURCHILL

AO LONGO DOS ÚLTIMOS ANOS, fui abordada algumas vezes com a proposta para escrever um livro. Nunca levei o assunto adiante, pois me incomodava a ideia de falar sobre mim mesma. Além disso, com o meu ritmo ininterrupto e frenético de trabalho, filhos e vida pessoal para cuidar, não conseguia imaginar como arranjaria tempo para enveredar por essa aventura.

Quando saí da presidência do Banco Nacional de Desenvolvimento Econômico e Social (BNDES), no fim de maio de 2017, minha intenção era submergir durante o período da quarentena obrigatória de seis meses, sem declarações públicas nem quaisquer manifestações. E assim fiz. Mas, logo nos primeiros dias, a extraordinária jornalista Míriam Leitão, a quem muito admiro como profissional e pessoa, me convidou para o lançamento do livro de seu filho Matheus, que escreveu sobre sua saga para resgatar a história dos pais, jovens idealistas submetidos às arbitrariedades do regime militar.

Durante o período no BNDES, raramente pude comparecer a algum evento e deixei quase inteiramente de lado os compromissos sociais e mesmo os amigos mais próximos por absoluta falta de tempo. Resolvi que iria, sim, ao lançamento. Cheguei muito cedo e tive a oportunidade de conhecer Matheus, que me encantou com sua doçura e profundidade. Quando Míriam chegou, ficamos conversando, parabenizei-a pelo livro de seu filho (que é tocante e um importante registro da época) e ela me saiu com esta: "Agora é você que precisa escrever o seu livro." Eu reagi: "Mas eu não quero me expor, não ia conseguir escrever um livro falando de mim." Ela rebateu: "Mas não é um livro para falar de você. É um livro para falar sobre sua carreira e os inúmeros desafios que você enfrentou. Sua trajetória tem muito a ensinar aos jovens."

As pessoas começaram a chegar, nos afastamos e logo em seguida fui para casa. Mas levei aquelas frases na cabeça. Dias depois mandei uma mensagem para Míriam, perguntando se aceitaria conversar comigo sobre a ideia do livro. Ela topou e tivemos um excelente papo, que me animou a prosseguir. Afinal, eu tinha pela frente um período sem trabalho, inédito na minha vida. Era agora ou nunca.

Resolvi conversar com alguns editores, ouvir a opinião deles. Será que faria sentido escrever um livro sobre minha carreira? Haveria interesse? Para minha surpresa, o retorno foi muito positivo. Me animei e decidi seguir em frente. Marcos da Veiga Pereira, da Editora Sextante, a quem agradeço o entusiasmo e os comentários francos e instigantes, ficou com a missão de coordenar o trabalho. Agradeço também a Virginie Leite, que, com seu olhar sensível, contribuiu muito para que o texto ficasse melhor e mais interessante, bem como à vibrante equipe da editora envolvida no projeto.

Sempre fui muito organizada e o tipo de pessoa que reluta em se desfazer de suas coisas. Ainda bem! Graças a essa característica, desde a minha primeira função executiva, no Ministério da Fazenda, em 1990, venho guardando todos os cadernos onde anoto os pontos fundamentais das reuniões de trabalho. Nem preciso dizer como eles foram importantes para eu conseguir resgatar e relembrar os principais desafios, fracassos e vitórias da minha movimentada vida profissional, que coincidiu com momentos instigantes e importantes do país. Foi absolutamente incrível reler os muitos cadernos, relembrar situações divertidas e também difíceis, minhas reações aos acontecimentos, a evolução da minha forma de trabalhar e as pessoas que cruzaram o meu caminho. Também foi prazeroso constatar como houve pontos de conexão entre todas as experiências, mesmo em posições tão distintas, nos setores público e privado.

Ao mesmo tempo, minha mãe coletava – também de forma organizada e diligente, afinal somos duas capricornianas – o material publicado na imprensa sobre mim desde o início da minha carreira. Eu sempre brincava com ela: "Afinal, para que guardar tudo isso?" Mas ela, impávida, continuava correndo atrás de todas as publicações e, assim, colecionou 27 anos de recortes de jornais e revistas, que desenharam um mosaico das repercussões públicas das funções que ocupei e colocaram em contexto parte significativa do meu trabalho. Agradeço à minha mãe essa valiosa ajuda, que deu cor à narrativa.

Outro fato que conspirou a favor foi que a jornalista Mariza Louven, que exerceu a função de minha assessora de imprensa em praticamente todas as posições que ocupei, também havia saído do BNDES após meu pedido de demissão e estava disponível para me auxiliar nesta empreitada. Ela foi contratada pela Sextante e, sem sua preciosa colaboração, eu não teria conseguido produzir este livro em um espaço de tempo razoavelmente curto. Mariza e eu temos uma longa relação que há muito se transformou em amizade, moldada pela franqueza e respeito mútuo. Temos uma forma parecida de olhar o mundo, ambas gostamos muito de escrever, temos estilos assemelhados e, ainda mais especial, ela conhece praticamente todos os assuntos e pessoas com que lidei ao longo da vida profissional.

Nosso método de trabalho se revelou produtivo e eficaz. Após a leitura dos cadernos de cada etapa profissional, eu organizava os principais tópicos em um roteiro que compartilhava com Mariza. Em seguida, ela me entrevistava longamente sobre aquele período. Após transcrever as entrevistas, me ajudava na elaboração e na revisão dos textos. Foi uma delícia rememorar com ela momentos divertidos e outros nem tanto…

Tive grande preocupação e cuidado em atribuir o mérito das realizações e conquistas a todos aqueles que partilharam comigo esses muitos e profícuos anos. Claro que não fiz nada sozinha. Ao contrário, as pessoas que compuseram minhas equipes e aquelas com quem me relacionei nas diferentes funções foram fundamentais. Sem elas, nada teria acontecido. Não pude citar todas no livro, mas as tenho sempre no meu pensamento e lhes sou muito grata. Da mesma forma, agradeço aos que me abriram portas e ofereceram oportunidades. Aprendi cedo que o acaso desempenha um papel importante em nossa vida, e é necessário estar atento ao momento. Sempre nos deparamos com encruzilhadas e precisamos seguir em frente e tomar decisões, deixando espaço para a intuição, e não somente para a razão. O que é maravilhoso e instigante na vida é que os planos são feitos para serem desfeitos, todo dia é um recomeço e a trama só é tecida por aqueles que a vivem.

Outra motivação para este trabalho foi permitir que meus filhos gêmeos, Catarina e Olavo, conhecessem em mais detalhes minhas peripécias como executiva. Agora já adultos e, portanto, mais capazes de avaliar as realizações e as dificuldades por que passei, curtiram muito ouvir as histórias e ver as fotografias acumuladas durante todos esses anos. Dedico este livro a eles, que são as pessoas mais importantes da minha vida.

Espero que minha trajetória possa servir de inspiração para outros jovens que, assim como eles, têm dúvidas e inquietações sobre sua vocação, o planejamento de sua carreira e os rumos profissionais que devem tomar. Acho que a principal lição que aprendi e gostaria de dividir é que nenhuma decisão é definitiva e não há caminho cujo traçado não possa ser mudado. Para as mulheres, um registro adicional: espero que minha história possa servir de incentivo para que nunca se sintam intimidadas nem desistam de seguir carreiras muitas vezes ainda predominantemente masculinas.

Faço um agradecimento especial às minhas funcionárias praticamente da vida toda, Celia, Márcia e Míriam. Sem elas, que dividem comigo os encargos e responsabilidades da família, eu não teria tido a tranquilidade e a segurança para me dedicar ao trabalho. Por fim, muito obrigada aos que leram os rascunhos do livro, me ajudando a relembrar acontecimentos, evitar equívocos e aperfeiçoar, sem dúvida, o resultado final. Procurei ser fiel aos fatos, narrando-os de forma acurada, mas sem tirar deles as emoções que suscitaram. Senti um enorme prazer ao escrever, foi uma verdadeira viagem no tempo, além do melhor investimento para meu período de quarentena. Fico feliz por ter enveredado pela porta que se abriu naquele dia, no lançamento do livro de Matheus...

Prefácio

Por Míriam Leitão

Comecei a gostar deste livro antes que uma só linha tivesse sido escrita, quando falamos brevemente sobre ele numa livraria, como conta Maria Silvia logo na primeira página. Depois voltamos ao assunto quando ela se preparava para iniciar a empreitada. Foi uma conversa boa, num dia claro, olhando o belo mar do Rio de Janeiro, na qual tratamos de desafios pessoais e coletivos. Ela explicou que tinha cadernos com anotações que fizera ao longo de sua vida profissional, e isso tornava o trabalho mais fácil.

Maria Silvia tem uma história de pioneirismo. Foi a primeira mulher em várias frentes de trabalho, seja no setor público, seja no mundo privado. O pai, o médico Ruy Pimentel Marques, ficou sempre dividido entre o orgulho que sentia da filha e a dificuldade de entender essa mania de inventar caminhos novos.

Mais velha de quatro filhos, mas a única menina, criada numa cidade do interior do estado do Rio, ela precisou fazer uma "greve" para ter seu desejo atendido de ir estudar aos 17 anos "na cidade grande". No caso, o Rio de Janeiro. Só teve permissão para vir porque ficaria na casa de uma tia, acompanhada de dois dos irmãos. Por isso é que, no epílogo, ela olha em retrospectiva a sua trajetória e reconhece, com razão: "Nada mau para uma garota que teve que lutar para conseguir estudar na cidade grande e perseguir seu sonho de ter uma vida diferente da que parecia destinada a ela."

Já eu, como prefaciadora, estou indo muito mal na empreitada, pulando do começo ao final desta história que o leitor haverá de saborear seguindo o fio narrativo organizado da autora e escrito com a ajuda da competente Mariza Louven. Não é um livro sobre a vida pessoal de Maria Silvia, mas esse aspecto também entra no relato, em doses certas, iluminando momentos tristes ou alegres.

Perder um irmão, de forma dolorosa, pouco antes de assumir a direção de uma siderúrgica e grávida de quatro meses. Receber, numa sexta, o aviso do médico de que não poderia ir trabalhar na segunda pelo risco de os gêmeos, Olavo e Catarina, nascerem na sua mesa de executiva. "Caiu a ficha. Eu ia ser mãe." Assustar-se com uma sala de aula cheia de alunos e ter que ir correndo ao banheiro para se acalmar e voltar para encarar a turma da qual seria professora.

É um livro sobre uma mulher que estudou e trabalhou, enfrentou desafios diferentes, foi professora, formuladora de políticas públicas, negociadora externa, participou do processo de privatização, foi executiva de siderúrgica, secretária de Fazenda do Rio, presidente de seguradora, primeira diretora e, vinte anos depois, primeira presidente do BNDES.

Desde a sua passagem inicial pelo governo, em 1990, até a saída da presidência do BNDES, em 2017, Maria Silvia enfrentou sucessivos desafios. Enquanto o país vivia suas crises e esperanças, seus conflitos e incertezas, ela fazia sua carreira de forma determinada. É o que a autora conta neste livro, num tom de conversa entre amigos. Os problemas que superou são intrincados, mas ela os descreve de forma clara e sucinta.

Ao falar de sua vida profissional, Maria Silvia acaba pincelando a história do próprio país e da sociedade brasileira nas últimas décadas. Ela foi numa missão com outras três mulheres negociar com o Japão, em plena crise da dívida externa, depois de um adiamento e uma mudança brusca de chefe da delegação. Imagine o que os negociadores japoneses, todos homens e de uma cultura que detesta o improviso, acharam daquela comitiva? Isso foi no começo da década de 1990.

Anos depois, presidindo a Companhia Siderúrgica Nacional, Maria Silvia cortou um pedaço de papel em forma de saia e mandou pregar na porta de um dos banheiros, começando assim a abrir as portas da companhia à presença feminina. Uma das barreiras à contratação de mulheres era insólita: não havia banheiro feminino no chão de fábrica. Curioso também é o acaso que a tornou secretária de Fazenda do Rio, trabalho que lhe valeu o apelido de "mulher de um bilhão de dólares", em referência ao dinheiro que a prefeitura conseguiu ter em caixa.

O leitor poderá, ao longo destas páginas, pensar sobre as escolhas que o Brasil tem feito. Mesmo num governo curto e criticado como o de Collor, foi possível dar passos na modernização da economia. Talvez a parte mais reveladora seja a do capítulo final, quando ela volta ao banco do qual fora a primeira diretora: "Fui recebida no BNDES de forma fria... Eu sentia a desconfiança ou, no mínimo, a estranheza."

Havia resistências, mas em um ano ela fez várias mudanças. Uma delas, até física. A presidência ocupava um andar inteiro. Ela derrubou divisórias, colocou todos os diretores junto com ela numa sala só, desocupou oito dos treze andares do edifício-sede e trouxe funcionários que trabalhavam em um prédio alugado. Liberou espaço, economizou com aluguel e ainda cancelou o projeto de construir para o banco um novo edifício, que estava orçado em 490 milhões de reais.

Em um ano como presidente do BNDES, no olho do furacão político do país, houve dias especialmente tensos. Ela conta um deles. Porém o mais importante não é o bastidor de um evento, e sim a reflexão, a partir do seu relato, sobre o banco e as escolhas feitas com o dinheiro público. Ao falar das travessias que fez, dos problemas que enfrentou, em cada área em que trabalhou, a autora nos ajuda a pensar sobre que tipo de economia o país precisa ter.

Prólogo

Um dos episódios mais marcantes da minha vida profissional foi a primeira visita que fiz, em maio de 1996, à Companhia Siderúrgica Nacional (CSN), em Volta Redonda, cidade a cerca de 130 quilômetros do Rio de Janeiro. Marco na industrialização do Brasil, a CSN foi criada por decreto-lei do presidente Getulio Vargas em janeiro de 1941, durante a Segunda Guerra Mundial, e inaugurada cinco anos depois. Até sua privatização, em 1993, a usina de aço e a cidade, que se desenvolveu ao redor dela, eram praticamente uma coisa só. Hospital, hotel, escolas e terrenos pertenciam à siderúrgica, que era responsável até mesmo pelas despesas de manutenção da cidade. A CSN dava nome a quase tudo, inspirando inclusive o apelido do time de futebol, Volta Redonda Futebol Clube, o Voltaço. A planta industrial era o coração da cidade, em torno da qual tudo acontecia.

Fui até lá com Benjamin Steinbruch, presidente do conselho de administração, ter o primeiro contato com a siderúrgica. No quarto mês de gravidez, de gêmeos, eu usava uma saia de seda preta com um laço lateral, tipo envelope, que se ajusta à barriga conforme ela cresce. Nada mais inadequado para a ocasião! Eu era a primeira mulher a participar da administração da CSN em toda a sua história. Para implantar as mudanças necessárias na companhia, virtualmente falida quando de sua privatização, o conselho de administração decidiu fazer uma ousada reestruturação organizacional e eliminar, temporariamente, a função de presidente executivo, que eu viria a assumir três anos depois. A administração tinha acabado de ser desmembrada entre diretores superintendentes, diretamente subordinados ao conselho. Como diretora responsável pelo centro corporativo, meu trabalho seria focar na gestão da grande siderúrgica.

Quando entrei na usina, fiquei muito impressionada. Era ao mesmo tempo fascinante e aterrorizante. Por fora, os enormes altos-fornos dominavam a paisagem. Mas o mais impactante era seu interior, meio medieval na sua grandiosidade, brutalidade e beleza. Tão extraordinária quanto a aciaria, onde o ferro-gusa em brasa era convertido em aço, era a ação dos empregados da metalurgia, vestidos com roupas térmicas especiais que pareciam as de um astronauta. Igualmente espetacular era o laminador de tiras (de aço) a quente, na ocasião o maior do mundo, com mais de um quilômetro de extensão, onde as chapas corriam céleres, incandescentes, para se transformarem em laminados e depois em bobinas. Nos seis anos em que fiquei na CSN, nunca me cansei de admirar esse belo processo.

Após a visita às instalações industriais, fomos almoçar na Fazenda Santa Cecília, que pertencia à CSN e fica num belo recanto. Eu e Benjamin nos sentamos, rodeados pelos superintendentes gerais (os então chamados SGs), que estavam em um nível hierárquico logo abaixo da diretoria, todos homens. O objetivo do encontro era nos conhecermos. Os SGs comandavam a empresa, eram profissionais de carreira que ali trabalhavam havia muitos anos, enquanto diretores e presidentes iam e vinham. Percebi que, na empresa que tinha sido presidida por generais, o uniforme dos funcionários era em estilo militar.

Durante a apresentação, cada um se levantava, dizia enfaticamente seu nome, seguido das iniciais SG e da área em que trabalhava, e fazia um movimento de bater os braços nas laterais do corpo, como uma saudação, antes de sentar novamente. "Sou fulano de tal, SG de

Metalurgia, 25 anos na CSN!", dizia um, orgulhosamente, seguido por outro que repetia o formato, mudando só a área e os anos de empresa, e assim sucessivamente. Comecei a sentir o riso frouxo e fiquei com medo de cair na gargalhada no meio daquela situação solene. O que estariam pensando aqueles homens ao olhar para aquela mulher jovem e miúda que não pertencia ao meio siderúrgico e ainda por cima estava grávida de gêmeos?

Consegui me controlar sem que Benjamin, com quem tinha pouca proximidade, percebesse. Tive que pensar em coisas tristes para não rir e me veio à mente uma questão desesperada: "O que estou fazendo aqui?" Me dei conta, naquele momento delicado, de quão ousado tinha sido o convite para eu dirigir a CSN e também da minha imensa ousadia em aceitá-lo. Tempos depois, percebi que essa indagação já surgira antes em minha vida. Na verdade, estava por trás do meu sonho de sair da minha pequena cidade natal para estudar no Rio de Janeiro. Tive que ir atrás das respostas a essa desafiadora pergunta.

CAPÍTULO 1

Sonho de mudança

Nasci em Bom Jesus do Itabapoana, no norte fluminense, divisa entre os estados do Rio de Janeiro e do Espírito Santo. Uma cidade pequena, com poucas alternativas para os jovens. Apesar das circunstâncias, que não conspiravam a favor, desde muito cedo tive a vontade inabalável de buscar outro caminho para a minha vida, distinto do que estava desenhado para mim.

Meus avós paternos, Maria das Dores e José de Oliveira Marques, embora não tivessem tido educação formal, eram muito inteligentes e empreendedores e construíram uma boa situação financeira, trabalhando duro com café e gado, para alçarem os filhos a outro patamar social. Meu pai, Ruy Pimentel Marques, estudou em colégio interno, em Muqui, no Espírito Santo, e depois veio para o Rio de Janeiro fazer medicina na tradicional Escola de Medicina e Cirurgia, que atualmente faz parte da Unirio.

Meu bisavô materno, Anibal Lopes, era dono de um periódico, o *Jornal do Povo*, em Ponte Nova, Minas Gerais, onde eu adorava passar férias com minha avó materna, Célia. Meu avô, Ésio Martins Bastos, também jornalista, trabalhava na Estrada de Ferro Leopoldina Railway, em Campos dos Goytacazes. Após o casamento com minha avó, mudaram-se para Bom Jesus do Norte, no Espírito Santo, pequena cidade contígua a Bom Jesus do Itabapoana. Lá, fundou, em 1946, o jornal

O Norte Fluminense, que circula até hoje. Desde criança tive a chance de estar em contato com o mundo das notícias e pude presenciar o processo de produção de um jornal, bastante artesanal naquele tempo.

Meu pai, aos 29 anos, casou-se com minha mãe, Maria Alexandrina, que era ainda uma adolescente, com 16 anos, e sonhava ser pianista clássica. Fui a primeira de quatro filhos, sendo três homens: Ruy, Marco Antonio e Paulo Cesar. Meu nascimento ocorreu apenas três dias após minha mãe ter completado 17 anos. Por ela ter casado tão jovem, meu pai, que tinha personalidade forte e era bastante tradicional, teve uma influência marcante na educação dos filhos.

A relação com meu pai, embora afetuosa, era muitas vezes de enfrentamento. Ele não aceitava que eu seguisse as mesmas regras que os meus irmãos. Os meninos podiam fazer praticamente tudo o que desejavam. Eu tinha muitas restrições. Não podia ir para a casa de amigos, dormir fora, viajar sozinha. Apesar de ter três irmãos, tive uma infância e uma juventude solitárias. A fama de "bravo" do meu pai era conhecida e, na minha adolescência, os rapazes receavam se aproximar de mim.

Ao longo da vida, meu pai esteve sempre dividido entre o amor e o orgulho que sentia por mim e a dificuldade em entender minha vontade de seguir caminhos que, em sua opinião, não eram os mais adequados para uma jovem. O embate era constante. Mas as dificuldades e barreiras também funcionaram como incentivo, me impulsionando cada vez mais.

Minha companhia mais frequente eram os livros. Sempre dormi pouco e passava boa parte das noites lendo. Meu quarto era contíguo ao dos meus pais e, quando meu pai levantava durante a noite, o que era comum porque tinha insônia, eu levava uma bronca por ainda estar acordada. Para evitar que ele visse a luz e me flagrasse lendo, passei a colocar um cobertor no vão da porta do meu quarto.

Viajava nas madrugadas lendo e relendo Monteiro Lobato. Eu o considero um gênio, que despertou meu interesse por vários assuntos, como mitologia, lendas e mitos do Brasil, matemática, português. Também amava ler os romances clássicos franceses, de Alexandre Dumas, Guy de Maupassant e Maurice Leblanc, e os livros de suspense de Agatha Christie, quase todos vindos da biblioteca da minha avó Célia, com quem sempre tive imensa afinidade e que foi uma das pessoas mais importantes em minha vida. Eu estava sempre lendo, o que foi fundamental para minha formação e também para o gosto de escrever.

As mulheres da família já tinham um caminho naturalmente predeterminado que eu não queria para mim: ser professora, casar e ter filhos. Todas também estudavam piano e, nisso, eu não fui exceção. Comecei a fazer aulas aos 5 anos com minha mãe, que era professora e diretora do conservatório de música da cidade. Aos 18, concluí o curso no Conservatório Brasileiro de Música. Foi um investimento maravilhoso, para a vida toda. Sempre que posso, tenho aulas de piano e procuro me exercitar. Fico feliz por minha filha Catarina, aos 21 anos, estar aprendendo a tocar o instrumento.

Uma pequena ponte, que cruza o rio Itabapoana, separa Bom Jesus do Itabapoana, localizada no Rio de Janeiro, de Bom Jesus do Norte, no Espírito Santo. Essa região teve seu apogeu com a lavoura de café e o cultivo da cana-de-açúcar. Com o declínio dessas atividades, empobreceu e os jovens passaram a sair para buscar oportunidades em cidades maiores, especialmente Campos dos Goytacazes e Niterói, que foi capital fluminense até 1975 e continuou sendo ponto de referência para os que vivem no interior do estado, mesmo após a fusão do Rio de Janeiro com a Guanabara.

Em Bom Jesus não havia muita oferta de cursos. Eu, sempre inquieta, fazia os que estavam disponíveis. Todos se surpreendem com a velocidade da minha digitação no computador ou nos tablets. É um legado das aulas de datilografia – e também do piano. Para conseguir estudar inglês, fazia aulas particulares com um professor que vinha de

Niterói para lecionar em um curso em Itaperuna, uma cidade próxima, e depois viajava até nossa casa para me ensinar.

Eu não queria o destino traçado para mim. Queria sair, estudar fora da minha cidade. Mas não queria ir para as "filiais" de Bom Jesus, como eu chamava, brincando, as cidades de Campos e de Niterói. Meu sonho era ir para uma cidade grande, em que teria um mundo para descobrir e onde não haveria pessoas me controlando o tempo todo. Queria ir para o Rio de Janeiro, o que, naquela época e para a minha família, era quase o mesmo que ir morar no exterior. Não foi fácil, mas consegui.

Estudei no Grupo Escolar Pereira Passos, uma ótima escola pública, no período equivalente à educação infantil e aos atuais primeiros anos do ensino fundamental. Os anos finais foram feitos no Colégio Rio Branco, instituição privada que pertence à família do meu avô materno. Meu pai não queria que eu cursasse o científico, como era então chamado o atual ensino médio, preparatório para o vestibular, mas sim que eu fizesse o curso normal, de formação de professores. Mas eu bati pé e, para conseguir sua autorização para entrar no científico, que frequentei em outra excelente escola pública, o Colégio Estadual Padre Mello, precisei fazer ao mesmo tempo o curso normal, no Colégio Rio Branco. Entre um e outro, estudava piano...

A política também esteve presente na minha formação. Além de jornalista, meu avô Ésio foi vereador em Bom Jesus do Itabapoana e diversas vezes candidato a prefeito e deputado estadual. Filiado ao antigo PSD (Partido Social Democrático) e depois ao MDB (Movimento Democrático Brasileiro), fazia oposição ao regime militar e vivia intensamente os acontecimentos políticos. Eu adorava ouvir suas histórias. Minha mãe também gosta muito do debate político e até hoje se envolve e faz campanha para os candidatos que apoia.

Meu pai e meu avô conversavam muito sobre política e, em geral, tinham discordâncias, pois meu pai tinha perfil mais conservador, embora, como meu avô, tenha se oposto ao regime militar. Recordo sempre meu pai, com seu inseparável rádio de pilha, ouvindo os noticiários ou, aos domingos, o futebol. Era flamenguista doente. Assim como ele, acho o rádio, ainda nos dias de hoje, um meio único de comunicação. Idealista e com notável espírito público, além de ter sido por muitos anos diretor do Hospital São Vicente de Paulo, meu pai foi duas vezes secretário de Saúde de nossa cidade. Em sua segunda passagem pelo cargo, defrontou-se com a corrupção no sistema de saúde e, infelizmente, ficou muito desiludido com a vida pública. Mas o idealismo e o espírito público sempre estiveram presentes em minha família e moldaram o meu modo de ser.

Meu pai poderia ter feito uma vitoriosa carreira médica no Rio, mas achou que tinha o dever de voltar para o interior do estado. Julgava que lá seria mais útil, faria a diferença, como, de fato, fez. Tornou-se o médico de referência da região. Estava sempre de plantão em Bom Jesus ou nas cidades vizinhas e era muitas vezes chamado de madrugada para atender a emergências. Foi um grande médico, muito querido, ajudou muita gente.

Escolher a profissão, aos 16 anos, não é simples. Embora muito bem-sucedido, meu pai nunca incentivou os filhos a estudarem medicina. Ele tinha uma vida muito dura. Por outro lado, eu não queria ser professora nem pianista. Naquela época, as profissões eram mais bem definidas do que hoje, como direito, medicina, engenharia. Pensei em fazer administração para, eventualmente, me especializar em administração hospitalar e, depois, quem sabe, desenvolver algum projeto com meu pai. Não tinha muita noção das carreiras, mas gostava mais de português e de história do que de matemática. A administração tinha um pouco de tudo e isso me atraía. Sempre fui uma pessoa bastante prática. Gosto de organizar, arrumar, reinventar. Meus irmãos, quando éramos pequenos, me chamavam de "perfeitinha" pois, segundo eles, eu estava sempre querendo colocar as coisas em ordem e pensando em formas diferentes de fazer tudo. Eu achava que isso tinha a ver com o curso de administração.

Estudei para o vestibular por correspondência. Um primo que morava no Rio e também se preparava para ingressar na faculdade me enviava as apostilas do Curso Impacto, com as quais pude me preparar, complementando o aprendizado do científico. Fiz as provas e passei muito bem colocada para administração de empresas na Universidade do Estado da Guanabara (UEG), rebatizada de Universidade do Estado do Rio de Janeiro (Uerj) em 1975, após a fusão do Rio com a Guanabara. Mesmo tendo sido aprovada, meu pai não queria me dar permissão para ir para o Rio. Foi uma batalha, na qual tive o apoio de minha mãe. Precisei fazer um longo período de "greve", sem falar com ele, para que mudasse de ideia e concordasse que sua única filha saísse de casa para estudar na cidade grande.

Por sorte, minha tia e madrinha, Leda Garcia Marques, morava no Rio, com quatro filhos de idades próximas à minha e às de meus irmãos. Graças à sua generosidade, com 17 anos recém-feitos, fui morar com ela. Meus irmãos me acompanharam, meio que para "tomar conta" de mim. De qualquer forma, a mudança foi muito boa para eles, pois puderam estudar em escolas de excelência. O Ruy estudou no Colégio de Aplicação da UEG (depois Uerj) e Marco Antonio e Paulo Cesar, no Colégio de São Bento.

O curso de administração na Uerj era noturno, o que deixava meu pai intranquilo. Meu primo mais velho, também Ruy (Garcia Marques),[1] em homenagem ao meu pai, era encarregado de me levar e buscar nas aulas. Após um ano, meu pai, que era determinado e fazia as coisas acontecerem, conseguiu me transferir para a Escola Brasileira de Administração Pública (EBAP), na Fundação Getulio Vargas (FGV). Essa decisão foi fundamental para a minha vida. A FGV foi a instituição mais importante na minha formação acadêmica e me propiciou bases sólidas para a vida profissional. Um divisor de águas.

CAPÍTULO 2

Admirável mundo acadêmico

Nos anos 1970, pelo menos para nós, que morávamos no interior do estado, a Fundação Getulio Vargas não era tão conhecida como as grandes universidades federal e estadual do Rio de Janeiro. Meus pais conseguiram me transferir para lá e fui cursar a Escola Brasileira de Administração Pública (EBAP), de reconhecida excelência, que passou a se chamar Escola Brasileira de Administração Pública e de Empresas (EBAPE) em 2002. Estudávamos de tudo um pouco: sociologia, psicologia, história, direito tributário, direito trabalhista, economia, matemática, contabilidade. Tive excelentes professores, como Condorcet Rezende, em direito tributário, que depois reencontrei quando fui secretária de Fazenda; Délio Maranhão, em direito do trabalho; e, em história, que adoro, Bárbara Levy, uma professora extraordinária. O curso era muito puxado, tínhamos que nos dedicar bastante. A FGV abriu um mundo novo para mim e, até hoje, a considero como "minha casa".

Alguns alunos da Escola de Pós-Graduação em Economia (EPGE), também da FGV, davam aulas na EBAP e despertaram o meu interesse pela economia, que decidi seguir no curso de mestrado, prestando concurso para três instituições. Fui aprovada em todas: Pontifícia Universidade Católica do Rio de Janeiro (PUC-RJ), Instituto de Pós--Graduação e Pesquisa em Administração (COPPEAD) da Universidade Federal do Rio de Janeiro (UFRJ) e EPGE/FGV.

Na mesma leva de candidatos, prestaram exames para a PUC e a FGV três futuros amigos e referências importantes na vida econômica do país. Coincidentemente, todos seriam presidentes do Banco Central do Brasil (Bacen): Arminio Fraga, Gustavo Franco e Gustavo Loyola. Gustavo Franco e Arminio optaram pelo curso de mestrado em economia da PUC e, mais tarde, foram estudar nos Estados Unidos. Gustavo Loyola, já funcionário de carreira do Bacen, e eu escolhemos a FGV. Minha decisão deveu-se ao fato de que a instituição, ao contrário da PUC, já oferecia o curso de doutorado que eu pretendia cursar após o mestrado.

Minha turma de mestrado tinha cerca de 20 alunos, dos quais eu era uma das duas mulheres. A outra era Shirlene Ramos, que posteriormente fez carreira no IBGE. No curso de doutorado, eu era a única mulher e fui a segunda a defender tese de doutorado na EPGE. A turma do doutorado era barra-pesada, no bom sentido. Além de Gustavo Loyola, meu companheiro constante de estudos e que tinha muita paciência para me ajudar nas complexas questões matemáticas, eram meus colegas Carlos Ivan Simonsen Leal, presidente da FGV desde 2000; Sérgio Ribeiro da Costa Werlang, com quem fui casada e tive meus filhos gêmeos, Catarina e Olavo, e que, em 1999, na posição de diretor de política econômica do Banco Central, implantou o sistema de metas de inflação; e Antonio Carlos Figueiredo Pinto, hoje professor da PUC-RJ. Todos formados em engenharia e craques em matemática.

Tive muita sorte, porque comecei o mestrado em 1979, ano em que o professor Mario Henrique Simonsen voltou para a direção da Escola de Pós-Graduação, depois de ter sido ministro da Fazenda e do Planejamento, respectivamente, nos governos dos generais Ernesto Geisel e João Baptista Figueiredo. Considerado um dos homens mais brilhantes de sua geração, com notório espírito público, economista e acadêmico genial, escreveu diversos livros e artigos enquanto ministrava seus cursos.

Ser aluna dele era, ao mesmo tempo, um enorme privilégio e um grande desafio. Até hoje, quando alguém se admira por eu não ficar nervosa ao falar em público, respondo sempre que eu ficava tensa quando tinha que apresentar algum assunto para o professor Simonsen. Excelente mestre, adorava dar aulas. Só tinha horário para começar, nunca para acabar. Eu ficava impressionada como, muitas vezes, ele chegava de cansativas viagens ao exterior, vindo de reuniões do conselho de administração do Citicorp ou de compromissos acadêmicos, e ia para a FGV dar aulas, logo de manhã cedo, sem qualquer sinal de cansaço. O professor Mario Henrique conseguia traduzir os mais complicados teoremas matemáticos e modelos econômicos em situações próximas, cotidianas, da vida real.

Era comum que, em vez de provas, tivéssemos que apresentar trabalhos oralmente, sobre temas específicos. Eu ficava muito, muito nervosa. Até porque, em especial no doutorado, estava degraus abaixo em conhecimento de matemática quando comparada aos meus colegas. Eu me preparava tanto para as apresentações que sabia quase tudo de cor. Usualmente eu já falo muito rápido e, quando tensa, falo mais rápido ainda. Lembro-me de uma vez em que o professor Simonsen me fez uma pergunta durante uma apresentação: "Mas e isso assim e assim?" Antes que ele pudesse concluir, eu o interrompi: "Calma, eu já vou falar sobre isso!" Estava tudo engatilhado, eu não podia parar um minuto para responder a nada. Caiu todo mundo na risada, porque me expressei de um jeito muito engraçado mesmo.

Embora fosse uma pessoa muito afável e sempre disponível para os alunos, Simonsen também sabia ser implacável. Após aplicar as provas, geralmente ele as corrigia em seguida, em seu gabinete. Nós esperávamos na porta e íamos sendo chamados, um a um, para presenciar a correção da prova e saber sobre nosso desempenho. Ficávamos com medo, porque podíamos ganhar um elogio ou ouvir, alto e bom som, que havíamos respondido alguma bobagem.

Tanto o curso de mestrado como o de doutorado eram puxados e de altíssimo nível. Seguíamos o sistema americano, com quatro trimestres de aulas e pouquíssimos dias de férias. Havia um intercâmbio permanente com professores estrangeiros, como Rudiger Dornbusch,[2] e brasileiros que faziam carreira acadêmica nos Estados Unidos, como José Alexandre Scheinkman,[3] além de professores do Instituto de Matemática Pura e Aplicada (IMPA), como Aloisio Araújo,[4] com quem estudei. Eles foram muito importantes na minha formação e, depois, ao longo da minha vida profissional.

Além de completar os cursos de mestrado e doutorado, defendi as duas teses, o que me conferiu os títulos de mestre e doutor. As duas dissertações foram em econometria, relacionadas a questões macroeconômicas importantes naquela época. Na tese de mestrado, desenvolvi um teste de causalidade entre moeda e inflação no Brasil e, na de doutorado, fiz uma análise do impacto dos choques de preços do petróleo sobre a trajetória da inflação brasileira.

Embora a FGV estivesse no centro do debate econômico, não era uma universidade onde alunos com diferentes pensamentos e ideologias pudessem debater e participar do intenso momento da vida política brasileira. Por essa razão, não participei diretamente da efervescente vida política estudantil das décadas de 1970 e 1980. Além das graves questões políticas, nesse período a economia brasileira foi marcada pelas crises do petróleo, do balanço de pagamentos, da dívida externa e da hiperinflação, além de sucessivos planos econômicos, mudanças de moeda e de ministros da Fazenda.

A distensão política, iniciada no governo do general Ernesto Geisel, na década de 1970, e o movimento político Diretas Já, no início dos anos 1980, nos levaram à eleição – ainda indireta – de Tancredo Neves, do PMDB (Partido do Movimento Democrático Brasileiro), em 1985. O movimento das Diretas Já teve início em 1983 e ganhou grande dimensão no ano seguinte, durante a campanha para a sucessão do general João Baptista Figueiredo, o último presidente do regime militar. Tendo como vice José Sarney, dissidente do PDS (Partido Democrático Social), com quem formou a Aliança Democrática, Tancredo foi eleito pelo Colégio Eleitoral e se tornou o primeiro presidente civil desde 1964.

Quando defendi a tese de doutorado, em 1987, já trabalhava na FGV, como pesquisadora. Minha primeira entrevista de trabalho foi com Luiz Aranha Corrêa do Lago, então chefe do Centro de Estudos Monetários e de Economia Internacional do IBRE (Instituto Brasileiro de Economia) e professor da PUC, depois diretor do Bacen (1987-1988) e futuro grande amigo. Ele me pareceu, durante a entrevista, muito sério, sisudo, e tive certeza de que não havia gostado de mim e não me contrataria. Para minha surpresa, fui chamada e iniciei uma carreira que pensava ser a definitiva, como pesquisadora de teoria econômica aplicada, focada nos assuntos que dominavam a economia brasileira na época, como inflação, déficit público, balanço de pagamentos, dívida externa, acordos com o Fundo Monetário Internacional (FMI).

Minha vida acadêmica foi pontuada pela produção de artigos, que eu publicava nas revistas especializadas e apresentava nos congressos da Associação Nacional dos Centros de Pós-Graduação em Economia (ANPEC) e da Sociedade Brasileira de Econometria (SBE), sozinha ou em coautoria com outros colegas. Em 1985, fui convidada pelo saudoso professor Dionísio Dias Carneiro, que formou gerações de economistas, para ser professora de finanças públicas no curso de graduação em economia da PUC. Estava no caminho que havia planejado: uma vida acadêmica, fazendo pesquisa e dando aulas, em duas renomadas instituições!

Dar aulas foi um imenso desafio. Meu primeiro curso foi para uma turma que tinha sido quase inteiramente reprovada pelo professor anterior, considerado pelos alunos um "carrasco". Quando entrei na grande sala, tipo auditório, e vi aquela "multidão" de mais de 40 alunos, saí às pressas. Fui para o banheiro, nervosa, e, após me acalmar um pouco, voltei para encarar a turma.

Ensinei finanças públicas e economia brasileira para o curso de graduação e, posteriormente, econometria, para o curso de mestrado em economia. Ensinar exige reflexão e constante renovação. Você só consegue explicar um assunto se for capaz de dominá-lo. É obrigado a pensar pela cabeça do outro, daquele para quem você está falando. Além disso, conquistar uma turma de alunos inquietos, críticos e inquisidores o torna apto a se apresentar para qualquer tipo de plateia, dá muita segurança para falar em público e se expor. Uma inestimável experiência, que foi muito útil ao longo da minha vida profissional.

A PUC e a FGV tinham uma grande rivalidade acadêmica e o mestrado da PUC surgiu de uma dissidência da fundação. Dionísio Dias Carneiro, Rogério Werneck e Edmar Bacha eram todos professores da EPGE, mas houve uma cisão e eles criaram o mestrado da PUC. Apesar de trabalhar na FGV e dar aulas na PUC, nunca fui rotulada como sendo de uma ou de outra escola. Quando ganhei o Prêmio Losango de Apoio a Teses em Economia, pela tese de mestrado sobre "Inflação e política macroeconômica após o primeiro choque do petróleo", o professor Mario Henrique Simonsen, ao me entregar o prêmio, disse que eu era uma economista eclética, transitando bem nas duas vertentes econômicas. Fiquei feliz com essa declaração, que considerei um grande elogio.

Trabalhei sete anos na FGV, na complicadíssima década de 1980, que ficou conhecida como a década perdida. Além da hiperinflação, o Brasil sofreu com o baixo crescimento, o déficit público e a moratória da dívida externa. Com a morte de Tancredo Neves, José Sarney assumira a presidência em março de 1985 e até sair do governo, cinco anos depois, adotou quatro planos de estabilização econômica. O Plano Cruzado, de fevereiro de 1986, congelou preços, salários e câmbio, e mudou o nome da moeda de cruzeiro para cruzado. O chamado "choque heterodoxo" não conseguiu, porém, quebrar a inércia da inflação, promover o equilíbrio fiscal e do balanço de pagamentos. Em novembro do mesmo ano, o governo lançou o Cruzado II, que acabou com o congelamento de preços, entre outras medidas. Em junho de 1987, foi editado o Plano Bresser, com novo congelamento de preços e salários e desvalorização da moeda em relação ao dólar. O Plano Verão, de janeiro de 1989, mudou mais uma vez o nome da moeda, de cruzado para cruzado novo. Apesar dessas tentativas, a inflação medida pelo Índice de Preços ao Consumidor (IPC), em 1989, chegou a 1.973%.

Nos anos 1980, o país assinou sete cartas de intenções com o FMI, nenhuma delas cumprida. Havia um enorme descrédito internacional em relação ao Brasil, e isso me afetava demais. Os jovens estavam sem esperança, pois a economia praticamente não crescia e aqueles que tentavam ingressar no mercado de trabalho não tinham oportunidades. Meu irmão Ruy, apenas dois anos mais novo do que eu, recém-formado em engenharia civil e excelente aluno, não conseguiu seguir sua carreira e teve que se reinventar, indo trabalhar em computação e análise de sistemas. O que vivemos no Brasil desde 2014 me lembra muito o que aconteceu naquele período. E, assim como lá atrás, desta vez também teremos que lidar com suas consequências por um longo tempo.

Em 1989 decidi tirar um período sabático da FGV para fazer o curso de pós-doutorado em economia matemática no IMPA e dar aulas de econometria no mestrado em economia da PUC. Determinada a passar por um período de renovação na minha carreira acadêmica, consegui uma bolsa de estudos da Fundação de Amparo à Pesquisa do Rio de Janeiro (Faperj) e tirei licença sem vencimentos da FGV. O curso no IMPA começaria em janeiro de 1990 e, ao mesmo tempo, eu prepararia as aulas para o curso de econometria, que teria início em março. Seria um salto significativo na minha carreira passar de professora do curso de graduação a professora do mestrado em economia.

No início de 1990, comecei a fazer o curso de análise matemática I no IMPA, tentando satisfazer o meu desejo de ter uma base mais sólida em matemática. Minha formação, em escolas do interior, me dava a sensação de que eu havia construído um prédio do terceiro andar para cima, mas faltavam o subsolo, o primeiro e o segundo pavimentos. Essa foi a principal motivação para encarar o grande desafio do pós-doutorado no IMPA, uma instituição pública de reputação internacional que atrai jovens talentosos do mundo inteiro. Eu havia acabado de completar 33 anos e os colegas tinham, em geral, 20 e poucos anos. Havia alunos de diversos países e todos me pareciam geniais. Eu estudava enlouquecidamente, com muito medo de ser reprovada. Já imaginaram como eu iria me sentir? Sérgio Werlang, com quem eu já estava casada, olhava para os problemas sobre os quais eu me debruçava por horas e, para meu desespero, afirmava: "Isso tudo é trivial!" Eu ficava irada porque, para mim, eles não tinham nada de trivial. Para ele, considerado excelente matemático até mesmo pelo professor Mario Henrique Simonsen, eram.

FERNANDO AFFONSO COLLOR DE MELLO, do PRN (Partido da Reconstrução Nacional), foi eleito presidente da República em dezembro de 1989, numa disputa com Luiz Inácio Lula da Silva, do PT (Partido dos Trabalhadores), e se tornou o primeiro presidente eleito pelo voto direto após o regime militar instituído em 1964. Naquela época, a transmissão do cargo não era em janeiro, como atualmente. A posse era em 15 de março do ano seguinte, o que dava tempo para a formação da equipe do novo governo.

Eu não podia sonhar que minha vida daria, então, uma guinada inteiramente inesperada. Antonio Kandir, economista da Universidade de Campinas (Unicamp), que eu e Sérgio não conhecíamos pessoalmente, seria o responsável por uma nova secretaria do Ministério da Fazenda, a Secretaria Especial de Política Econômica (SEPE). Ele queria compor sua equipe com jovens de diferentes centros acadêmicos e pediu aos colegas da PUC-RJ, que haviam ajudado a preparar o plano econômico, a indicação de nomes da PUC e da FGV.

Eduardo Modiano, professor da PUC e meu amigo, indicou-me para a posição de coordenadora da área externa da SEPE e Sérgio Werlang para coordenador da área monetária. Sérgio, que à época era professor da EPGE, estava em uma viagem aos Estados Unidos quando, para minha total surpresa, Kandir ligou fazendo o duplo convite, antes da posse de Collor. Após falar comigo, Kandir procurou Sérgio, que se empolgou com o convite. Desejava ter uma experiência no setor público. Eu, por outro lado, não queria de jeito nenhum. Havia acabado de mudar a minha vida, tudo muito bem planejado: a bolsa da Faperj, a licença da FGV, o pós-doutorado no IMPA, o curso de econometria para o mestrado da PUC!

Fiquei muito abalada, sem saber o que fazer. Acabei decidindo ir, principalmente porque Sérgio resolveu aceitar o convite. Tranquei o curso no IMPA e ainda dei aulas de econometria por alguns meses, mas depois ficou incompatível, dada a intensidade de nosso trabalho em Brasília. Não fazer o pós-doutorado e, especialmente, não terminar de ministrar o curso de econometria, que eu tanto almejava, foram grandes frustrações. Ambos seriam muito importantes na minha vida acadêmica, à qual eu daria continuidade após a experiência no governo federal. Mal sabia o que estava por vir.

Viajamos para Brasília, eu e Sérgio, dias antes da posse. Fomos levados, junto com os demais jovens que já integravam a equipe de Kandir, para a Academia de Tênis, um hotel famoso à época, que passou do frenesi dos anos 1990 à decadência e abandono a partir de meados dos anos 2000. Lá já estava também uma turma da PUC, como Eduardo Modiano e Winston Fritsch, e outros que ainda não conhecíamos, como Zélia Cardoso de Mello, escolhida para ser a ministra da Economia, Fazenda e Planejamento, Antonio Kandir, João Maia, Venilton Tadini, Luiz Paulo Rosenberg e Ibrahim Eris. Estava presente, também, o procurador-geral da Fazenda Nacional, o jurista Cid Heráclito de Queiroz, revendo, com dedicação e preocupação, as medidas provisórias escritas por economistas.

Para nossa surpresa, após chegarmos, fomos informados que a Academia de Tênis teria sua saída bloqueada pela Polícia Federal porque o plano econômico ia ser finalizado lá dentro! Ficamos literalmente detidos no hotel para que o plano fosse concluído sem vazamentos. Naquela época, é bom lembrar, ainda não existia telefone celular. Foi então que tomamos conhecimento das medidas e também de que ainda faltava definir uma série de detalhes, que fariam toda a diferença. Ainda não havia sido fixado, por exemplo, o valor que seria retido das contas-correntes e de poupança. Eu e Sérgio ficamos muito abalados ao saber o que seria feito. Liberais, como sempre fomos, achamos aquilo tudo uma loucura do ponto de vista econômico e uma arbitrariedade do ponto de vista legal. Naquele primeiro momento ficamos aborrecidos com Modiano, que havia nos levado para trabalhar naquele plano maluco, em nossa opinião.

Um dia após a posse do presidente eleito, ainda na Academia de Tênis, vimos a ministra Zélia sair para uma entrevista coletiva para anunciar o Plano Brasil Novo, que passou para a história como Plano Collor e cujos detalhes estavam sendo decididos momentos antes. Não foi à toa que ela não soube explicá-lo a contento. A ministra anunciou, entre outras medidas, o congelamento de preços e salários e o bloqueio, por 18 meses, dos saldos superiores a 50 mil cruzados novos (NCz$ 50.000) nas contas-correntes e de poupança, e de 25 mil cruzados novos (NCz$ 25.000) ou 20% do saldo total, o que fosse maior, dos fundos de curto prazo, operações no *overnight* e outras aplicações financeiras, assim como o corte de três zeros no valor da moeda e a substituição do cruzado novo pelo cruzeiro. O plano previa que os cruzados novos retidos ficariam congelados por 18 meses e depois seriam devolvidos em 12 prestações, convertidos à nova moeda.

Eu, que nunca havia ido a Brasília e estava acostumada com a ebulição do Rio de Janeiro, onde tudo é motivo para manifestações e protestos, pensei: "A população virá em peso para a porta da Academia de Tênis e nós vamos ser linchados." Essa foi a minha primeira e inesquecível lição a respeito desse mundo à parte, esse equívoco histórico que se chama Brasília. Não tinha ninguém na porta do hotel no dia seguinte ao do anúncio do Plano Collor. O Brasil inteiro estava um pandemônio, mas em Brasília nada acontecia. Não houve manifestações e a população não foi para as ruas em protesto.

Eu e Sérgio viajamos para o Rio decididos a não retornarmos. Não queríamos fazer parte daquela experiência – não só porque não acreditávamos nela, como também porque não concordávamos com a forma como estava sendo implantada. No Rio, fomos conversar com o professor Mario Henrique Simonsen, que, para nossa surpresa, pelo menos naquele primeiro momento, julgava que o plano, ainda que ousado, tinha chance de ser bem-sucedido. Foi a conversa com Simonsen que nos fez tomar a decisão de voltar para Brasília. Mais tarde, Simonsen criticou o Plano Collor por, entre outros motivos, não ter realizado o imprescindível ajuste fiscal.

Foi assim que teve início a minha experiência como executiva. Em Brasília, uma cidade estranha, entre pessoas que eu não conhecia. Na minha cabeça, eu não estava encerrando minha vida acadêmica. Após a temporada em Brasília, eu voltaria para dar aulas de econometria na PUC, terminar o pós-doutorado no IMPA e, depois, retornar à FGV. Mas não foi dessa forma que as coisas se passaram.

CAPÍTULO 3

A primeira experiência executiva a gente nunca esquece

Na volta a Brasília, eu não me sentia à vontade. Me perguntava como me sairia em um ambiente tão diferente do a que estava acostumada. Em grande medida, havia aceitado o convite e tomado a decisão de interromper a vida acadêmica para acompanhar meu marido, Sérgio Werlang, que desejava muito ter aquela experiência no governo. Entretanto, em mais uma das reviravoltas da vida, apenas dois meses depois da nossa chegada ele decidiu sair do cargo e voltou para o Rio. Eu fiquei.

Por conta da reforma administrativa, um dos pilares do projeto de mudança do Estado no governo Collor, houve demissão de funcionários públicos e diversas estruturas ministeriais foram alteradas, o que desorganizou bastante o governo. Quem conhece o funcionamento do setor público sabe que, nessas ocasiões, a burocracia demora muito a se rearrumar. No início, foi complicado até mesmo para o Ministério da Economia, Fazenda e Planejamento, que juntou áreas de mais de uma pasta, como Tesouro e Orçamento. A Secretaria Especial de Política Econômica, que era um órgão novo, agregou partes de departamentos já existentes. Tivemos que encontrar – e algumas vezes disputar – espaços físicos e driblar a falta de recursos. As despesas para comprar papel para as impressoras, material de escritório, café e biscoitos eram divididas entre nós. Tudo precário e improvisado, dificultando ainda mais nossas condições de trabalho, já bastante conturbadas.

Em um curto espaço de tempo, eu não estava mais na minha protegida vida acadêmica. Fazia parte agora do terceiro escalão de um ministério muito importante e, pela primeira vez, tinha um time para liderar. Embora fossem poucas as pessoas subordinadas a mim, era uma função de grande responsabilidade. Minha equipe era formada por cinco integrantes, três dos quais levei do Rio. Dois eram ex-alunos da PUC e meus amigos, Eliane Aleixo Lustosa e João Roberto Teixeira. O terceiro, Vagner Laerte Ardeo, engenheiro do Instituto Tecnológico de Aeronáutica (ITA) com mestrado no IMPA, onde foi aluno e orientando de Sérgio Werlang, era craque em modelos matemáticos e em planilhas, ferramenta que naquela época era uma novidade, pois o Microsoft Excel para Windows havia sido lançado em 1987. O time era composto, também, por Heloiza Camargos Moreira, servidora pública federal, especializada em comércio exterior, e por Juliana Correa Silva, amiga da ministra Zélia que veio de Londres, onde trabalhava, para fazer parte do grupo.

Sérgio, coordenador de política monetária, levou com ele dois ex-alunos da EPGE, nosso amigo comum João Luis Tenreiro Barroso e Gyorgy Varga. Compunham também sua equipe Roberto Ogazavara, que já trabalhava no ministério, e Amaury Bier, da USP. Quando Sérgio voltou para o Rio, Amaury assumiu o lugar dele e, mais tarde, ficou à frente da Secretaria de Política Econômica, tendo desempenhado, ao longo de sua carreira, outras funções de destaque nos setores público e privado. A coordenadoria de política fiscal era comandada por Geraldo Biasoto, da Unicamp, que ficou também muito próximo de nós. Fazia parte do seu time Matheus Cotta de Carvalho, da Universidade Federal de Minas Gerais (UFMG), que depois trabalhou comigo na CSN e é um querido amigo.

Sem família nem residência em Brasília, vivíamos juntos, inicialmente mudando várias vezes de hotel e, por fim, na Academia de Tênis. A jornada de trabalho era dura, mas amenizada pela camaradagem do grupo. Quando passamos a ficar hospedados na Academia de Tênis, eu, entusiasta do exercício físico, não raro dava aulas de ginástica para os colegas, após o trabalho e já tarde da noite. João Luis, o mais animado da turma, estava sempre inventando comemorações para reduzir a tensão de nosso dia a dia. Foi nessa época, também, que conheci Pedro Parente, Fábio Barbosa, Luiz Carlos Sturzenegger, Carlos Eduardo de Freitas, Valdery Albuquerque, Selma Pantel e Martus Tavares, entre outros excelentes servidores públicos e queridos amigos, com os quais continuei interagindo ao longo da vida.

Quando Collor assumiu, a inflação estava perto de 2.000% ao ano. O início do governo foi muito tumultuado. O país ficou aturdido com aquele plano econômico ousado e arbitrário que congelou os saldos das contas-correntes, poupanças e demais aplicações financeiras, entre outras medidas de grande impacto. Nos meses seguintes esse processo começou a ser revertido, com o início da liberação de parte dos recursos bloqueados, por meio das chamadas "torneirinhas". O plano não havia previsto situações, por exemplo, como as de pessoas que precisavam pagar uma cirurgia ou um tratamento, ou que tinham vendido um apartamento e comprado outro, ficando com o dinheiro bloqueado no meio da transação.

Para nós, era duro e traumático lidar com os casos individuais complicadíssimos e urgentes. Da minha equipe, foi Juliana Correa quem fez parte do grupo que ficou responsável por analisar e encaminhar as delicadas situações causadas pelo confisco. O forte impacto do congelamento dos recursos na atividade econômica também contribuiu para o início do descongelamento dos valores bloqueados. Tudo isso começou a minar a essência do plano, que pretendia acabar com a inflação com um tiro só.

Em outras frentes, o governo Collor teve atuação inovadora. Foi criado o Programa Brasileiro de Qualidade e Produtividade (PBQP), que visava aumentar a competitividade dos bens e serviços produzidos no país, questão ainda crucial no Brasil de hoje. Simultaneamente, começou o processo de abertura comercial, com a eliminação de barreiras não tarifárias às importações e a definição de um cronograma de redução das tarifas. Era uma medida ousada naquele país fechado em termos de comércio exterior e foi alvo de acirradas críticas e debates, mas acabou sendo essencial para elevar a qualidade dos bens produzidos internamente, pela exposição das empresas à competição internacional. Heloiza Camargos foi fundamental nesse processo. Lembro-me bem dela, com imensas planilhas sobre a mesa, fazendo marcações nos diferentes produtos e setores que teriam suas alíquotas do imposto de importação reduzidas.

O Programa Nacional de Desestatização (PND), ambicioso plano de privatização de empresas federais, outra iniciativa do governo Collor, serviu de alavanca tanto para o ingresso de recursos externos destinados a investimentos no país quanto para estimular a melhoria dos padrões de governança e de gestão das empresas brasileiras. A principal privatização no governo Collor foi a da siderúrgica Usiminas, em outubro de 1991, e marcou o início de um ciclo de transformação na economia brasileira, que continuou nos governos seguintes, de Itamar Franco e Fernando Henrique Cardoso.

Por fim, foi dado início ao processo de normalização da relação do Brasil com seus credores externos, após uma década de relações conturbadas com o FMI e com os bancos internacionais, que culminaram com a declaração de moratória da dívida externa pelo presidente José Sarney, em fevereiro de 1987, e nova paralisação do pagamento dos juros, em 1989. Foi principalmente nesse campo que atuei, no meu primeiro ano no governo Collor.

APESAR DA INSEGURANÇA inicial ao chegar a Brasília, descobri, gratificada, que minha formação teórica me dava base sólida para participar das negociações com o FMI e das questões relativas à dívida externa. Eu era uma das pessoas da nova equipe que mais conhecia, por exemplo, o arcabouço de metas e indicadores das cartas de intenções e dos memorandos técnicos de entendimentos, documentos essenciais para as tratativas com o Fundo. Ainda assim, trabalhar nesses temas tão sensíveis era um grande desafio. Inclusive pelo fato de que quase todas as reuniões eram em inglês. Sempre estudei e pratiquei com afinco a língua inglesa, mas mantive um sentimento de insatisfação com meu desempenho, por não ter estudado no exterior ou tido exposição prolongada ao idioma. Tenho a clara sensação de que sou mais eficaz e assertiva em minha língua nativa e a busca do aperfeiçoamento da comunicação no idioma inglês tem sido uma constante em minha vida.

Embora hierarquicamente subordinada a Antonio Kandir, passei a fazer parte de um grupo matricial mais amplo, que incluía representantes da Procuradoria-Geral da Fazenda Nacional (PGFN) e do Banco Central, entre outros órgãos responsáveis pela renegociação da dívida externa e pelos acordos com o FMI. O coordenador do time era o embaixador Jorio Dauster Magalhães e Silva, nomeado negociador-chefe para a dívida externa, diretamente subordinado ao presidente da República. Muito experiente, Jorio havia presidido o Instituto Brasileiro do Café. Trabalhei com ele até abril de 1991, quando voltei para o Rio e fui para o BNDES. Oito anos mais tarde, quando eu estava na CSN e procurávamos um profissional para a presidência da Vale, apresentei Jorio a Benjamin Steinbruch. A empatia foi grande e Jorio se tornou o primeiro presidente executivo da Vale pós-privatização.

É importante lembrar que a questão da dívida externa atravessou muitos anos. O ciclo de desenvolvimento econômico baseado no endividamento externo, implementado pelos governos militares nos anos 1960, terminou na gestão do general João Baptista Figueiredo (1979-1985). A economia mundial tinha sido abalada por duas crises do petróleo, em 1973 e 1979, e também sofreria nos anos seguintes com a insolvência da Polônia, a instabilidade política no Oriente Médio e a Guerra das Malvinas. A moratória do México, em agosto de 1982, foi precursora do chamado "setembro negro", em que cessou o ingresso de recursos no Brasil – até então da ordem de 1,5 bilhão de dólares ao mês, incluindo as linhas interbancárias para os bancos brasileiros no exterior.

Na década de 1980, com os diversos eventos externos adversos, o governo usou as empresas federais para obter empréstimos no exterior e ajudar a cobrir o déficit das contas públicas. Muito endividadas e com dificuldades financeiras, essas estatais tiveram, posteriormente, suas dívidas assumidas pela União. A crise da dívida externa, nos anos anteriores à moratória de 1987, levou à perda de reservas cambiais e ao início das negociações com os bancos credores internacionais e com o FMI, em 1982.

Em um intervalo de cerca de dois anos, foram assinados, pelo ministro do Planejamento, Antônio Delfim Netto, sete acordos com o FMI, formalizados em sete cartas de intenções, nenhuma delas cumprida. Em dezembro de 1984, o então presidente do Banco Central, Affonso Celso Pastore, apresentou aos bancos credores uma proposta de renegociação que abrangia a reestruturação do perfil da dívida, um total de 45,3 bilhões de dólares com vencimentos de 1985 a 1991. O acordo, no entanto, não chegou a ser firmado nem por Figueiredo nem por José Sarney.

Dilson Funaro, que assumiu o Ministério da Fazenda em agosto de 1985, recusou-se a submeter a economia brasileira aos rigores das metas e ao monitoramento formal do FMI. Com as reservas internacionais em níveis críticos, em fevereiro de 1987 Sarney declarou moratória unilateral dos juros da dívida (o principal já não era pago havia anos). Funaro acabou pedindo demissão em abril do mesmo ano e foi substituído por Luiz Carlos Bresser-Pereira, que iniciou entendimentos com os credores internacionais para a securitização do estoque da dívida, que seria trocada por bônus com prazos longos de vencimento e taxas de juros compatíveis com a capacidade de pagamento do país. Em 15 de dezembro de 1987, o Brasil fechou um acordo em que os credores concordaram em conceder empréstimo para regularização dos pagamentos dos juros.

Dias depois, Bresser deixou a pasta e foi substituído por Maílson da Nóbrega, que retomou as negociações. Em junho de 1988, o Brasil assinou uma carta de intenções com o Fundo, prevendo um novo acordo e antecipando negociações com banqueiros e o Clube de Paris, instituição representante dos países credores. Entretanto, as turbulências políticas do final do governo Sarney e as expectativas geradas pela nova Constituição, que seria promulgada em outubro daquele ano, dificultaram a obtenção de um acordo mais durável.

Em março de 1989, o secretário do Tesouro americano, Nicholas Brady, apresentou uma proposta para países com elevada dívida externa que previa a securitização da dívida com desconto de cerca de 30% no valor dos débitos. Em julho, o Brasil suspendeu novamente os pagamentos de juros e dos compromissos com o Clube de Paris. A moratória não declarada ficou conhecida como "moratória branca". No fim do governo Sarney, ainda não havia solução para a dívida externa. Foram tempos caóticos.

Após esse longo período de descrédito do Brasil, o governo Collor estava decidido a somente assumir compromissos que pudessem ser cumpridos. O diagnóstico da equipe econômica era que a restrição ao pagamento da dívida externa era de natureza fiscal, e não cambial, pois 90% da dívida externa estava concentrada no setor público. Embora o país fosse capaz de gerar superávits na balança comercial – parâmetro usado em negociações anteriores para definir as metas de pagamento da dívida –, o setor público não tinha resultado fiscal suficiente para adquirir as divisas do setor privado, sendo preciso contrair dívida interna ou emitir moeda, o que acelerava os processos inflacionário e de deterioração das finanças públicas.

O desequilíbrio interno e as pressões políticas decorrentes dessas medidas levavam, invariavelmente, ao descumprimento dos compromissos financeiros. Para evitar a repetição desse círculo vicioso, foi estabelecido o conceito de capacidade de pagamento, que atrelava o montante de pagamentos da dívida externa à capacidade de geração de superávits fiscais. Essa deveria ser a premissa para um plano definitivo de reestruturação da dívida.

A coordenadoria da área externa da SEPE era a responsável por fazer as projeções e simulações dos instrumentos financeiros que iriam compor o cardápio de opções a ser apresentado ao Bank Advisory Committee (BAC), o comitê assessor dos bancos credores, coordenado por William "Bill" Rhodes, do Citibank, o maior banco privado credor do Brasil. Vagner Ardeo pilotava as planilhas Excel e ajudava a formatar os instrumentos junto com Eliane Lustosa, João Roberto e outros colegas da SEPE e do Bacen. O objetivo das projeções e simulações era estipular o pagamento de juros e principal compatível com o ajuste fiscal, de modo que o país se comprometesse a pagar o que fosse viável.

Parecia meio irreal para nós, jovens em torno dos 30 anos, que acumulávamos até então apenas experiência acadêmica, que tivéssemos tamanha responsabilidade em um processo tão sensível como o da renegociação da dívida externa. Havia uma teoria da conspiração – entre muitas que rolavam em Brasília – de que a negociação conduzida pelo embaixador Jorio não era para valer. Segundo essa tese, a negociação serviria apenas para colocar na mesa uma proposta inaceitável para os credores, que seria posteriormente substituída por outra, mais palatável, capitaneada pelo presidente do Banco Central, Ibrahim Eris. O tempo provou que a teoria não era real.

Para nossa grande satisfação, Carlos Eduardo de Freitas, funcionário de carreira do Bacen que havia enfrentado, como chefe de departamento e diretor, os traumáticos eventos externos da década de 1980, foi nomeado assessor especial para a renegociação da dívida externa e se juntou ao time. Ele agregou à jovem equipe sua larga experiência e conhecimento, que foram essenciais para que o trabalho do grupo fosse bem-sucedido.

Em julho de 1990, integrei a equipe que iniciou os entendimentos com a missão do FMI em sua primeira visita ao Brasil no novo governo. Periodicamente, missões técnicas do Fundo desembarcavam no país para fiscalizar as contas públicas. Nos anos 1980 e no início dos anos 1990, a relação do Brasil com o FMI era tensa, porque a liberação de empréstimos externos ao país era condicionada ao cumprimento de metas austeras de ajuste econômico e o Fundo era demonizado por exigir sacrifícios. Alguns dos economistas da instituição ficaram conhecidos do grande público, como a chilena Ana Maria Jul – e sua pasta preta – e a italiana Teresa Ter-Minassian. Uma nova carta de intenções foi negociada em setembro de 1990, mas não chegou a ser implementada. Com o início das negociações com o BAC, as conversas com o FMI foram temporariamente paralisadas.

No dia 11 de outubro, o embaixador Jorio Dauster apresentou ao comitê dos bancos credores, em Nova York, a proposta que almejava resolver de modo definitivo a questão da dívida, compatibilizando as remessas ao exterior com a capacidade de geração de superávits fiscais. A ideia, que não foi aceita, era trocar o estoque da dívida externa por bônus de até 45 anos de prazo, sem garantia, e simultaneamente liberar o pagamento das obrigações do setor privado, que passaria a ser livremente remissível para o exterior. Os bancos, no entanto, antes de iniciar o entendimento sobre o estoque da dívida, queriam uma solução para os juros atrasados. Diziam que estávamos usando os pagamentos em atraso como arma para a negociação do estoque da dívida e ameaçavam o país com a retirada das linhas comerciais de curto prazo. Também alegavam que nossa proposta representava um incentivo a que outros países parassem de pagar suas dívidas.

Tivemos diversas rodadas de negociações com o BAC de outubro a dezembro de 1990, indo e vindo de Brasília para Nova York. Foi instigante presenciar a capacidade negociadora do embaixador Jorio Dauster, sempre esgrimindo verbalmente com Bill Rhodes, o poderoso coordenador do comitê. Nessa época, já havia se tornado público o romance entre a ministra Zélia e o ministro da Justiça, Bernardo Cabral. Não era incomum chegarmos às reuniões e encontrarmos, sobre a mesa, cópias de revistas com matérias sobre o romance ministerial. Eram táticas dos bancos para baixar o moral do time brasileiro, que ficava, de fato, agastado. Eu, especialmente, pelo evidente machismo da iniciativa.

Lembro-me de um episódio que ilustra bem o nosso dia a dia naquele desgastante vaivém das negociações. Na manhã do embarque para uma dessas viagens a Nova York, descobrimos que havia um erro na planilha usada para simular os pagamentos da dívida externa. Eu estava em Brasília e Vagner, no Rio. Tivemos que adiar a viagem. Voltei ao Rio e trabalhamos juntos enquanto falávamos por telefone com Carlos Eduardo. Depois de corrigirmos a planilha, no dia seguinte eu e Vagner fomos para o aeroporto do Galeão, para retornarmos a Brasília. Eu dirigia meu carro e nossa conversa era tão animada que errei a entrada para o aeroporto. Fiquei desesperada, porque não podíamos perder o voo daquela noite para Nova York. Conseguimos chegar a tempo. Quando, dias mais tarde, voltei de Nova York para o Rio, esqueci que havia ido de carro para o aeroporto e voltei para casa de táxi. Só consegui resgatar meu carro uma semana depois!

Algumas vezes tínhamos dificuldade em prosseguir nas conversas com os bancos credores em Nova York por falta de orientação sobre os próximos passos por parte da equipe econômica. Lembro-me de, mais de uma vez, ouvir o embaixador Jorio reclamar que estava acostumado a "inventar o jogo, mas não o baralho". Nessas ocasiões, Jorio respondia à pergunta que Bill Rhodes fazia habitualmente, ao final das reuniões inconclusivas, "E então, Jorio, para onde vamos daqui?", com a frase: "Não sei sobre você, mas eu estou indo para o aeroporto."

O tom das conversas era quente, com os representantes dos bancos, em particular os alemães e japoneses, fazendo declarações enfáticas, no início de cada reunião, de que o não pagamento dos juros em atraso era considerado intolerável e desrespeitoso para seus países. A proposta inicial teve que ser refeita e, em vez de seguirmos insistindo na reestruturação total da dívida – principal e juros –, passamos a focar no reescalonamento dos juros atrasados.

Apesar do desgaste pelas viagens frequentes a Nova York, em que algumas vezes íamos direto do aeroporto para as reuniões e delas novamente para o aeroporto, e de todo o estresse pela desconfortável situação negocial em que nos encontrávamos, também havia espaço para o bom humor e para a diversão. Eu era a única mulher no grupo, formado por técnicos da Fazenda, do Bacen e da PGFN. Muitas vezes ficávamos horas em uma sala na sede do Citibank, onde aconteciam os encontros, esperando que os bancos voltassem com alguma posição em relação às tratativas da reunião anterior. Nesse ínterim, Jorio e Luiz Carlos Sturzenegger, do Banco Central, sempre bem-humorados, contavam piadas e descontraíam o ambiente.

Inicialmente eu ficava isolada, olhando aquele time masculino se divertindo. Em pouco tempo me aproximei e disse a eles: "Olha, podem contar as piadas na minha frente." E, assim, me integrei ao grupo. Sempre brinco que aprendi, naquela época, todos os palavrões que tenho no meu vocabulário. Quando pernoitávamos em Nova York, quase sempre eu, Jorio e Luiz Carlos, mais notívagos do que os demais, íamos para algum restaurante ou bar e nos divertíamos contando casos. São inesquecíveis, também, os sambas magistralmente tocados em caixas de fósforos por Jorio, que é um bom cantor e compositor, e acompanhados por nós. Tenho saudades daquela época. Aprendi muito, pessoal e profissionalmente.

Em janeiro de 1991, para dar prosseguimento às negociações, o governo autorizou o pagamento de 30% dos juros devidos aos bancos pelo setor público, interrompendo a paralisação de pagamentos iniciada em julho de 1989. Retirou também da renegociação as dívidas do setor privado, das instituições financeiras oficiais e das estatais Vale do Rio Doce e Petrobras, que tinham condições de quitar as próprias dívidas. Em abril de 1991, a delegação brasileira e o BAC chegaram a um acordo sobre as condições financeiras para a regularização dos juros devidos no período 1989/1990, precondição para os bancos credores darem início à reestruturação do estoque da dívida da União ou por ela garantida. Mas, antes disso, fatos importantes aconteceram e mudaram a minha vida novamente.

POR DIVERSAS RAZÕES, o Plano Collor começou a fazer água e o processo inflacionário recrudesceu. Eu não sabia, mas naquele início de 1991 a equipe econômica preparava medidas adicionais de ajuste, visando fazer frente à escalada da inflação. No dia 31 de janeiro, quinta-feira, eu estava em minha casa no Rio, preparando-me para embarcar para o Japão. Seria uma viagem já sabidamente tensa, na sequência de uma frustrada visita da ministra Zélia ao país em fins de 1990. A ida da ministra havia sido cancelada em cima da hora, desagradando as autoridades japonesas, afeitas aos protocolos. Dessa vez, o chefe da delegação brasileira seria o secretário de Política Econômica, Antonio Kandir, e a tônica dos discursos preparados para autoridades e empresários japoneses era de que o governo brasileiro prezava os princípios de mercado e havia deixado no passado práticas como a de congelamento de preços.

Pouco antes de sair para o aeroporto, atendi a um telefonema de Kandir. Ele tinha duas notícias graves para me dar. Disse-me para ligar a televisão porque, em minutos, seriam anunciadas novas medidas econômicas. E me falou também que não iria mais ao Japão. Fiquei atônita. Minha reação foi responder que eu também não iria e que não queria mais continuar no governo, pois já imaginava a natureza das novas medidas. Kandir respondeu que eu teria que ir e que falaríamos na volta. Marcos Gianetti da Fonseca, secretário de Planejamento do Ministério da Fazenda, foi a autoridade escalada, na última hora, para liderar a missão.

Embarquei para Tóquio, muito nervosa e preocupada. Naquela época ainda não havia correio eletrônico e só tomamos conhecimento do conteúdo do plano, por fax, quando chegamos ao Japão. Dos sete integrantes da equipe, quatro eram mulheres – eu, Adrienne Nelson de Senna Jobim, da PGFN; Ceres Aires Cerqueira, do Bacen; e Heloiza Camargos, da coordenadoria da área externa. Nós faríamos rodadas de negociações com nossas contrapartes japonesas, especialmente sobre a renegociação da dívida externa com os bancos credores e o Clube de Paris e sobre o processo de abertura comercial do Brasil. Além dos pontos de atrito relativos à tensa questão da dívida externa, havia outro relacionado ao seguro de crédito à exportação do Brasil com as *trading companies* japonesas. O pagamento estava atrasado e os japoneses demandavam que fosse colocado em dia.

O chamado Plano Collor II entrou em vigor numa sexta-feira, 1º de fevereiro de 1991, decretado feriado bancário. Anunciado em entrevista coletiva no fim da tarde do dia anterior, continha diversas medidas de natureza financeira, novo congelamento de preços e salários, mudança no critério de indexação de contratos, aumento de tarifas públicas, redução de tarifas de importação e algumas iniciativas de incentivo à economia. Próximo de completar um ano, o governo Collor não tinha conseguido atingir as metas principais de seu plano de estabilização: o PIB de 1990 teve queda inédita, de 4,35%, e a inflação acumulada em 12 meses, em março de 1991, foi superior a 400%.

Naquela noite, as redes de TV buscavam, enlouquecidamente, esclarecimentos da ministra Zélia sobre as novas medidas. Com a insistência dos repórteres, João Luis Barroso, da coordenadoria de política monetária, foi escalado para dar uma entrevista à TV Manchete. Seriam seis perguntas, já previamente alinhadas com os repórteres. João Luis, tenso, respondeu às duas primeiras, sobre aumentos salariais e reajuste de mensalidades escolares. A terceira, sobre reajuste de contratos com cláusula de correção pelo Bônus do Tesouro Nacional (BTN) – assunto que ainda não estava claro –, levou João, nervoso, a fazer gestos por baixo do campo de visão das câmeras indicando que era para encerrar a entrevista.

Os âncoras do jornal, no entanto, já se preparavam para fazer nova pergunta. O entrevistado então se antecipou e disse que todas as dúvidas seriam esclarecidas por meio de uma cartilha a ser lançada no fim de semana, encerrando atabalhoadamente a entrevista. Esse foi um dos mais insólitos episódios desse período em Brasília. João Luis, que tem uma verve impagável para contar casos e ainda carrega um perceptível sotaque português apesar de ter vivido quase a vida toda no Brasil, nos fez rir muitas vezes ao recontá-lo em encontros do grupo, anos após nossa estadia em Brasília.

Chegamos a Tóquio no fim de semana e nos dedicamos a conhecer as medidas e reescrever os discursos que seriam feitos pelo chefe da missão brasileira no Keidanren (Federação das Indústrias do Japão) e em reuniões no Eximbank, no Ministério de Indústria e Comércio Exterior (MITI), no Banco de Tóquio e em outras instituições. Nos preparamos para o que, já antevíamos, seria uma dura semana. Não havia jeito, teríamos que explicar mais um plano econômico ao governo japonês, a empresários e banqueiros.

O pano de fundo não era favorável, após o segundo cancelamento consecutivo da ida de autoridades brasileiras do mais alto escalão ao Japão, o não pagamento dos juros da dívida externa por mais de um ano e o atraso no seguro de exportação. *Last but not least*, enfrentaríamos a resistência dos japoneses a negociar com quatro mulheres, fato bastante inusitado no Japão naquela época. Para todas nós, profissionais com temperamento forte e responsáveis pelos assuntos-chave da missão, foi muito desconfortável aquela situação. Houve até mesmo ocasiões em que apenas os homens da missão brasileira foram convidados para encontros e celebrações, deixando de fora as integrantes femininas. Ficamos indignadas e reclamamos bastante com os diplomatas brasileiros.

Nossa primeira reunião, na segunda-feira, para discutir a agenda de encontros, foi com o embaixador do Brasil no Japão, Carlos Antonio Bettencourt Bueno, que nos alertou sobre o estado de espírito em relação ao Brasil. De fato, em todas as reuniões, ao longo de cinco dias, a tônica foi de contestação à política econômica brasileira, de descrença em relação às propostas feitas na negociação da dívida externa e de pedidos para a retomada do pagamento dos juros atrasados e do seguro de crédito à exportação.

Defendemos a premissa da negociação da dívida externa, da capacidade de pagamento lastreada em superávits fiscais, reafirmando que o Brasil queria selar um compromisso duradouro, que pudesse ser cumprido. No entanto, o momento não nos ajudava, após a divulgação das medidas do Plano Collor II, que voltava a congelar salários e preços. Foi uma experiência muito traumática ouvir autoridades de outro país dizendo: "Por que eu vou acreditar no que vocês estão falando? Já estiveram aqui representantes de governos anteriores, dizendo que dessa vez seria para valer, que dessa vez o Brasil cumpriria seus compromissos. Ouvimos isso de um ministro e, logo depois, foi declarada moratória. Como podemos acreditar no que estão dizendo?"

Eu ficava pensando que eles tinham toda a razão em não acreditar! Fiquei muito mal com o descrédito do Brasil e, pior ainda, tendo que defender, em nome do meu país, medidas econômicas em que eu não acreditava. Foi muito difícil, pois sou uma pessoa que mostra, no rosto, o que pensa. Essa foi uma experiência pela qual nunca mais quero passar. Quando voltei ao Brasil, já havia tomado a decisão de não continuar trabalhando no governo. Comuniquei minha intenção a Kandir, mas ele pediu que eu falasse com a ministra Zélia. Encontrei-me com ela, expliquei minhas razões e, ao final de março, voltei para o Rio de Janeiro.

Zélia deixou o ministério dois meses depois, em maio de 1991, e foi substituída pelo embaixador Marcílio Marques Moreira. Antonio Kandir deixou o governo na mesma data. Em junho, o ministro Marcílio nomeou Pedro Malan como consultor especial do Ministério da Fazenda e negociador-chefe para assuntos da dívida externa. Malan retomou a negociação do estoque da dívida de médio e longo prazos, nas mesmas bases da negociação feita por nós, dentro do princípio da capacidade de pagamento, que ligava a restrição fiscal à restrição externa.[5]

Voltei ao Rio, mas minha saída do governo acabou não acontecendo. A convite de Eduardo Modiano, presidente do BNDES, fui para o banco, iniciando mais uma etapa na minha vida profissional.

CAPÍTULO 4

A primeira vez no BNDES

O PRESIDENTE DO BNDES, Eduardo Modiano, ao saber que eu iria voltar para o Rio, me convidou para fazer parte de sua equipe, na assessoria especial para assuntos de desestatização. O time já contava com jovens economistas que não eram do corpo funcional do banco, como Luiz Chrysostomo, Carlos Parcias e Rodrigo Fiães, bem como com experientes funcionários como Irimá da Silveira, que muito nos ajudou e orientou. No banco, conheci excelentes profissionais, futuros amigos e companheiros de outros momentos da minha vida. Não dá para citar todos, mas gostaria de homenageá-los ao mencionar Sol Garson Braule Pinto, Mariane Sardenberg Sussekind, José Paulo Junqueira Lopes, Cláudio Neves, Estela Almeida, Luiz Roberto Magalhães e Nádia Conceição Néri.

O BNDES estava em plena ebulição, capitaneando o recém-criado Programa Nacional de Desestatização (PND), instituído pela Lei 8.031, de 12 de abril de 1990. Com a venda de empresas públicas ou participações acionárias do governo federal, o programa pretendia atingir três metas: redução da dívida pública interna e externa, aumento da concorrência na economia e estímulo ao mercado de capitais. Na primeira fase do PND, em 1991 e 1992, foram arrecadados 2,4 bilhões de dólares e transferidos 982 milhões de dólares em dívidas para o setor privado com a privatização de 13 empresas – Celma,

Cosinor, Mafersa, Usiminas, Acesita, Álcalis, Copesul, CST, Fosfértil, Goiasfértil, Petroflex, Aços Finos Piratini e SNBP – e a venda de participações acionárias em seis estatais – CBE, Imdag, Nitriflex, Polisul e PPH.

Para estruturar as privatizações, foram criados grupos interdisciplinares e cada diretor do banco ficou responsável por conduzir o processo de uma ou mais empresas. José Pio Borges, que era vice-presidente e diretor financeiro, convidou-me para participar do time que prepararia a privatização da CSN, liderado por ele. Mas acabei indo para o grupo de petroquímica, da Copesul. Mais tarde, quando me tornei presidente da CSN, José Pio gostava de brincar dizendo que me faltou visão estratégica quando ele me fez o convite.

A preparação das empresas para o leilão demandava um trabalho detalhado, abrangente e complexo. Eram discutidos a política de preços e de concorrência do setor, ajustes prévios à venda, avaliação econômico-financeira, investimentos, aspectos societários e muitas outras questões. Era fundamental conhecer a legislação societária e, em particular, a chamada Lei das S.A.[6] Empolguei-me pelo assunto e, um dia, entrei na sala de Mariane, assessora jurídica do presidente, também do grupo de desestatização, exibindo orgulhosa um exemplar da lei recém-adquirido. Mariane, que, além de brilhante profissional, tem um mordaz senso de humor, exclamou: "Ih, vou perder o meu lugar!" Marie, como também é chamada, foi uma excelente parceira nesse período no banco e amiga pela vida toda. Trabalhamos juntas, posteriormente, em mais duas ocasiões, sempre nos divertindo e fazendo acontecer.

Nessa primeira passagem pelo BNDES, me sentia à vontade. O trabalho era novo e desafiador, a liderança de Modiano era motivadora e o time de diretores e funcionários estava decidido a fazer diferença no país. Gosto do trabalho em grupo, da pressão de cronogramas e de entregar resultados. Estava animada e feliz. Acreditava naquele projeto e aprendi muito naquele período.

Além da equipe interna dedicada à desestatização, dois consórcios de consultores contratados por licitação pública – chamados de Serviços A e B – atuavam no processo, bem como auditores independentes. O Serviço A tinha a incumbência de fazer uma avaliação econômico-financeira da empresa, analisar sua competitividade e verificar alternativas de investimento, indicando um preço mínimo. O Serviço B tinha um escopo mais amplo, abrangendo todo o processo de privatização. Era constituído, em geral, por um consórcio de empresas de consultoria e de bancos, que deveria realizar uma segunda avaliação econômico-financeira e recomendar o preço mínimo de venda. Além disso, os consultores deveriam levantar os eventuais obstáculos à privatização e propor soluções, identificar potenciais investidores e sugerir o modelo de venda. Também apoiavam todo o processo, como, por exemplo, com a montagem de *data room* para os investidores – informações e dados sobre a empresa – e a organização de *road shows,* com apresentações itinerantes dentro e fora do país.

Caso houvesse discordância acentuada entre as duas avaliações econômico-financeiras sobre o preço mínimo indicado para a venda, um terceiro avaliador deveria ser contratado. Mas isso nunca ocorreu. A metodologia para definir o preço mínimo de venda das empresas e prepará-las para privatizações ou processos de concessão foi tão bem estruturada que, ainda hoje, é utilizada pelo BNDES.

Um exemplo de preparação para o leilão foi o do setor petroquímico, que, em 1996, ao final do processo de venda das empresas e de participações acionárias, arrecadou cerca de 3 bilhões de dólares e transferiu mais 1 bilhão de dólares de dívidas para o setor privado. As empresas do setor incluídas no PND foram a Companhia Petroquímica do Sul (Copesul), a Polisul Petroquímica, a Companhia Petroquímica do Nordeste (Copene), a Companhia Petroquímica União

(PQU), a Companhia Industrial de Polipropileno (PPH), a Petroflex e a Petroquímica Triunfo.

A formatação do modelo de venda foi uma das mais difíceis e complexas, pelo intrincado arranjo societário que envolvia a Petrobras e acionistas privados, pelas dúvidas sobre a garantia de fornecimento de matérias-primas e em relação às políticas de preços do setor. As discussões eram acaloradas e as reuniões, intermináveis. Debatia-se tudo: a venda conjunta, ou não, das centrais de matérias-primas (que, utilizando nafta, gás natural e outros insumos, produzem matéria-prima básica para a indústria química) e de segunda geração (que produzem insumos intermediários, como resinas e outros derivados, que serão usados por outras indústrias) em que o governo tinha participação minoritária; questões jurídicas e comerciais envolvendo a Petroquisa, que estava presente em todos os polos petroquímicos; temas societários, trabalhistas etc. A ironia é que o modelo original do setor havia sido concebido no próprio BNDES, na década de 1970!

Um dos pontos vitais para o sucesso dos leilões era a busca de potenciais investidores. Para maximizar o valor de venda das empresas e a redução das dívidas interna e externa, foi permitida a utilização de títulos da dívida pública federal como moeda de pagamento nos leilões. Num trabalho inovador e muito gratificante, coordenei, pelo lado do banco, a definição das regras e do processo para regulamentação e certificação desses papéis como moeda de privatização. O grupo de trabalho reunia profissionais de órgãos públicos como Bacen, Secretaria do Tesouro Nacional, Procuradoria-Geral da Fazenda Nacional e Comissão de Valores Mobiliários (CVM) – a maioria deles já meus conhecidos do período em que havia trabalhado no Ministério da Fazenda – ou vindos de instituições do setor privado, como Bolsa de Valores e Central de Liquidação e Custódia (Celic).

O nosso trabalho consistia em editar normas administrativas e atos legislativos, para garantir que as várias obrigações do governo federal, transacionadas com deságio por não estarem sendo honradas, estivessem aptas a serem usadas como moedas nos leilões. Isso incluía títulos da dívida agrária, créditos da dívida externa, obrigações do Fundo Nacional de Desenvolvimento, certificados de privatização, debêntures da Siderbrás etc. Todos os títulos seriam aceitos ao par, exceto os da dívida externa, para os quais foi estabelecido um deságio mínimo de 25%. A utilização das moedas de privatização nos leilões foi polêmica, com muita discussão pública e legislativa, mas levada a bom termo, com papel relevante na redução da dívida pública federal.

Ao longo da minha trajetória profissional, sempre tive prazer em descobrir como as diferentes experiências se interconectam – uma complementando a outra –, embora pareçam, a princípio, nada ter em comum. No BNDES tive um dos primeiros exemplos, relacionando o trabalho na dívida externa com o da privatização.

Ainda em Brasília, comecei a participar de um grupo que buscava resolver a questão da dívida externa da Siderbrás – holding federal que controlava as empresas estatais do setor siderúrgico – e de suas subsidiárias (Usiminas, CSN e outras) para que pudessem ser privatizadas. Havia um emaranhado de garantias e contragarantias das dívidas estabelecidas entre a holding e suas subsidiárias que teria que ser negociado com os bancos credores de modo a viabilizar a venda das empresas. Meses depois, quando eu já estava no BNDES, José Pio Borges, sabedor do meu conhecimento do assunto, chamou a mim e a Mariane Sussekind para irmos a Nova York negociar com os bancos credores os *waivers* (autorizações) nas centenas de contratos de dívida externa, necessários para a realização dos leilões. Nosso parceiro, pelo lado do governo federal, foi Luiz Carlos Sturzenegger, chefe do departamento jurídico do Bacen, colega da antiga equipe comandada por Jorio Dauster. Em apenas uma semana, depois de exaustivas reuniões com os bancos credores, conseguimos as autorizações necessárias para que a privatização das siderúrgicas pudesse seguir em frente.

Anos mais tarde, na CSN, meus conhecimentos sobre a renegociação da dívida externa novamente seriam úteis, pois havia pendências contratuais relativas ao período em que a empresa ainda era estatal que foram solucionadas na minha gestão. Mais uma vez foi Luiz Carlos Sturzenegger, então procurador-geral da Fazenda Nacional, quem nos deu o valioso apoio jurídico.

Essa conexão das experiências também aconteceu no caso da privatização da Usiminas, siderúrgica localizada em Minas Gerais. Na desafortunada viagem ao Japão, em fevereiro de 1991, que relatei no capítulo anterior, o governo japonês já se movimentava e demonstrava interesse em relação à futura privatização. A Nippon Steel, importante siderúrgica japonesa, era sócia do governo brasileiro na usina e acompanhava, atentamente, o desenrolar dos acontecimentos. Falamos sobre esse assunto durante aquela tensa semana. Em outubro de 1991 aconteceu o leilão de privatização da Usiminas, o primeiro do PND, após uma verdadeira batalha de liminares – que viramos noites no BNDES para reverter – e de uma batalha campal no centro do Rio, entre manifestantes contra e a favor da venda. Foi uma época muito rica, efervescente e de intenso debate.

Olhando retroativamente, podemos constatar que o processo de privatização gerou impactos que foram muito além dos imediatos – de redução do estoque da dívida do setor público e transferência ao setor privado de atividades produtivas. Estimulou a entrada de investidores estrangeiros, com recursos de longo prazo, para investimentos relevantes em todos os setores incluídos no PND. Foi um indutor da melhoria da governança e gestão das empresas públicas e também das privadas e familiares, com reflexo em sua produtividade, no crescimento do mercado de capitais e na captação de recursos pelas empresas. Eliminou as indicações políticas nas antigas empresas públicas, reduzindo o potencial de corrupção e de má gestão, com consequências diretas sobre o erário público. Promoveu maior eficiência na economia, ao estimular a competição. Observando o cenário do país nesses anos recentes, entendemos claramente por que há tantas autoridades e tantos políticos contrários à privatização de empresas estatais.

As críticas exacerbadas de que a transferência das empresas para o setor privado havia causado a demissão de milhares de empregados foram suplantadas pelos novos investimentos, que geraram milhares de empregos diretos e indiretos, bem como o crescimento na arrecadação de impostos. Por fim, esse processo resultou na desoneração dos cofres públicos – dinheiro dos contribuintes – que, tantas vezes, tiveram que socorrer as estatais em dificuldades financeiras, por má gestão ou improbidade administrativa.

Em março de 1992, quase um ano após minha chegada ao BNDES, Modiano, sem me consultar, indicou-me ao ministro da Fazenda, Marcílio Marques Moreira, para o cargo de diretora das áreas financeira, internacional, de orçamento e planejamento do banco. Eu substituiria José Pio Borges, que iria para a diretoria de infraestrutura. Quando ele me deu a notícia, fiquei muito brava por não ter falado comigo antes! Modiano queria me fazer uma surpresa e acabou surpreendido com minha reação negativa, que, claro, durou pouco. Entendi logo que a indicação para uma função executiva de tanta responsabilidade era um reconhecimento pelo trabalho que eu vinha desenvolvendo. Fiquei – e sou – muito grata a ele. Além de tudo, havia outro fator motivador: eu seria a primeira mulher diretora do BNDES, 40 anos após sua criação!

Minha posse, em 20 de março de 1992, foi inesquecível. Além da família e dos amigos, as mulheres do BNDES vibraram muito, foram grandes incentivadoras e companheiras durante o tempo em que lá fiquei. Lembro-me da sensação que tive ao entrar pela primeira vez na ampla sala de diretor. Me senti perdida lá dentro. Era muito grande e pomposa. Ao voltar para o banco, em 2016, minha primeira iniciativa foi eliminar as salas individuais dos diretores. Passamos todos a dividir um grande salão.

Lidar com assessores e uma equipe numerosa, bem como participar das longas reuniões de diretoria, também foi uma experiência nova. Lembro-me bem de Sol Garson, que era minha assessora, me "perseguindo" com pilhas enormes de documentos que eu precisava ler para me preparar para as reuniões. Nessa época, comecei a utilizar de forma sistemática o método de trabalho que adoto até hoje: registrar as reuniões em cadernos, anotando os pontos principais e, principalmente, as pendências; realizar reuniões periódicas com as equipes das diferentes áreas, para me aprofundar nos assuntos relevantes e atribuir responsabilidades e responsáveis; fazer cobranças, saber se as coisas estão acontecendo no tempo certo e na forma adequada. Essa rotina sempre deu bons resultados, levando os times a terem, eles próprios, encontros periódicos e a compartilharem acontecimentos e conhecimentos.

Meu primeiro desafio, poucos dias após a posse, foi conduzir o lançamento de um bônus do BNDES no exterior. Fui para as reuniões com os investidores estrangeiros acompanhada de Isaac Zagury, o competente chefe do departamento internacional do banco. Isaac era um pouco mais velho do que eu, que tinha 35 anos e estava usando aparelho nos dentes, aparentando ser ainda mais nova. Para nossa diversão, em muitas ocasiões, quando entrávamos nas reuniões, as pessoas dirigiam-se a ele, achando que fosse o diretor. Muito sério, ele então me apresentava a todos. Já fazíamos isso como uma brincadeira entre nós. Sei que a reação dessas pessoas – majoritariamente homens – era uma demonstração de machismo, mas não podia deixar de me divertir com a cara que faziam quando se davam conta da gafe que haviam cometido.

Como diretora do BNDES, tinha também a responsabilidade de coordenar processos de desestatização. A mim foram atribuídos os da Embraer e do Banco Meridional, que acompanhei até a minha saída do banco, após o afastamento do presidente Collor. O início do processo de privatização da Embraer foi tumultuado. Havia muita resistência dentro da companhia, no corpo funcional e em sindicatos. Embora fosse uma empresa que primasse pela excelência técnica, estava em grave situação financeira, com elevado endividamento, concentrado no curto prazo, e risco de falência. Havia também uma delicada questão a respeito da conversão, em ações ordinárias, de debêntures emitidas pela Embraer, que poderia levar a União a perder o controle acionário da companhia, inviabilizando sua privatização.

Debêntures são títulos de dívida emitidos pelas empresas, que remuneram os investidores, ao final do período pactuado, a juros fixos ou variáveis. Esses títulos podem ou não ser conversíveis em ações da empresa emissora. No caso da Embraer, fundos de pensão e outras instituições começaram a exercer seus direitos de conversão de debêntures em janeiro de 1992 e chegaram a ter 90% do capital da estatal, tornando-a, na prática, privada. Houve discussões judiciais por parte de grupos de acionistas, mediadas pelo BNDES. Junto com os dirigentes da Embraer, conseguimos reverter esse processo, convencendo os debenturistas a voltarem atrás na conversão dos títulos em ações e viabilizando, assim, a continuidade da modelagem de venda da empresa para investidores privados.

Ainda antes do leilão de venda, a Embraer teve que passar por uma profunda reestruturação, que resultou na demissão de cerca de 7 mil dos seus 13 mil funcionários, reavaliação de produtos, revisão de processos, medidas administrativas etc. A privatização foi concluída em 7 de dezembro de 1994, quando a empresa foi arrematada com um ágio de apenas 0,3% do valor mínimo fixado para o leilão, integralmente pago com moedas de privatização.

Atualmente a Embraer tem mais de 19 mil empregados diretos, um faturamento acima de 10 vezes o do seu melhor ano como estatal e tornou-se uma marca reconhecida internacionalmente, não apenas no mercado de aviação comercial, mas também no de aviação executiva, de defesa e segurança. Recordo-me da nossa ida – Modiano e eu – ao Estado-Maior da Aeronáutica para apresentar a primeira avaliação econômico-financeira da empresa. Sua situação era tão difícil que seu preço estimado de venda era negativo em algumas centenas de milhões de dólares. Foi muito impactante para os membros do colegiado, mas tivemos seu apoio para prosseguir. A privatização criou condições para que a empresa se tornasse o que é atualmente – lucrativa, grande empregadora, demandante de bens e serviços que criam outros empregos indiretos, geradora de inovação e de tecnologia. Pronta para novos e ousados voos. Fico me perguntando, à luz dos acontecimentos recentes com outra grande estatal, a Petrobras, o que teria acontecido com a Embraer se não tivesse sido privatizada.

No início de outubro de 1992, após meses do movimento que levava multidões às ruas pedindo a saída do presidente Collor, assisti pela televisão, em minha mesa de trabalho e com a minha equipe mais próxima, à instauração do processo de impeachment do presidente. As denúncias de corrupção e o avanço das investigações mobilizaram a população, especialmente os jovens caras-pintadas, que defendiam o "Fora Collor". Assim que o processo foi aberto, o presidente foi afastado e, em seu lugar, assumiu provisoriamente o vice-presidente Itamar Franco. Quando começou o julgamento no Senado, no dia 29 de dezembro, Collor renunciou. O Senado aprovou o impeachment no dia seguinte e o condenou à pena de suspensão de direitos políticos por 8 anos, período em que ficou inelegível para função pública.

É importante registrar que, apesar do cataclisma político que o país vivia, o BNDES não foi contaminado. Modiano blindou a instituição. Nosso ritmo de trabalho permaneceu intenso até o dia da saída de Collor, como se fôssemos continuar por muito tempo ainda. Após o afastamento, Modiano, José Pio e eu fomos imediatamente a

Brasília entregar nossas cartas de renúncia ao ministro Marcílio. Os demais diretores optaram por aguardar a chegada do novo presidente do BNDES, que mudou toda a equipe. Minha saída do banco foi emotiva e sentida. Houve uma festa de despedida, muito concorrida, organizada por Mariane e Sol Garson. Estávamos todos emocionados. Ganhei dos funcionários um belo cortador de papel, de prata, que tenho até hoje na minha mesa de trabalho em casa, com uma dedicatória: "Dos amigos do BNDES". As pessoas me diziam: "Você tem que voltar." Eu respondia, brincando, que, quem sabe, voltaria como presidente! Mais de vinte anos depois, novamente no bojo de um momento político traumático, isso de fato aconteceu.

A participação no governo Collor me proporcionou um grande aprendizado, com importantes lições de vida. Compreendi, vivenciando e assistindo a diversas situações, que para ter poder – aquele que pode transformar a realidade e melhorar a vida das pessoas – é preciso não ter apego algum ao poder. É preciso estar sempre disposto a deixar o cargo e ir embora. É fundamental, isso sim, ter apego a seus princípios e valores. Os fins – definitivamente – não justificam os meios. Costumo dizer que participar do governo Collor, do início ao fim, foi equivalente a fazer mais um mestrado e um doutorado – esses, de vida.

Poucos meses após minha saída, fui indicada para receber a medalha da "Ordem do Mérito Aeronáutico", pelos serviços prestados no processo de privatização da Embraer. Fui recebê-la em Brasília, acompanhada por Luiz Roberto Magalhães, que, quase 25 anos depois, como presidente do BNDES, eu reconduziria à função de chefe do departamento de relações com o governo, na capital federal. Tenho muita satisfação de ter participado da preparação para a privatização dessa grande empresa, que orgulha nosso país.

Ser diretora do BNDES, embora por um breve período, foi a minha primeira experiência executiva de porte, comandando um time grande, competente e variado. Ao sair do banco, eu já tinha certeza de que não voltaria para a vida acadêmica. Havia sido fisgada pela vida executiva. Concluí que gostava mesmo era de realizar, entregar resultados, trabalhar em equipe, motivar times. A meta agora era "me privatizar". Eu queria ter uma experiência executiva no setor privado. Não poderia imaginar que, mais uma vez, as encruzilhadas da vida me levariam por outro caminho...

CAPÍTULO 5

A mulher de 1 bilhão de dólares

Saí do BNDES decidida a ir para o setor privado e, também, a fazer uma poupança para o futuro. Mas ainda não seria dessa vez que o meu planejamento daria certo. Comecei a conversar sobre oportunidades de trabalho e, numa sexta-feira, fui almoçar com o professor Antonio Carlos Porto Gonçalves, da EPGE, que tinha uma empresa no mercado financeiro. Fomos ao Clube Gourmet, do chef José Hugo Celidônio, um dos meus restaurantes prediletos, à época funcionando em Botafogo. Enquanto esperávamos por uma mesa, o deputado Cesar Maia, eleito pela primeira vez prefeito da cidade do Rio de Janeiro, na chapa do PMDB, entrou com um grupo de pessoas. Cumprimentei-o e o parabenizei pela vitória. Eu o conhecera, bem como a outros deputados economistas, como José Serra, quando trabalhava na renegociação da dívida externa. Havíamos mantido contatos esporádicos também durante o período em que participei do processo de privatização no BNDES.

Cesar respondeu ao meu cumprimento de forma meio estranha. Alguns minutos depois, veio à minha mesa e me perguntou se eu já estava de saída, pois desejava falar comigo. Respondi que não e ele então pediu que falássemos antes de eu ir embora. Porto Gonçalves brincou, dizendo que ele possivelmente queria me convidar para trabalhar no governo. Nem dei bola, pois isso estava inteiramente fora de cogitação

– eu não tinha nenhuma ligação com a política nem com ele. Quando terminamos o almoço, fui até a mesa de Cesar Maia e lhe entreguei um papel com o telefone da minha casa. Ele se levantou, foi comigo até o bar do restaurante e me disse de bate-pronto: "Vou te ligar à noite, mas preciso que você já vá pensando. Quero que você seja minha secretária de Fazenda." Fiquei perplexa. Reagi dizendo: "Mas nem sei o que isso significa!" Ele, que havia sido secretário de Fazenda do estado do Rio durante o primeiro mandato do governador Leonel Brizola, começou a me explicar, ali mesmo, quais eram as atribuições do cargo.

Fui para casa com a cabeça fervendo. Liguei para Eduardo Modiano, que não gostou muito da ideia – vínhamos conversando para, talvez, estruturarmos juntos uma consultoria para projetos de privatização. Telefonei também para Sérgio, meu marido, que achou muito legal, ficou entusiasmado. Ele sempre dava força para todas as minhas iniciativas profissionais. E telefonei para meu irmão Ruy, que era funcionário do IplanRio, órgão da prefeitura responsável pela área de tecnologia da informação, que não acreditou em mim. Como eu podia ter sido convidada para um dos cargos mais importantes da prefeitura sem ter qualquer conexão política?

No horário combinado, Cesar Maia me ligou querendo uma resposta! Eu disse que não podia decidir assim, por telefone. Precisava, pelo menos, ter uma conversa presencial com ele. Marcamos o encontro para o dia seguinte, sábado de manhã, na casa dele. Quando fui para lá, já estava bastante balançada com a possibilidade de trabalhar na prefeitura. Minha grande questão era saber quem havia me indicado, entender por que havia sido convidada. Quando fiz essas perguntas, recebi uma resposta surpreendente: "Muito simples, eu sabia exatamente o perfil da pessoa que queria para a Fazenda. Quando entrei no restaurante e te vi, pensei: é ela."

Achei incrível essa resposta do prefeito eleito, denotando muita segurança e independência para escolher a equipe, especialmente para um cargo tão sensível como aquele. Tive a intuição de que seria muito bom. Aceitei na hora. Não perguntei nem qual era o salário. Tempos depois, José Marcos Cavalcanti de Albuquerque, que foi chefe de gabinete na primeira e nas demais administrações do prefeito, e estava com ele naquele dia no restaurante, confirmou a veracidade da história. Contou-me que Cesar, ao sentar à mesa do restaurante, disse aos demais presentes que havia encontrado sua secretária de Fazenda!

Essa foi, com certeza, a mais inusitada maneira pela qual recebi um convite de trabalho. Esse fato depois saiu na imprensa, pois algumas pessoas haviam presenciado nossa conversa no bar do restaurante. Quando completamos um ano na prefeitura, data coincidente com a do meu aniversário, o prefeito me enviou uma amável mensagem em que dizia *"Yo no creo en brujas, pero que las hay, las hay"* (Eu não creio em bruxas, mas que elas existem, existem), fazendo referência às singulares circunstâncias de nosso encontro e comemorando meu aniversário e nosso primeiro ano de trabalho. Realmente, naquele dia eu estava no lugar certo, na hora certa.

A TRANSIÇÃO DE GOVERNO começou em dezembro de 1992, para nos prepararmos para a posse, que aconteceria no dia 1º de janeiro de 1993. Esse período foi crucial, pois nos primeiros dias à frente da Secretaria Municipal de Fazenda (SMF) enfrentaria o primeiro desafio: emitir o carnê do Imposto Predial e Territorial Urbano (IPTU)! Eu precisava escolher rapidamente a equipe, o que não era simples, pois os cargos de chefia dos responsáveis pela fiscalização deveriam ser preenchidos por fiscais de rendas de carreira, e eu não os conhecia. O fato de Cesar Maia ter sido secretário de Fazenda do estado do Rio e João Marcos Cavalcanti de Albuquerque ser fiscal de rendas estadual aposentado me ajudou muito. Indicaram-me fiscais do município para entrevistar e, rapidamente, consegui montar o núcleo do time.

Também nesse período o prefeito anunciou seu secretariado, que contava com um número expressivo de mulheres em postos-chave e primava pelas escolhas técnicas. A primeira reunião com toda a equipe foi no Hotel Copacabana Palace, no dia do meu aniversário, 27 de dezembro, um domingo. Começou às 7h e atravessamos o dia inteiro trabalhando, até o meio da noite.

Um ato gerencial ousado do prefeito e, na minha visão, muito acertado, foi levar a área de orçamento, tradicionalmente vinculada ao gabinete do prefeito, para a Secretaria de Fazenda, bem como nos delegar o planejamento e a gestão financeira de toda a administração indireta, que abrangia empresas importantes como Comlurb, Rioluz, Cet-Rio e o Fundo Municipal de Saúde, da Secretaria Municipal de Saúde. Na prática, a prefeitura passou a trabalhar com planejamento orçamentário e financeiro integrado e um caixa único, centralizado. Quando aconteceu o Plano Real, em 1994, essa forma de trabalhar foi determinante para obtermos um vultoso resultado financeiro.

Nesse período também foi criada a Controladoria-Geral do Município (CGM), para onde o prefeito levou Lino Martins, um experiente *controller* que se tornou um valioso parceiro em diversas iniciativas conjuntas. Lino organizou a parte contábil da prefeitura e também estruturou sistemas de referências de preços e de qualidade de bens e serviços, que foram muito úteis para a busca da eficiência e economicidade na atuação das diversas secretarias. Por fim, Cesar Maia instituiu um sistema de controle matricial descentralizado, em que cada secretaria passou a contar com um controlador e um procurador, designados pelo controlador-geral e pelo procurador-geral. Isso deu agilidade à prefeitura e, ao mesmo tempo, segurança para trabalhar. No meu caso, em especial, devo muito a Miguel Grimaldi, o procurador alocado na Secretaria de Fazenda. Sem descuidar do formal e do legal, ele exercitou a criatividade e a ousadia necessárias para realizarmos muitas mudanças e novas atividades.

Muito do que realizei na secretaria devo ao corpo de servidores públicos que lá encontrei. Foi um dos melhores grupos de profissionais com que trabalhei. Ao perceberem que eu tinha um perfil técnico e muita vontade de fazer, abraçaram o projeto, motivados. Era um time grande, mais de mil pessoas. Não tenho como citar todos, mas agradeço a eles nas pessoas de Wilma Gonçalves dos Santos, Ana Luisa Castilho, Lucia Rosa Dutra Cid Cruz, Hydson Peçanha, Manon Guedes, Josélia Castro de Albuquerque, Rita Samarques e ao corpo de fiscais de rendas da secretaria, na pessoa de Antônio Sá, um dos mais exemplares servidores públicos que já conheci. Meu irmão Ruy, funcionário da prefeitura, foi para a SMF coordenar a área de informática e, com sua equipe, foi fundamental para o projeto de modernização da administração fazendária.

Do BNDES vieram Sol Garson, minha assessora no banco, que, na prefeitura, ficou responsável pelo orçamento; José Paulo Junqueira Lopes, chefe da área financeira do BNDES, que passou a comandar a gestão dos próprios municipais (patrimônio imobiliário da prefeitura); e Nádia Néri, minha secretária no banco, que foi exercer a mesma função na SMF. Rodrigo Fiães, assessor de Modiano no BNDES, tornou-se meu subchefe e depois chefe de gabinete. Roland Gerbauld, que trabalhava no mercado financeiro, Vagner Laerte Ardeo e João Luis Tenreiro Barroso, do antigo time do Ministério da Fazenda, se juntaram a nós. Por fim, Mariza Louven, jovem mas experiente e respeitada jornalista de economia, veio do jornal *O Globo* para a assessoria de comunicação. Estava formado o time.

Após a posse, nos instalamos no prédio da SMF, que havia sido recentemente inaugurado, atrás do edifício principal da prefeitura, na Cidade Nova. No entorno, praticamente não existiam serviços, como restaurantes e outras atividades. Durante os mais de três anos em que lá fiquei, levava "quentinhas" de casa e almoçava na secretaria, ou, se tinha reuniões com o prefeito, enfrentava a terrível comida do gabinete. Embora o prédio fosse novo, os móveis eram velhos, desgastados e até quebrados, trazidos da antiga sede. Aquele ambiente malcuidado me desagradou muito. Imediatamente providenciei a reforma de todo o mobiliário da secretaria, que ficou impecável. Ato seguinte, a assessoria de comunicação iniciou uma campanha, entre os servidores, para a preservação dos bens móveis.

A renovação do mobiliário e o novo ambiente de trabalho tiveram um impacto positivo no comportamento e na produtividade das pessoas. Acho que esses cuidados, tipicamente femininos, fazem muita diferença no dia a dia, na autoestima das pessoas e nos resultados do trabalho. Trata-se de prestar atenção nos detalhes – sempre tão importantes.

Eu tinha também grande preocupação com o atendimento ao público. Por isso, fui visitar os postos de atendimento do IPTU, localizados em diversos bairros. Segundo relato dos funcionários, era a primeira vez que um secretário de Fazenda comparecia a esses locais. Eram instalações muito precárias, sem condições de receber dignamente os contribuintes – cujos recursos pagavam aquelas estruturas e seus funcionários. Reformamos tudo e fizemos campanhas de conscientização dos servidores, porque percebemos que muitos não tinham a noção clara de que seus salários eram pagos pelos cidadãos.

Tínhamos muita preocupação em valorizar o contribuinte. Fizemos campanhas contra os "zangões", como eram chamadas as pessoas que ficavam circulando pelo andar térreo da secretaria, onde havia atendimento ao público, oferecendo intermediação para serviços que eram gratuitos. Acho fundamental que o funcionário público tenha consciência de que seu cargo existe unicamente por conta da prestação de serviços públicos e que sua remuneração é bancada pelos contribuintes.

Pelo fato de fazermos a gestão do orçamento e do caixa de toda a prefeitura, era intensa nossa relação com as secretarias, especialmente as de Saúde e Educação, as áreas mais sensíveis do município. Meu excelente relacionamento com Ronaldo Gazolla e Regina de Assis, respectivamente secretários de Saúde e Educação, permitiu realizarmos um trabalho proveitoso e integrado. No caso da Saúde, em que fizemos a gestão compartilhada dos recursos do Fundo Municipal de Saúde, nosso foco eram os grandes grupos de despesas: alimentação, limpeza e segurança. Gazolla, um médico excelente e pessoa muito especial, tinha bastante experiência de administração. Preocupava-se com o custo unitário da alimentação e em ter parâmetros para as terceirizações. Fizemos benchmarking com os hospitais privados, para termos base de comparação para as unidades municipais. Buscamos preços de referência, explorando a possibilidade de importar equipamentos médicos, quando mais baratos do que os similares nacionais.

Lembro-me de uma iniciativa pioneira de Gazolla, anos antes de surgirem os medicamentos genéricos, que foi licitar os elementos-base de alguns medicamentos em vez dos remédios comerciais. O objetivo era reduzir o custo dos medicamentos para a população atendida na rede municipal. Isso rendeu muita polêmica no mundo da saúde e o secretário teve até mesmo que andar, por algum tempo, com seguranças. Complicado esse universo das licitações públicas. Na educação, com a secretária Regina de Assis, nosso foco conjunto eram os custos de alimentação e transporte. Foram elaborados cardápios para a merenda escolar, considerando as safras e entressafras de alimentos, e a FGV foi contratada para coletar preços de referência de alimentos por atacado, em trabalho conjunto com a Controladoria-Geral do Município.

Esses são exemplos de iniciativas desenvolvidas com outros secretários e ilustram o perfil não tradicional que a SMF teve naquele período, interagindo de forma permanente com as outras pastas, visitando escolas, hospitais, projetos sociais, obras. Nos dissídios coletivos de grandes empregadores, como Comlurb e Educação, a SMF também tinha papel ativo. Vagner Ardeo, que coordenava o planejamento financeiro da administração indireta, e Sol Garson, a chefe do orçamento, eram integrantes importantes das equipes de negociações coletivas.

Nossa relação com os subprefeitos, função criada por Cesar Maia, também era intensa. Foi nessa época que conheci Eduardo Paes, *prefeitinho* da Barra da Tijuca e Jacarepaguá. Em 1998, quando ele era vereador e eu estava na CSN, Paes me concederia o título de cidadã honorária do Rio de Janeiro, do qual muito me orgulho. Mais à frente, em 2011, como prefeito do Rio, ele me convidou para trabalhar no projeto olímpico. Por fim, durante meu período como secretária de Fazenda, participei ativamente da Associação Brasileira das Secretarias de Finanças das Capitais (ABRASF) e das discussões sobre reforma tributária, infelizmente não realizada até hoje.

OS ANOS DE 1993 A 1996 foram de profundas transformações urbanas na cidade. Com os arquitetos Luiz Paulo Conde na Secretaria de Urbanismo e Sérgio Magalhães na Secretaria de Habitação, a prefeitura realizou os projetos Rio-Cidade, de ampla remodelagem do espaço urbano de diversos bairros, e Favela-Bairro, que partia do correto diagnóstico de que as favelas – quando sua situação geográfica e de segurança para os moradores permitisse – precisavam ser urbanizadas e integradas ao resto da cidade, como verdadeiros bairros que são. Ainda nessa gestão de Cesar Maia, foi construída a Linha Amarela, via expressa que liga a Zona Oeste à Zona Norte da cidade, um antigo projeto da década de 1960 do urbanista grego Doxiadis. Hoje parte importante da malha viária do Rio, sua construção quase foi abortada pelo prefeito, devido à dificuldade de levar a bom termo a licitação da obra. Contornados os obstáculos, inclusive o elevado número de desapropriações no traçado da obra, o projeto deslanchou.

No segundo semestre de 1993, fui sondada pelo então presidente do Banco Central, Pedro Malan, para ocupar a diretoria da área externa do banco, mas optei por seguir na SMF. Na prefeitura conheci pessoas especiais. A deputada Sandra Cavalcanti exercia a função de secretária extraordinária do prefeito e me ensinou muito. Convivemos até hoje. Milton Coelho da Graça, experiente jornalista, era secretário de Comunicação e, com sua vasta experiência política e sua perspicácia com as pessoas, também me ajudou bastante. Mais tarde, na Companhia Siderúrgica Nacional, ele trabalhou comigo nos assuntos relacionados aos sindicatos. Por fim, Thereza Miranda, renomada gravadora, pintora e desenhista que dirigia o Centro Municipal de Artes Calouste Gulbenkian, da prefeitura, onde fez um extraordinário trabalho social e artístico, revelando vários talentos. Conheci Thereza indo almoçar no Calouste, onde serviam uma excelente carne assada. Ajudei o seu trabalho como pude, com orçamento e verbas, e nos tornamos grandes amigas.

Na SMF, logo no início do governo, tivemos que enfrentar um grave problema. Naquela época, as capitais podiam emitir títulos de dívida – no caso das obrigações da cidade do Rio de Janeiro, eram as chamadas *carioquinhas*. Para gerar recursos, o prefeito anterior, Marcello Alencar, havia colocado todo o estoque de carioquinhas no mercado, integralmente financiado pelo Banerj, o Banco do Estado do Rio de Janeiro.[7] De um dia para outro, sem qualquer aviso, o Banerj parou de financiar esses títulos, nos deixando a descoberto. Foi um momento de pânico, pois a prefeitura não tinha limites de crédito com nenhum outro banco, dependendo inteiramente do Banerj para a rolagem da dívida.

Foi providencial, naquele momento, que Gustavo Loyola, meu amigo e antigo colega da EPGE, fosse o presidente do Banco Central. Liguei para ele, expliquei o que estava acontecendo e pedi ajuda para conseguirmos viabilizar a rolagem da dívida, que vencia *overnight*, ou seja, todos os dias. Gustavo, como é de seu feitio, agiu rapidamente e nos ajudou a superar aquela crise emergencial. A seguir, eu e Roland Gerbauld, responsável pelo Tesouro, partimos para visitar os bancos, com o objetivo de abrirmos limites de financiamento para a prefeitura. Posteriormente, com a entrada dos recursos da cota única do IPTU, recompramos inteiramente nossos títulos no mercado.

Essa primeira crise com o Banerj e com o governo do estado do Rio acendeu a luz amarela. O Banerj era o único banco com que a prefeitura trabalhava. Tinha a nossa conta-movimento, fazia o pagamento de fornecedores e funcionários e custodiava nossos títulos. Sem dúvida éramos seu maior cliente, depois do próprio estado do Rio. No entanto, como não tínhamos opção, os serviços eram muito ruins. Os fornecedores eram pagos com cheques cruzados em preto ao Banerj – tipo de cheque em que consta, entre as linhas paralelas, o nome do banco em que o crédito será obrigatoriamente efetuado –, entregues pessoalmente na SMF, em longas filas que se formavam escada abaixo no final de cada mês. Os funcionários com salários abaixo de um certo valor tinham que receber em dinheiro nas agências do banco, pois não tinham cartões de débito, o que afetava a operação da prefeitura nos dias de pagamento, sobretudo em empresas como a Comlurb.

No início de 1994 aconteceu o segundo grave problema: verificamos, com surpresa, que o Banerj havia retirado recursos de nossa conta-movimento. Foi a gota d'água. Fui ao prefeito e disse que não dava mais para continuar trabalhando com o banco. Cesar Maia ouviu meu relato e me autorizou a seguir em frente. Naquela época, foi muito ousada sua decisão de tirar a prefeitura do Banerj – ainda um poderoso banco estadual. Deu muito trabalho, mas valeu a pena, pois tivemos um expressivo ganho de qualidade na prestação dos serviços para todos os nossos públicos, interno e externo.

A mudança não foi pacífica. Houve resistência à saída do Banerj e uma intensa discussão jurídica interna sobre se a prefeitura poderia trabalhar com bancos que não fossem estatais, pois a Lei Orgânica do Município estabelecia que somente poderíamos utilizar bancos *oficiais*. O procurador Miguel Grimaldi, em um curto e brilhante parecer, definiu bancos oficiais como "aqueles autorizados a funcionar pelo Banco Central". Estava aberto nosso caminho. Com a ajuda e o respaldo do Bacen, transferimos a conta da prefeitura e a custódia de nossos títulos para o Credireal, Banco de Crédito Real de Minas Gerais.

Nossos fornecedores passaram a ser pagos em bancos de sua livre escolha, em qualquer estado da federação, dando fim às famigeradas filas no fim do mês. Em seguida, demos a nossos funcionários a opção de continuarem recebendo seus salários pelo Banerj ou escolherem entre uma lista de bancos, públicos e privados. A maioria esmagadora dos funcionários optou pela mudança. A prefeitura do Rio foi, se não a primeira, uma das primeiras a ter um posto de atendimento bancário (PAB) dedicado a seus funcionários, instalado pelo Banco Real, depois adquirido pelo Santander. Eu sou a titular de uma das primeiras contas, que tenho até hoje.

No quesito informatização da arrecadação, a prefeitura estava, literalmente, na Idade da Pedra. Havia mais de 100 tipos diferentes de guias de arrecadação, sem código de barras, que tornavam um pesadelo a tarefa de apropriação das receitas pelos bancos. Lembro-me dos carnês do IPTU sendo entregues na Secretaria de Fazenda em enormes sacos, vindos da rede bancária! Os números mensais da arrecadação eram parciais e só sabíamos o valor correto meses depois. Sem conhecer o valor exato disponível nem a inadimplência dos tributos, a não ser com meses de defasagem, tanto a gestão e o planejamento do caixa quanto a cobrança dos atrasados eram muito prejudicados.

O trabalho de consolidação e unificação dos inúmeros documentos de arrecadação municipal foi hercúleo. Durou dois anos, de janeiro de 1994 a dezembro de 1995, e envolveu o Tesouro Municipal, as coordenações de tributos, a área de informática e a Federação Brasileira de

Bancos (Febraban). O Documento de Arrecadação de Receitas Municipais (DARM) transformou a nossa gestão de caixa e fazendária e continua sendo utilizado pela prefeitura até hoje.

Com cadastros bem-feitos, informatização e apropriação bancária, passamos a saber, todo mês, quem tinha ou não feito o pagamento dos impostos. Foi nessa época que tivemos a ideia de fazer uma cartinha, assinada por mim, alertando os contribuintes em atraso no pagamento do IPTU. A iniciativa teve muito sucesso e resultou em uma polpuda arrecadação adicional, porque as pessoas sentiam que a prefeitura estava de olho e a maioria quitava imediatamente a dívida. Acho que essa cartinha existe até hoje. Foi uma iniciativa simples, mas de grande eficácia. Aos grandes devedores, dávamos outro tratamento, chamando-os à secretaria e instando-os a regularizarem suas dívidas. Nessas reuniões, nossa grande parceira era a Procuradoria da Dívida Ativa.

Uma coordenação de tributos que gerava preocupação, logo no início da gestão, era a do Imposto sobre Transmissão de Bens Imóveis (ITBI), que incide sobre as transações imobiliárias. Fui alertada sobre graves problemas que lá ocorriam e orientada, pelo prefeito e por seu chefe de gabinete, a fazer uma mudança completa na administração do imposto. Por intermédio de João Marcos e Lino Martins, conheci Mário Padrão, fiscal de rendas do município, músico e engenheiro com mestrado em cálculo estrutural. Mário, corajoso e preparado, desenhou, sem consultoria externa, um novo sistema para o cálculo do tributo, baseado em pesquisas de mercado e em parâmetros do IPTU. Transparente e simples. Conseguimos não apenas aumentar substancialmente a arrecadação, mas também reduzir os questionamentos sobre os cálculos do imposto, pois o sistema usava dados amostrais de transações de mercado. Ainda hoje, mais de 25 anos depois, esse ainda é o sistema usado pelo município para apurar o cálculo do ITBI.

O Conselho de Contribuintes do Município – instância administrativa de julgamento dos recursos dos contribuintes contra o município – também ganhou um reforço de peso. Convidei para presidente um experiente advogado tributarista, Sérgio Lyrio Firmo, que havia sido também fiscal de rendas e membro do Conselho de Contribuintes do estado do Rio. Dr. Sérgio, amigo de minha família, que eu conhecia da vida toda, além de excelente advogado, era uma pessoa de grande correção e espírito público. Ele reformulou todo o quadro de conselheiros e o município, que antes da nossa administração perdia a maioria dos recursos, passou a ganhar mais de 95% deles.

No IPTU, coordenado por Emir Zidan, também empreendemos mudanças de fundo, a maioria ainda vigente. Passamos a fazer licitação, entre os bancos, de um espaço publicitário no verso dos carnês de pagamento do imposto, que ia para milhões de contribuintes. O objetivo era que essa receita pagasse o custo de emissão dos documentos, desonerando a prefeitura de uma despesa significativa. Independentemente do banco patrocinador, o tributo podia ser pago em qualquer instituição financeira. Atacamos também a defasagem dos valores do IPTU e o fato de que não tínhamos um cadastro atualizado dos imóveis da cidade. Começamos o recadastramento predial e territorial usando, pela primeira vez, a ferramenta da aerofotogrametria, desenvolvida pelo IplanRio. Esse trabalho foi concluído pela secretária que me sucedeu, Sol Garson. Fizemos também a revisão da Planta de Valores da cidade, trabalho de fôlego que atravessou mais de duas décadas sem alteração.

No Imposto sobre Serviços (ISS), coordenado por Elaine Vieira Ferreira, foram feitas parcerias com a Secretaria da Receita Federal (SRF) para a realização de fiscalizações conjuntas, abrangendo os contribuintes dos dois tributos – Imposto de Renda (IR) e ISS. Implantamos o sistema de substituição tributária, em que grandes contribuintes ficaram responsáveis por recolher os tributos para sua cadeia de fornecedores ou prestadores de serviços, simplificando o processo de recolhimento de impostos e evitando a evasão fiscal. Trabalhamos muito, também, na automatização da declaração do tributo, para simplificar a vida do contribuinte, que, em alguns setores, passou a poder entregar a declaração ao final de cada mês em um disquete, o que agilizou bastante o processo. Vinte e tantos anos depois, no mundo on-line, disquetes não existem mais. Porém, naquela época, eram o estado da arte...

Na área de patrimônio, também não havia o cadastro atualizado dos próprios municipais e, em geral, os aluguéis estavam com valores bem abaixo do mercado. José Paulo e sua equipe realizaram o inventário dos bens e reviram o valor dos aluguéis, em negociações muitas vezes difíceis, como, por exemplo, com a BR Distribuidora, que usava os terrenos da prefeitura para seus postos de gasolina, e com o restaurante que funcionava no Parque do Flamengo, também em um imóvel da cidade.

COM TODAS ESSAS MEDIDAS, conseguimos um feito inédito: acumular em caixa o valor aproximado de um bilhão de dólares. Esse momento coincidiu com o de uma profunda transformação na economia brasileira, com o lançamento do Plano Real, em 1994. Atento administrador e economista, Cesar Maia começou a preparar a prefeitura para o plano – cujas etapas tinham sido comunicadas previamente, em agosto de 1993, pelo ministro da Fazenda de Itamar Franco, Fernando Henrique Cardoso (FHC). A preparação para o plano incluiu um corte de três zeros do cruzeiro, que foi substituído pelo cruzeiro real, além de ajustes orçamentários e das contas públicas e da criação da Unidade Real de Valor (URV) – índice de conversão do cruzeiro real para o dólar, divulgado diariamente pelo Banco Central. A nova moeda, o real, finalmente começou a circular em 1º de julho de 1994.

FHC já não estava mais à frente da Fazenda, pois havia se tornado candidato à presidência pelo Partido da Social Democracia Brasileira (PSDB).

Foi bem mais fácil gerenciar a transição para o real tendo todas as rédeas nas mãos, com orçamento, caixa e administração financeira centralizados em uma única secretaria. Foi nessa época que ganhei o apelido, na imprensa, de mulher de 1 bilhão de dólares, refletindo o resultado de um grande trabalho de equipe. Meu pai ficava em pânico, pedindo sempre que eu deixasse claro, nas entrevistas, que aquele dinheiro não era meu! Ele se preocupava com minha segurança, que as pessoas pensassem que eu havia ficado bilionária. Naquele ano, no meu aniversário, ganhei do time um bolo que tinha como decoração a inscrição "M$bilhão", uma brincadeira com a minha assinatura cotidiana – MS.

O prefeito organizou reuniões e seminários com os secretários e suas equipes para explicar o plano e seus impactos sobre a arrecadação, salários e o valor dos contratos. A preocupação era preparar a prefeitura para a transição para a nova moeda, com a criação da URV. Era necessário rever os contratos para ajustá-los à nova realidade, pois a queda abrupta da inflação aumentaria seus valores em termos reais. A orientação do prefeito foi para renegociar todos os contratos, de modo a retirar o componente da inflação inercial. Caso não houvesse sucesso nas tratativas, a ordem era cancelar o contrato e fazer nova licitação. No alentado e bem-sucedido trabalho, que envolveu todas as secretarias, a SMF e sua equipe orçamentário-financeira tiveram papel importante. A credibilidade da prefeitura era tão grande que, muitas vezes, os fornecedores, antes mesmo de abrirmos a boca, já nos davam descontos expressivos. O resultado foi o forte crescimento dos recursos em caixa, o que levou a prefeitura do Rio, inclusive, a financiar a dívida mobiliária da cidade de São Paulo e do estado de Minas Gerais. Imaginem só!

Durante o período em que o país conviveu com altas taxas de inflação, a remuneração dos bancos arrecadadores se dava por meio do *float bancário*, isto é, pela retenção dos recursos dos tributos por um ou mais dias antes do repasse ao ente público. Não existiam as tarifas bancárias. Nesse cenário, dois ou três dias para repassar valores tão elevados representavam perdas em termos reais para os donos do dinheiro – municípios, estados e governo federal – e ganhos para o sistema bancário. Ainda em 1993, eu havia tentado negociar com a Febraban a remuneração das instituições financeiras por meio de tarifa bancária, e não por *float*. Claro, não houve receptividade. Aconteceram algumas reuniões infrutíferas e ficou por aí. Quando houve o Plano Real e o custo do *float* passou a ser praticamente zero, o jogo virou. Foi a Febraban que nos procurou para negociar o pagamento de tarifas bancárias e, aí, foi a minha vez de jogar duro. Demorei o quanto pude na negociação.

Ao fim, nossa negociação com a Febraban foi tão bem-sucedida que a tarifa bancária da prefeitura do Rio foi menor, em termos unitários, do que a da cidade de São Paulo, que tinha mais de duas vezes o nosso montante de documentos bancários. Dois anos depois, essa negociação foi a responsável pela indicação do meu nome para Benjamin Steinbruch, presidente do conselho de administração da CSN, por Alcides Tápias, presidente da Febraban e representante do Bradesco no conselho da CSN. Benjamin estava procurando uma pessoa para capitanear a reestruturação da siderúrgica e, segundo me contou, Tápias lhe disse que a secretária de Fazenda do Rio era boa na negociação, dura na queda.

Cesar Maia nos estimulava a buscar benchmarks, ou seja, as melhores referências em nossas atividades. Representantes de alguns órgãos, inclusive, fizeram viagens para conhecer instituições reputadas por sua excelência e boas práticas. Após essas incursões, eram feitos relatórios que o prefeito distribuía para o grupo executivo da prefeitura.

Uma das mais interessantes e produtivas visitas que fizemos foi aos Estados Unidos. Eu, Vagner Ardeo, Antonio Sá e a coordenadora do ISS fomos a Nova York e Washington, onde aprendemos muito, conhecemos práticas modernas, diferentes das nossas, e de onde trouxemos várias ideias para desenvolvermos aqui. Vimos, por exemplo, que as cidades se financiavam emitindo títulos de dívida mobiliária no mercado internacional, o que não acontecia no Brasil.

Conversando sobre isso com Arminio Fraga, que na época trabalhava no mercado financeiro americano, ele me provocou: "Você devia fazer a emissão de um bônus municipal no exterior." Achei aquilo absolutamente descolado da realidade. Respondi que não tínhamos sequer as contas da prefeitura organizadas, muito menos estávamos prontos para lançar um bônus. Mas ele me convenceu, com o argumento de que o trabalho de preparação para a emissão do bônus, por si só, seria um projeto espetacular, possibilitando que fizéssemos uma grande arrumação da casa. Foi exatamente o que aconteceu. O prefeito comprou a ideia e começamos a nos preparar para emitir um bônus internacional!

No trabalho, que durou dois anos e contou com a firme parceria da CGM, revimos processos, organizamos nossa contabilidade e, em janeiro de 1996, passamos a publicar na internet um boletim mensal com dados orçamentários e financeiros do município. Se não fomos o primeiro ente público, em todos os níveis de governo, a ter essa prática, certamente estávamos entre os primeiros. Foi feita auditoria externa nas contas da prefeitura, por um consórcio liderado pela Deloitte. Tanto quanto eu saiba, essa é a única experiência, no Brasil, de uma prefeitura (ou estado) auditada externamente. Fizemos também nosso *rating* de crédito com as três principais agências de risco da época: Standard & Poor's, Moody's e Duff & Phelps, obtendo classificação igual à da República. Ainda hoje, acho quase inacreditável termos feito tudo isso. Muito inovador, pioneiro. Típico exemplo da máxima que sempre adorei: não sabendo que era impossível, foi lá e fez...

Além dos percalços internos, ainda tivemos que convencer o governo federal a autorizar a emissão do bônus, pois após o Plano Real os municípios foram proibidos de emitir dívida. Por sorte, eu tinha ótimo relacionamento com os que estavam em postos de comando na economia, facilitando o diálogo. Pedro Malan era presidente do Banco Central e depois se tornou ministro da Fazenda; Gustavo Loyola estava novamente na presidência do Bacen; e Gustavo Franco era o diretor da área externa do órgão. A relutância do Banco Central era motivada pelo receio de que fosse aberta uma brecha para o endividamento dos entes subnacionais.

Para obtermos a autorização, nos comprometemos a não aumentar o endividamento da cidade, utilizando os recursos da emissão para quitar dívidas mais caras e de prazo mais curto. Na verdade, nossa intenção era usar a captação externa como efeito demonstração, abrindo caminho para uma nova opção de financiamento para os municípios que tivessem solidez fiscal. Adicionalmente, propusemos – e foi aceito pelo Bacen – que quaisquer novas emissões externas de entes subnacionais só poderiam ser feitas se tivessem *rating* de crédito pelo menos equivalente ao da República, emitido por duas classificadoras de risco de relevância internacional. Satisfeitas essas duas condições, obtivemos a autorização para a emissão.

Embora essa experiência, infelizmente, tenha sido única, pois nenhuma outra cidade, nem mesmo o Rio, fez uma nova emissão de bônus externos, foi um *case* maravilhoso. Após o *road show* pela Europa e pelos Estados Unidos, o fechamento da transação aconteceu em Nova York. A operação, de 125 milhões de dólares, sem aval da União, e que teve o banco Merrill Lynch como coordenador, foi um grande sucesso. Captamos recursos por dois anos, pagando apenas mais quatro pontos percentuais acima da taxa de juros do Tesouro americano. Além do abatimento da dívida, a cidade se promoveu muito, atraindo a atenção da mídia e da comunidade financeira internacional. Minha única frustração foi ter saído da prefeitura dois meses antes do lançamento dos bônus, para trabalhar na CSN. João Luis e Vagner permaneceram para garantir que tudo desse certo e depois se uniram a mim na siderúrgica.

Em seu último ano de governo, Cesar Maia lançou a primeira candidatura olímpica da cidade. Disputamos com outras dez concorrentes o direito de sediar os Jogos de 2004. Atenas venceu a disputa, sepultando o desejo de aproveitarmos o impulso dos Jogos Olímpicos para revitalizar a Ilha do Fundão, uma área degradada na entrada da cidade. Acreditei muito na candidatura e fiquei triste quando não fomos escolhidos. Em mais uma das viradas da vida, em 2009 o Rio seria escolhido cidade-sede dos Jogos de 2016, 20 anos depois da primeira candidatura, e eu participaria ativamente da construção do sonho olímpico.

A administração do prefeito Cesar Maia, entre 1993 e 1996, transformou a vida da cidade, que vinha de momentos difíceis, tendo falido no governo Roberto Saturnino Braga[8] e iniciado sua recuperação no governo seguinte, do prefeito Marcello Alencar. Muitos anos mais tarde, Augusto Ivan,[9] pessoa e servidor público muito especiais, referiu-se à prefeitura daqueles anos como Camelot, aludindo à lenda do rei Arthur e os Cavaleiros da Távola Redonda.[10]

Avaliando retrospectivamente, foram diversas as razões para esse sucesso. Em primeiro lugar, claro, a determinação do prefeito, sua capacidade de trabalho e de planejamento, e seu conhecimento da cidade e do estado. Em segundo, o time de secretários que ele formou e o grau de autonomia que concedia à equipe. Não posso dizer pelos demais secretários, mas, no meu caso, tive ampla liberdade e respaldo para trabalhar e tomar decisões. Não era incomum o prefeito me chamar para receber empresários ou representantes de instituições que levavam demandas de caráter financeiro para o município e, após ouvir os pleitos, ele me apontava e dizia: "Como prefeito, ouvi o seu pedido, agora converse com ela." A confiança que ele tinha era tão grande que, muitas vezes, assinava sem ler os documentos que eu lhe levava. Isso me deixava em pânico. Eu lia e relia tudo várias vezes, com medo de haver alguma coisa incorreta.

Não me recordo de uma única vez em que o prefeito tenha desfeito uma decisão tomada por mim ou em que tenha deixado de considerar alguma sugestão minha. Pelo contrário. Para ilustrar, em mais de uma ocasião, ele me enviou por escrito, como era seu hábito, argumentos a favor de concedermos anistia aos devedores de impostos, pois era elevado o valor do estoque de dívida e o potencial de arrecadação adicional. Aos seus argumentos eu contrapunha os meus e os do meu time, contrários ao perdão das multas e encargos. Estávamos empreendendo um firme esforço de cobrança dos tributos e achávamos que a anistia seria um incentivo ao não pagamento, pela expectativa de um futuro perdão. A anistia nunca ocorreu. O prefeito ouvia e respeitava os argumentos de sua equipe. Por outro lado, éramos defensores da execução fiscal – ou cobrança judicial – dos débitos de IPTU inscritos em dívida ativa, depois de esgotado o prazo de cobrança na instância administrativa. O primeiro leilão de imóveis com dívidas de IPTU ocorreu na gestão do prefeito Cesar Maia. Hoje é prática corrente.

Tínhamos uma interação intensa e permanente. Economista e ex-secretário estadual de Fazenda, Cesar Maia conhecia profundamente as atribuições do cargo e a realidade da cidade. Numa época em que a prefeitura mal dispunha de uma infraestrutura de informática e os e-mails ainda eram incipientes, trocávamos mensagens através de bilhetes, muitas vezes com réplica e tréplica no mesmo dia, que iam e vinham do edifício onde ficava o gabinete do prefeito e o prédio contíguo da Secretaria de Fazenda. Guardei essa vasta correspondência, sobre muitos e interessantes assuntos. Uma vez ele me disse que, no início do governo, se preocupava em como seria seu relacionamento comigo, pelo fato de ter exercido o mesmo cargo no estado do Rio e ter, como eu, um perfil muito executor. Mas os receios eram infundados. O convívio foi excelente e os resultados, também.

No início do ano de 1996, meu nome circulava como possível candidata à sucessão do prefeito, pois naquela época não havia reeleição. No último dia permitido pela legislação eleitoral, cheguei a me filiar ao Partido da Frente Liberal (PFL), para o qual Cesar Maia tinha migrado. João Marcos me convenceu de que precisaria da filiação, se resolvesse ser candidata. No plano pessoal, vivia um dos momentos mais difíceis da minha vida. Um dos meus irmãos, Marco Antonio, muito próximo a mim, sofria havia quase três anos de aids, na época uma doença sem esperança, e estava muito mal. De repente tudo acontecia ao mesmo tempo.

Em fevereiro, Benjamin Steinbruch, presidente do conselho de administração da CSN, me telefonou e pediu um encontro. Eu não o conhecia. Foi à SMF, conversamos durante duas horas, tivemos uma empatia imediata e gostei da proposta que ele tinha para a empresa. O objetivo era iniciar um abrangente processo de reestruturação, pois a companhia já estava privatizada havia três anos e ainda não apresentava avanços em seus resultados. Em nosso segundo encontro, em março, eu já havia descoberto que estava grávida. Pouco tempo depois, soube que seriam gêmeos! Ao comunicar o fato a Benjamin, ele brincou dizendo que eu me certificasse de que não eram trigêmeos, porque o conselho de administração já estava ficando preocupado. Na verdade, é importante dizer que o fato de estar grávida nunca foi um empecilho, sequer um assunto, durante as conversas que tive com ele para trabalhar na siderúrgica.

Fui levando essa situação até abril, quando meu irmão faleceu. Benjamin, então, me deu um xeque-mate. Tinha que tomar uma decisão, pois se eu fosse para a empresa teria que começar logo, para ter tempo de organizar tudo e sair para ter os bebês com tranquilidade. Já estava com três meses de gravidez. Após muita indecisão, decidi aceitar o convite. Vários fatores pesaram, inclusive a necessidade de um novo desafio para superar o difícil momento pessoal. Eu nunca havia tido uma experiência no setor privado. Achava fundamental, até para, caso voltasse ao setor público, saber como as coisas se passavam no mundo empresarial. Precisava, também, começar a pensar no futuro, fazer uma poupança. Por fim, me achava muito jovem para ser prefeita. Tinha feito 39 anos há quatro meses.

Foi sofrido sair da prefeitura. Eu gostava muito das pessoas e do que fazia. Costumo dizer que o trabalho ali é egoísta, porque você atua para si próprio, para melhorar a cidade em que vive. As cidades são concretas, moramos nelas. Por isso, sou uma municipalista convicta. Durante e após a minha passagem pela prefeitura, participei de muitos debates sobre pacto federativo, redistribuição das atribuições e receitas entre os três níveis de governo. Também acredito no poder do município porque é mais fácil a sociedade ter controle das ações do governo, ter *accountability*. Até hoje, independentemente da função que exerça, me sinto uma agente municipal. Continuei participando das discussões sobre temas ligados ao Rio de Janeiro, como o município voltar a ser uma cidade-estado, a despoluição da baía de Guanabara, Rio Centro Financeiro Internacional, Business Improvement Districts (BIDs),[11] segurança da cidade e outros assuntos.

Ter exercido a função de secretária de Fazenda do Rio – novamente, de forma pioneira, a primeira mulher a ocupar essa posição – foi, talvez, a mais completa e gratificante experiência profissional que tive. Não só pela dimensão do que foi feito e de seu impacto na vida da cidade, mas também pelo fato de ter sido um projeto desenvolvido em conjunto com os servidores públicos, resultando em mudanças estruturais que perduram até hoje. Durante todo o período de nossa gestão, tivemos a preocupação de revisar os processos e registrar as mudanças em relatórios. Quando voltei a trabalhar na prefeitura, décadas depois, algumas pessoas ainda me chamavam de secretária, como se aquela minha passagem pela Secretaria de Fazenda tivesse acontecido pouco antes. Isso me deixou muito feliz.

Na minha saída, o prefeito pediu minha opinião acerca de quem deveria ser meu sucessor. Sugeri para o cargo Sol Garson, que continuou o trabalho e foi, também, secretária de Fazenda do prefeito seguinte, Luiz Paulo Conde. Vagner Ardeo e João Luis, após o lançamento do bônus, foram reforçar o time da CSN. Minha despedida foi tocante. O prefeito organizou um lindo almoço, com a presença de minha equipe, no Palácio da Cidade, uma bela casa em estilo georgiano em Botafogo, que foi sede da embaixada do Reino Unido e pertence atualmente à prefeitura. Fui para a CSN em maio de 1996 para começar um novo, atribulado e turbulento capítulo da minha vida profissional.

CAPÍTULO 6

A dama do aço

Deixei a Secretaria de Fazenda em uma sexta-feira, 3 de maio de 1996, e comecei na Companhia Siderúrgica Nacional na segunda-feira seguinte, dia 6. Estava triste por ter saído da prefeitura, mas também bastante animada – e sentindo aquele "frio na barriga" – com o novo desafio. Da prefeitura do Rio diretamente para a maior siderúrgica da América Latina!

Ao contrário da experiência no município, em que tudo caminhou de forma razoavelmente amena e harmoniosa – apesar do expressivo volume de trabalho e de realizações –, na CSN o caminho foi bem mais difícil e espinhoso, embora igualmente recompensador. Estabeleci vínculos fortes com a siderúrgica e a cidade e, além da gestão de grandes equipes, aprendi muito sobre diferentes setores como mineração, logística e energia, modelos de negócios, instrumentos de mercado de capitais etc. Minha passagem pela CSN, mais do que um capítulo, renderia um livro inteiro.

Quando cheguei à Companhia Siderúrgica Nacional, ela tinha sido privatizada havia três anos, mas ainda não tinha encontrado seu caminho. A emblemática usina, símbolo da industrialização brasileira, e a cidade de Volta Redonda, criada em seu entorno, tinham uma enorme simbiose. A população e as lideranças locais da Igreja Católica eram muito politizadas, os sindicatos, fortes, e a imprensa, aguerrida. A siderúrgica e a cidade compartilharam momentos difíceis, como o da invasão da empresa pelo Exército, ocorrida em novembro de 1988, durante o governo do presidente José Sarney. Foi uma tentativa de retomar a usina, cujo controle havia sido assumido por seus trabalhadores, liderados pelo Sindicato dos Metalúrgicos de Volta Redonda, após a decretação de uma greve.

Durante a operação militar morreram três operários, fato que traumatizou a cidade, teve repercussão internacional e ficou conhecido como "o massacre de Volta Redonda". Em 1º de maio de 1989 foi inaugurado um monumento projetado por Oscar Niemeyer, o Memorial 9 de Novembro, em homenagem aos trabalhadores mortos na greve. No dia seguinte, o monumento foi destruído por uma bomba, em um atentado atribuído a extremistas de direita. A explosão também estilhaçou as janelas do edifício central da CSN e de outros prédios vizinhos. Nessa época, a empresa já estava em situação financeira crítica e os termos do acordo feito para encerrar a greve a debilitaram ainda mais.

Em abril de 1990, no governo Collor, Roberto Procópio de Lima Netto assumiu a presidência da siderúrgica, com delegação do governo federal para saneá-la e prepará-la para a privatização. A empresa tinha 24 mil funcionários e era necessário reduzir significativamente os postos de trabalho. Os embates com o sindicato foram pesados, houve greves, mas Lima Netto foi firme e conseguiu avançar. A alternativa era o fechamento da usina. Houve melhoras na produção e na comercialização dos produtos, mas em 1990 a CSN ainda apresentou prejuízo. Em janeiro de 1992 foi incluída no Programa Nacional de Desestatização. Entretanto, em dezembro daquele ano, o presidente Itamar Franco, que assumiu após o impeachment de Collor, demitiu Lima Netto e substituiu o comando da siderúrgica. Essa mudança foi vista como uma interrupção – ou mesmo o fim – do processo de venda da empresa.

A Usiminas, principal concorrente da CSN, já havia sido privatizada e o corpo funcional da siderúrgica de Volta Redonda receava a competição da usina mineira, cujo histórico era de eficiência, mesmo quando estatal. Após muita polêmica entre os grupos pró e contra a privatização, o leilão de venda das ações acabou acontecendo em abril de 1993, com o apoio dos próprios sindicatos, preocupados com o futuro da companhia. Foram necessários dois dias para conseguir fechar a venda das ações, pelo preço mínimo, devido à ausência de interessados.

Os investidores demonstraram pouco interesse pela siderúrgica, em função de sua situação financeira e de seu histórico de greves, sindicalismo forte, excesso de pessoal, equipamentos antigos etc. O grupo de acionistas do consórcio que adquiriu a CSN foi formado por Vicunha (empresa das famílias Steinbruch e Rabinovich), Companhia Vale do Rio Doce, Clube de Investimentos dos Funcionários da CSN, Previ (fundo de pensão dos funcionários do Banco do Brasil) e Bamerindus, que, em 1995, venderia sua participação para Vicunha, Previ e Bradesco.

Após a privatização, os novos acionistas reconduziram Lima Netto à CSN. Em 1994, ele e sua equipe saíram por divergir do grupo controlador sobre a forma de conduzir a empresa. A siderúrgica passou a ser presidida por Sylvio Coutinho, que até então era diretor industrial e havia sido presidente do Clube de Investimentos dos Funcionários, participante do grupo de controle. Coutinho foi presidente até 1996, quando houve a mudança estatutária que eliminou essa função e criou os cargos de diretores superintendentes do centro corporativo, aço, energia, infraestrutura e novos negócios, subordinados ao conselho de administração. A intenção do conselho era eliminar temporariamente a posição de presidente, de maneira a dar às atividades-meio o mesmo grau de relevância da produção do aço.

Foi aí que eu cheguei. Jovem, mulher, formada em administração e doutora em economia e, ainda por cima, grávida de gêmeos. Não preenchia nenhum dos requisitos siderúrgicos. Um "prato" completo! Se eu pensava que era complicado ser secretária de Fazenda, por não conhecer a atividade de fiscalização de rendas e os tributos municipais, ali tudo era muito mais complexo. Em um ambiente de engenheiros e siderurgistas, todos falavam uma língua diferente. As siglas se sucediam: BQ, BF, BZ, FM, LTQ, LTF... Bobina a quente, bobina a frio, bobina zincada, folha metálica, laminador de tiras a quente, laminador de tiras a frio...

Eu tinha dificuldade em entender o que diziam e, no início, um pouco de vergonha de deixar isso transparecer. Passava os fins de semana estudando, aplicadamente, os termos siderúrgicos e o processo de produção. A dificuldade foi ainda maior nos primeiros *road shows* da empresa que fiz no exterior, porque eu tinha que saber os termos técnicos em inglês. José Marcos Treiger, nosso executivo responsável pela área de relações com o mercado, preparava diligentemente as traduções e as escrevia, no pé dos slides, para que eu não "pagasse mico" com os investidores.

Depois de um período, compreendi que precisava dar tempo ao tempo. Que as informações seriam assimiladas aos poucos. Não adiantava tentar aprender tudo de uma só vez. E assim foi. Rapidamente comecei a fazer perguntas que faziam sentido – a primeira etapa do conhecimento – e não demorou muito para que meu vocabulário também ficasse recheado com termos da siderurgia. Eu estava me tornando um deles!

O processo de aproximação com a empresa e seus funcionários foi gradativo, cada um se deixando conhecer pouco a pouco, tentando entender qual o seu papel naquela história. A CSN era uma empresa muito hierarquizada, formal na relação entre subordinados e chefes. Não podemos esquecer que alguns dos seus dirigentes haviam sido militares. Eu, por outro lado, sou informal e queria que os empregados falassem, contassem suas histórias, me ajudassem a ajudar. Encontramos nosso ponto de equilíbrio quando entendemos que a soma da gestão profissional e da visão externa, que eu trazia, com a excelência no processo produtivo e o histórico da empresa, que eles tinham, forjaria uma empresa melhor e mais forte.

PROMOVER UMA MUDANÇA de cultura era necessário e foi um dos grandes desafios que enfrentei. A empresa tinha muito foco na produção – como a Embraer, antes da privatização –, mas pouca preocupação com custos, gestão, vendas e cobrança. O conselho de administração avaliou que, sem um presidente, e com a criação de uma diretoria colegiada, sob sua supervisão, amenizaria a hegemonia da usina e ajudaria a companhia a valorizar as atividades-meio, tanto quanto a de fabricação do aço.

Minha esfera de atuação, nos primeiros anos, foi a diretoria do centro corporativo, responsável por dez áreas: financeira, relações com investidores, recursos humanos, comunicação, jurídica, controladoria, auditoria, fundo de pensão (Caixa Beneficente dos Empregados da CSN – CBS), Fundação CSN[12] e planejamento estratégico. A formação da equipe não foi uma tarefa simples. A incumbência, dada pelo conselho, era mudar. Mas eu achava que deveria mesclar o novo com o antigo. E assim fiz. Foi muito importante conhecer as "histórias" da empresa, saber o porquê de as coisas serem feitas daquele jeito. Isso impediu que fossem repetidos erros que já haviam sido cometidos. Era fundamental misturar pessoas e culturas para forjar uma nova forma de pensar e de atuar. Até então todo mundo pensava parecido, não havia questionamentos.

João Luis Barroso e Vagner Ardeo, que chegaram da Secretaria de Fazenda após o lançamento do bônus internacional, ficaram, respectivamente, como presidente da CBS e meu assessor. Da Aracruz Celulose[13] vieram diversos executivos do segundo escalão, com grande potencial para crescer, como Claudia Azeredo Santos e Eraldo Peça-nha, que se tornaram responsáveis pelas áreas jurídica e de controladoria. A Aracruz atravessava um período de mudanças. Essa foi a deixa para José Marcos Treiger, egresso da empresa e que já estava na CSN quando cheguei, me apresentar a esses e outros profissionais que se juntaram ao nosso time.

Para a sensível área de auditoria, convidei Piedade Fonseca, que conheci na Controladoria-Geral do Município. Piedade, competente e experiente auditora, conhecia bem as atividades pública e privada, pois havia feito carreira no setor privado e saído da White Martins para trabalhar na prefeitura. Ela e Eraldo foram dois pilares sólidos na fase em que a CSN ainda tinha muitos vícios de empresa estatal. Coordenaram uma ampla revisão dos controles internos e estabeleceram novos padrões e práticas para o funcionamento da empresa.

Ana Silvia Corso Matte veio da Wella para a área de recursos humanos. Ela foi uma parceira incansável na delicada tarefa de revisão dos benefícios trabalhistas, muitos deles incompatíveis com a realidade de empresa privada, em longas e difíceis negociações com os sindicatos e com os funcionários. Em um segundo momento, João Ricardo de Siqueira Cavalcanti, profissional que também veio do mercado, assumiu a função de Ana Silvia.

Matheus Cotta de Carvalho, que eu conhecera em Brasília, juntou-se a nós como responsável pela Fundação CSN, tendo sido muito importante na transição e no reposicionamento do papel da usina na cidade. Capitaneou a venda de ativos da CSN, então sob a gestão da fundação, como o Hospital Santa Cecília, de referência regional, e uma escola de ensino médio, tudo com muito talento e sensibilidade.

De uma consultoria especializada em siderurgia veio Sérgio Pinheiro, que foi meu conselheiro cotidiano e um excelente condutor do planejamento estratégico, junto com Vagner Ardeo. Mais tarde chegou Mariza Louven, que tinha sido responsável pela assessoria de comunicação na SMF e foi fundamental, com sua equipe, para nosso projeto de comunicação com os diferentes públicos de interesse da companhia.

Essas pessoas, e outras que se uniram a nós,[14] mesclaram-se ao time da CSN, formando um caldo de cultura que ajudou a catalisar o processo de transformação. Estruturar uma equipe competente e comprometida, em um prazo razoável de tempo, era fundamental, porque, não se esqueçam, eu estava cada vez mais grávida!

Armando Candal, meu médico, me conhecia bem e sabia que eu não diminuiria o ritmo de trabalho. Me fez prometer, então, que, nos últimos meses de gestação, eu iria ao seu consultório todas as sextas-feiras, no fim do dia. Minha rotina de trabalho era intensa. Embora a sede da empresa ficasse na cidade do Rio de Janeiro, na Torre do Rio Sul, em Botafogo, onde funcionava o centro corporativo, todas as semanas, às quintas-feiras, eu ia a Volta Redonda. Inicialmente de carro, depois de helicóptero, para ganhar tempo. Todas as quintas-feiras eu decolava às 7 da manhã do heliponto na lagoa Rodrigo de Freitas e ficava na usina até de noitinha. Era, em geral, o meu dia mais prazeroso. Além das reuniões com os funcionários, com o prefeito, associações etc., passava a maior parte do dia andando pela fábrica, conhecendo o processo de produção, conversando com os trabalhadores. Eu adorava.

Na sexta-feira, dia 4 de outubro, já no oitavo mês de gravidez, fui à consulta médica regular e Armando me avisou, exagerando de propósito no tom: "Presta atenção, estes meninos estão nascendo! Já vejo as manchetes dos jornais: 'Executiva dá à luz em sua mesa de trabalho!' Você não pode ir trabalhar na segunda-feira." Eu, que apesar do trauma da perda do meu irmão e do ritmo frenético de trabalho, tinha tido uma gravidez maravilhosa, fiquei impactada. Caiu a ficha. Eu ia ser mãe. Saí do consultório e liguei para Benjamin, o presidente do conselho, para informar que eu não poderia trabalhar na segunda-

-feira. Na terça-feira, dia 8 de outubro, cinco meses após a minha chegada à CSN, meus filhos Catarina e Olavo nasceram, de parto normal.

O nascimento deles teve muita repercussão. Foi um fato incomum, sendo a mãe executiva de uma empresa tão emblemática e em um setor tão masculino. Meu caderno de anotações da época registra que, em 1º de novembro, 24 dias após o nascimento das crianças, eu já estava de volta ao trabalho. Esse retorno rápido gerou bastante polêmica. Fui criticada pelas pessoas que achavam que, de uma certa forma, eu estava prestando um desserviço à causa feminina, por não usar o período integral da licença-maternidade. Tenho que falar a verdade: essa hipótese não me passou pela cabeça.

Quando aceitei o convite para trabalhar na CSN, já imaginava que o envolvimento com o trabalho não permitiria que eu me afastasse por um longo tempo. Além disso, até o nascimento dos meus filhos eu nunca havia ficado em casa, sem trabalhar. Foi difícil a mudança abrupta de rotina e eu estava adorando o trabalho instigante e desafiador. Tenho a convicção de que o período de licença-maternidade (e paternidade) é uma conquista fundamental para os pais, mas também creio no livre-arbítrio, nas escolhas individuais. Essa era a minha vontade.

Eu tinha uma excelente infraestrutura em casa. Márcia, a babá dos meus filhos, foi contratada antes mesmo de eles nascerem e está conosco até hoje, uma segunda mãe. Célia, nossa cozinheira, há mais de três décadas na família, é uma avó para os meninos. E minha mãe me ajudou muito, supervisionando tudo e ficando na minha casa quando eu precisava viajar. Segura de que eles estavam bem, pude voltar tranquila ao trabalho.

Nunca fui atormentada pelo sentimento de culpa que tentam inculcar nas mulheres. Meus filhos são minha máxima prioridade. Estou sempre disponível para eles e presente em todos os momentos importantes. Meu tempo com eles sempre foi por inteiro. Mas trabalhar e produzir é uma parte fundamental da minha vida. Hoje, já adultos, eles têm muito orgulho do que realizei e gostam de ouvir as histórias em que estiveram envolvidos. Como as do Eraldo, que sempre me perguntava, após os fins de semana, se as crianças haviam gostado dos relatórios da controladoria. É que eu levava o material para ler e, enquanto trabalhava, eles desenhavam nos relatórios com lápis de cor...

A VIDA COMO DIRETORA do centro corporativo não foi fácil. Tivemos que estruturar de novo as áreas, rever práticas, processos e sistemas. Nossa infraestrutura de informática era antiga, com planilhas e subsistemas desenvolvidos na própria empresa, sem segurança e com controles inadequados. Havia também falhas graves, que favoreciam a corrupção. Descobrimos em um procedimento de auditoria, por exemplo, que um sistema da área financeira apagava dívidas oriundas de parcelamentos nas vendas de aço, beneficiando devedores. A situação era tão confusa que pedi a Eraldo, nosso *controller*, que acumulasse a área de tecnologia da informação. Sua missão foi reorganizar o setor, reduzir custos, implantar a visão de cliente interno e entregar um novo sistema corporativo e de gestão da produção.

Havia ainda, à época, o receio do chamado "bug do milênio". Segundo consultores, poderia haver problemas em todos os sistemas informatizados na virada do século, o que felizmente não ocorreu. Mas, diante de tantas questões, decidimos instalar uma nova plataforma corporativa de informática, o Enterprise Resource Planning (ERP), um sistema responsável por todas as operações diárias, desde faturamento até balanço contábil, compras, fluxo de caixa, apuração de impostos, administração de pessoal, inventário de estoque, contas a receber, controle do ponto dos funcionários e do maquinário.

Não havia ainda um produto dessa natureza já customizado para uma empresa industrial brasileira com nossas características tributárias, de faturamento etc. Fomos a primeira empresa industrial de grande porte a implantar o ERP no Brasil, pagando o preço desse pioneirismo. O processo foi sofrido e longo, mas, depois de concluído, nos levou a outro patamar. Os momentos de tensão não foram poucos. Ao iniciarmos o faturamento no novo sistema, em 1999, quando eu já era presidente, não conseguimos associar os pedidos de fabricação do aço aos respectivos clientes. Durante alguns dias os produtos ficaram "perdidos" dentro da usina, atrasando sua entrega e causando muita dor de cabeça e transtornos, a nós e a nossos clientes.

Um outro grave problema, também no primeiro ano de gestão, foi o da quase insolvência do fundo de pensão da CSN, a CBS. O fundo apresentava um déficit atuarial de várias centenas de milhões de reais, colocando em risco o pagamento das aposentadorias de mais de 25 mil funcionários inativos e dos benefícios futuros de quase 10 mil colaboradores ativos. Em setembro de 1996, a Secretaria de Previdência Complementar, órgão federal responsável por fiscalizar os fundos, decretou intervenção na instituição. Em dois anos, graças ao competente trabalho de sua equipe dirigente, que havia sido inteiramente renovada, a CBS foi considerada saneada e a intervenção federal suspensa, para alívio nosso e das associações de aposentados e sindicatos de empregados.

Esse período inicial foi importante para eu entender a complexidade da companhia, me aproximar da cidade e dos empregados e aprender sobre o setor. Olhando retrospectivamente, acho que o fato de ser mulher e vir de fora do mundo siderúrgico ajudou bastante. Simbolizei o rompimento com uma forma de proceder e de ser. Foi mais fácil questionar a maneira como as coisas eram feitas e também humanizar a usina, quebrando a formalidade e a dureza da hierarquia.

O ambiente da empresa era esmagadoramente masculino e consta que fui a primeira mulher presidente de uma siderúrgica no mundo. Menos de 0,5% do quadro funcional era composto por mulheres, que trabalhavam em áreas administrativas ou como enfermeiras.

As pouquíssimas funcionárias que trabalhavam na linha de produção eram carinhosamente chamadas de "vira-latas", pois inspecionavam a qualidade das folhas de flandres, virando o produto de um lado e do outro para checar se havia imperfeições. Naquele mundo siderúrgico havia a crença de que aço era negócio para homem, metalúrgico e engenheiro.

A Escola Técnica Pandiá Calógeras, em Volta Redonda, preparava meninos e meninas para trabalharem na siderúrgica, mas, quando concluíam o curso, apenas os rapazes iam para as carreiras técnicas, ficando as jovens restritas às carreiras administrativas. Fui procurada por uma turma de alunas recém-formadas que desejava trabalhar na fábrica em funções equivalentes às dos rapazes. Comecei a averiguar a razão pela qual não eram contratadas. Após muita discussão e vaivém com as áreas jurídica e de recursos humanos, descobri que, mais do que impedimentos legais, havia questões de natureza operacional, simples de serem transpostas, como a inexistência de banheiros femininos. Fiquei perplexa com essa constatação e, contrariada, resolvi simbolicamente o problema em minutos – cortei um pedaço de papel em formato de saia e pedi que fosse colado nas portas de alguns banheiros masculinos. Depois, com o tempo, foram construídos banheiros femininos.

Esse momento marcou uma mudança profunda na companhia – o ingresso de mulheres para realizar tarefas até então exclusivamente masculinas. No início elas foram recebidas com estranhamento, mas após algum tempo a presença feminina na usina fez diferença, refletindo-se em ambiente mais organizado, linguajar mais cuidado, maior capricho no vestir. Alguns funcionários chegaram, inclusive, a me agradecer por ter trazido as mulheres para dentro da fábrica, reconhecendo a melhoria no ambiente de trabalho.

Não era diferente no resto do mundo siderúrgico. Havia participação mínima de mulheres, que ocupavam predominantemente postos de trabalho administrativos. Todos os dirigentes das demais empresas eram siderurgistas de longa data, mais velhos do que eu, com profundo conhecimento do negócio. Com o tempo, pude constatar que, nos demais países, não era diferente. Nas visitas que fiz a usinas, no Brasil e no exterior, raramente havia banheiros femininos. Também era difícil encontrar uniformes e botas do meu tamanho – ou seja, equipamentos de proteção individual (EPI), obrigatórios para circular na usina. Tudo isso ocasionava momentos de constrangimento, que eu procurava tratar de forma leve e zombeteira, mas sempre aproveitando para realçar a ausência da presença feminina na atividade.

Em 1999 o conselho de administração decidiu que a empresa deveria voltar a ter uma estrutura de comando tradicional, com um presidente executivo coordenando a atuação das diretorias. Em março houve a mudança do estatuto, recriando a função de diretor presidente, e, em abril, fui eleita presidente da CSN pela Assembleia Geral de Acionistas. Continuaram existindo o centro corporativo e as áreas de aço, energia, infraestrutura e novos negócios, mas agora sob a batuta do presidente, e não mais do conselho.

Ser presidente de uma grande empresa, aos 42 anos, foi uma experiência marcante. Sempre fui muito *hands on*, gosto de fazer, de executar. Não tenho muita paciência para esperar, vou lá e faço. De repente, descobri que eu não tinha mais uma função específica, pois havia um diretor responsável por cada área. No início foi complicado, até eu perceber que a principal função de um presidente, além, é claro, da representação da empresa, é a de liderar as pessoas. Assim, 60% a 70% do meu tempo passou a ser investido em conversar, motivar e incentivar a equipe.

A CSN ERA UMA EMPRESA com um processo produtivo mais complexo do que o de suas concorrentes, como a Usiminas e a Companhia Siderúrgica de Tubarão (CST). Ela possuía mais linhas de produção, sendo a única fornecedora no Brasil de folha de flandres – material laminado, composto por ferro e aço de baixo teor de carbono, revestido com estanho – e também a única siderúrgica com uma mina própria de minério de ferro, de alta qualidade, chamada Casa de Pedra, em Minas Gerais.

Se a produção era o coração daquele organismo complexo, o centro corporativo era a espinha dorsal da organização. Minha interação com o segundo escalão da usina, os superintendentes gerais, funcionários de carreira que conheciam profundamente o processo produtivo e a empresa, era intensa. Nossas reuniões periódicas tratavam de múltiplos assuntos, como contabilização de estoques, baixa de equipamentos, taxas internas de retorno e planos de investimento, orçamento, custos e metas de produção, resultados contábeis e financeiros, política de depreciação e de capitalização dos equipamentos, negociações com os sindicatos, programa de remuneração variável, política de crédito para clientes, seguros dos equipamentos, layout dos escritórios e muito mais.

Com tantos assuntos para cuidar, continuava usando o método de trabalho que havia começado a desenvolver no BNDES, de fazer encontros regulares com as equipes das diferentes áreas, anotando os assuntos em meus cadernos, para serem posteriormente acompanhados e cobrados dos responsáveis. Mas agora passava a ter um aliado poderoso – o correio eletrônico. A disseminação do uso do e-mail aconteceu por volta dessa época e passou a ser uma potente ferramenta de trabalho. Minhas cobranças ficaram mais ágeis e desenvolvi o hábito de enviar para mim mesma mensagens em que o assunto era sempre o mesmo: "Semana". Esses e-mails continham lembretes sobre assuntos importantes – tanto do trabalho como da vida familiar – e, no domingo, eu organizava a semana seguinte com a ajuda deles. Uso até hoje esse sistema, excelente método para organizar a vida pessoal e profissional.

Uma das missões mais desafiadoras, como mencionado antes, era contribuir para a mudança de cultura da CSN, de sua forma de trabalhar. Acredito que, nesse sentido, meu grande acerto tenha sido falar sempre a verdade. Não apenas no sentido ético. Mas também no de respeito ao outro. Sérgio Pinheiro, meu assessor veterano na indústria do aço, certa vez me deu parabéns por "tratar adulto como gente grande". Nunca esqueci essa frase e procuro sempre me guiar por ela. Ser sincera e transparente me ajudou a construir credibilidade, ativo inestimável no relacionamento com os empregados, com os sindicatos e com a cidade. O prefeito Antônio Francisco Neto, que começou seu primeiro mandato em 1997, pelo Partido Socialista Brasileiro (PSB), foi um parceiro leal e proativo em todos os meus anos na CSN. Ótimo administrador público e pessoa de fácil relacionamento, me ajudou muito na tarefa de reaproximação da empresa com a cidade em novas bases.

Entre os muitos aspectos delicados na relação da usina com Volta Redonda, um dos mais preocupantes tinha a ver com o chamado cinturão de fornecedores. Havia uma relação pouco transparente entre a CSN e as firmas de alguns ex-funcionários, que atuavam como fornecedoras e ganhavam todas as licitações. Não necessariamente eles vendiam o melhor produto ao menor preço. A situação na área de compras era tão crítica que o conselho de administração decidiu demitir toda a equipe e levar a área de suprimentos para São Paulo. A intenção era distanciá-la da cidade, o que gerou uma grita enorme em Volta Redonda. As áreas financeira e de contabilidade também foram quase completamente renovadas, principalmente com profissionais vindos da Aracruz.

Minha relação com os sindicatos, embora tensa, sempre foi respeitosa. Eu procurava deixar claro o que era e o que não era possível e nunca houve uma paralisação dos trabalhadores nos seis anos em que estive na CSN. Um dos temas mais delicados e espinhosos da nossa agenda de negociações era o da volta do turno de 8 horas de trabalho. A mobilização pela mudança do turno de 8 para 6 horas havia sido um dos estopins da greve de 1988 e o turno reduzido foi implantado após o seu término.

No entanto, era ineficiente em uma companhia com produção contínua, 24 horas por dia, 7 dias por semana, parar tantas vezes para mudar de turno. Era muito mais produtivo, e econômico, seguir por 8 horas e parar apenas três vezes. Mas, claro, isso acarretaria redução no contingente de pessoal. Tentamos implantar a jornada de 8 horas durante a negociação do acordo coletivo de 1998, mas não conseguimos. Tivemos que voltar atrás, diante da ameaça de greve. Em 1999 aprovamos o turno de 8 horas para guardas patrimoniais e bombeiros e, finalmente, em 2000, a mesma escala foi adotada para os funcionários diretamente ligados à produção. Ana Silvia, Vagner Ardeo, Milton Coelho da Graça, Álvaro Barcel, Francisco Padilha, Eduardo Castelo Branco e Edmar Lopes atuaram intensamente nessa gestão de conflitos sindicais, sempre sob a competente orientação e supervisão do advogado especializado em negociações coletivas Carlos Eduardo Bosisio.[15]

A comunicação interna foi um aliado fundamental no processo de mudança da empresa. Precisávamos que as informações circulassem entre os empregados, ajudando a construir uma nova cultura. Essa é uma atividade difícil em qualquer organização, ainda mais naquela, com hierarquia rígida, onde subordinados não se expressavam na frente de seus chefes. Tínhamos dificuldade até para descobrir os talentos, porque as pessoas ficavam "escondidas", não era fácil chegar até elas.

Uma das medidas importantes que ajudou a reverter essa situação foi a de eliminar o nível hierárquico dos superintendentes gerais, escalão imediatamente abaixo do dos diretores e com grande poder na CSN da época estatal. Eles foram se aposentando e o cargo foi extinto. Essa mudança teve um grande simbolismo, pois os chamados SGs tinham uma posição diferenciada entre os funcionários, dificultando o entrosamento entre os diversos escalões.

Foram muitos os *cases* de comunicação interna na CSN, trabalho conjunto das áreas de recursos humanos e de comunicação, apoiado pela consultora Nádia Rebouças, profunda conhecedora do assunto. Esse trabalho foi crucial, a meu ver, para conseguirmos unir a empresa em torno de objetivos comuns e fazer os empregados compreenderem que o resultado da siderúrgica era o somatório de seus desempenhos individuais.

Uma das iniciativas de maior sucesso foi a TV Aço, sistema interno de comunicação direcionado aos operários, feito por meio de aparelhos de televisão instalados na usina, local em que poucos tinham acesso a computadores. Eram realizadas entrevistas com colaboradores, divulgados comunicados gerais sobre a empresa e o setor e também informações úteis para o trabalho específico do "chão de fábrica", como chamávamos a atividade industrial. Tínhamos também nosso jornal interno, o *Chama*, em que, entre outros assuntos, apresentávamos aos empregados os resultados financeiros da empresa.

No programa *Conversando com líderes*, convidamos profissionais reconhecidos para dar depoimentos motivadores. Um deles foi Luiz Cezar Fernandes, um dos fundadores do Banco Pactual. Ele tem uma história de vida incrível e aceitou falar a respeito de sua carreira. A palestra foi ótima e as pessoas ficaram empolgadas. Outras personalidades que também conquistaram os empregados foram a campeã do basquete Hortência e o navegador Amyr Klink. A escritora e imortal Nélida Pinõn palestrou sobre ética, um momento inspirador. Na minha segunda passagem pelo BNDES, em 2016, Nélida gentilmente aceitou o convite para uma nova palestra sobre ética para os funcionários da instituição. Foi especialmente marcante pelo contexto que vivíamos no país – e ainda vivemos – de tantas revelações de corrupção e desvio de dinheiro público.

Na CSN, nenhuma iniciativa de recursos humanos teve tanta repercussão e impacto quanto a troca dos uniformes dos funcionários. Desde o início, eu achava triste e feio o uniforme dos trabalhadores, o mesmo desde a fundação da empresa, nos anos 1940. Era cinzento e malcuidado, se misturava aos equipamentos, os empregados não o valorizavam. Após a utilização funcional, as vestimentas eram doadas na cidade e usadas, indiscriminadamente, em diversas atividades, muitas vezes ainda com a logomarca da empresa. Essa situação, por certo, não contribuía para a autoestima dos empregados. Comecei a pensar na possibilidade de fazer um concurso de uniformes para escolher o novo modelo. Não foi fácil convencer o conselho de administração, em especial Benjamin, que brincava comigo dizendo que eu queria "colocar rendinhas nos uniformes". Mas a ideia vingou e Benjamin foi um de seus maiores apoiadores.

Em 1998, com o suporte do Instituto Zuzu Angel de Moda do Rio de Janeiro, que organizou todo o processo, diversos estilistas foram à usina conhecer suas áreas e atividades, para proporem alternativas de trajes. Em uma empresa industrial, os uniformes fazem parte dos equipamentos de proteção individual, obrigatórios para circular na fábrica, e, portanto, devem obedecer a uma série de requisitos. Um júri formado por especialistas em moda, como Glorinha Kalil, jornalistas do setor, como Regina Martelli, e diretores da CSN escolheu, entre os 16 inscritos, três finalistas: os estilistas Miron Soares, Beth Brício e Tereza Inglês. A escolha final dos uniformes, que foram confeccionados e ficaram em exposição dentro da usina, ocorreu após desfile numa passarela montada dentro da fábrica, com funcionários voluntários atuando como modelos! Um grande dia na CSN. Quem bateu o martelo foram os empregados, em votação eletrônica, logo após o encerramento do desfile. O vencedor foi Miron Soares.

A mudança dos uniformes teve muita repercussão na mídia e virou um *case* de recursos humanos. De fato, o impacto na autoestima dos empregados e no ambiente de trabalho foi perceptível. Tanto eu quanto os demais diretores e colaboradores, dos diversos níveis hierárquicos, passamos a usar o mesmo traje do pessoal do chão de fábrica, valorizando a atividade industrial e integrando a empresa. Em uma visita à mina de ferro de Casa de Pedra, um funcionário me disse que sua mulher havia pedido que me agradecesse, porque agora ele ia muito mais bonito para o trabalho.

É impressionante como o cuidado com o ambiente de trabalho é fundamental para a produtividade, a satisfação dos empregados e até para a segurança no desempenho das atividades. A partir dessa iniciativa, revimos todas as políticas relacionadas aos uniformes, como a doação dos mesmos quando já não apresentavam condições de uso, a quantidade de unidades por empregado, regras para lavagem etc. Montamos também uma lojinha dentro da usina que vendia peças extras e acessórios. Foi um olhar feminino para a atividade e as pessoas, e um momento muito especial em meu período na empresa.

A partir de 1999, quando eu já era presidente, abri um canal direto de comunicação com os trabalhadores da usina, por meio do programa Fale com a Presidente. Foi uma iniciativa que deu excelentes resultados. Por um lado, possibilitou que eu conhecesse inúmeros assuntos e questões aos quais dificilmente teria acesso e, por outro, permitiu que os mais de 6 mil funcionários da fábrica tivessem, pelo menos uma vez, contato direto comigo.

Era um programa voltado exclusivamente para o chão de fábrica e funcionava assim: abríamos inscrições voluntárias e, quando havia 80 inscritos, os encontros aconteciam. Só podiam participar os funcionários sem cargo de chefia e não era permitida a presença dos chefes, para que os empregados pudessem se manifestar sem constrangimentos. Eu era acompanhada apenas por uma pessoa de recursos humanos e outra de comunicação. O bate-papo era muito informal, eu e eles vestidos com o mesmo uniforme de trabalho, e qualquer assunto podia ser levantado. Foi uma experiência rica, que ajudou sobremaneira na quebra da rigidez hierárquica e no estabelecimento de laços firmes entre mim e os operários. Levei essa iniciativa para outros lugares por onde passei, mas nenhuma das experiências foi tão transformadora e enriquecedora quanto a da CSN.

Por fim, ainda no aspecto de integração e comunicação, fizemos vários shows dentro da usina em ocasiões especiais, como aniversários da empresa e comemorações de fim de ano. Tivemos convidados como Milton Nascimento, Ivete Sangalo, Nana Caymmi e a escola de samba Estação Primeira de Mangueira. Nas comemorações dos 500 anos do Descobrimento do Brasil, no ano 2000, organizamos uma apresentação de Lulu Santos em uma área pública da cidade, à qual compareceram mais de 40 mil pessoas. Foi uma noite inesquecível! Fiquei superapreensiva na véspera do evento, preocupada com possíveis acidentes, mas João Luis Barroso, já então meu substituto como diretor do centro corporativo, era craque na organização dessas festividades. Lembrem-se que ele já era o responsável, em 1990, por organizar nossos momentos de lazer em Brasília!

DEVIDO À NATUREZA de nossas atividades, a preocupação com o gerenciamento de riscos, em suas diversas dimensões, estava sempre presente. A atenção à política de seguros dos equipamentos, por exemplo, muito ligada à própria segurança dos empregados, era permanente. Os valores dos prêmios dos seguros eram muito elevados e suspeitávamos que havia um bom espaço para otimizar tanto a política quando os custos. Trouxemos um novo profissional para coordenar essa atividade – Carlos Tessarolo, egresso da Petrobras, especialista em contratação de seguros para equipamentos de grande porte, inclusive no exterior. Em conjunto com a auditoria interna e outras áreas, elaboramos uma matriz de risco identificando os pontos vulneráveis da empresa, essencial para uma gestão eficaz de riscos. Essas e outras providências, aliadas a uma bem-sucedida negociação com as seguradoras, aumentaram o valor segurado e reduziram drasticamente o prêmio pago pela CSN.

Albano Chagas Vieira, diretor do aço, era intransigente com a questão da segurança. Contratado quando me tornei presidente, ele foi um importante aliado para implantarmos as melhores práticas nesse assunto e um grande parceiro de trabalho até minha saída da CSN. Em busca da excelência, levantamos, em siderúrgicas no mundo inteiro, a que tinha as melhores práticas em cada área relevante para a atividade. Com base nos dados obtidos, montamos uma usina ideal, com os melhores indicadores em cada função, e passamos a utilizar esse modelo para definir as metas que desejávamos alcançar. Essa iniciativa funcionou muito bem e usei novamente o mesmo princípio em outras experiências profissionais.

No quesito segurança, a referência eram os japoneses. Trouxemos de lá uma consultoria para implantar na CSN os mesmos padrões. Eu aprendi que, muitas vezes, quem não obedece às regras de segurança são os funcionários mais antigos, mais experientes. Alguns deles acham que conhecem tudo, que podem dispensar os equipamentos de proteção individual, não seguir o protocolo. Eu era obsessiva com o uso dos EPIs e fazíamos treinamentos constantes com os empregados, mas ainda assim tivemos acidentes graves, infelizmente alguns fatais.

Em cada uma dessas ocasiões pensei em sair da CSN. Foi muito difícil para mim lidar com a perda de vidas humanas em uma atividade sob minha responsabilidade. Um dos acidentes com morte foi um suicídio – um empregado se jogou dentro do pote de zinco na véspera da inauguração da Central Termelétrica (CTE), em fins de 1999. O evento teria a presença do presidente da República, Fernando Henrique Cardoso, e precisamos fazer um esforço extra de segurança para que ele não deixasse de comparecer ao evento. Outra situação terrível foi a de um funcionário que morreu esmagado por um trem dentro da usina – no interior da siderúrgica há uma extensa ferrovia, para fazer o transporte de matérias-primas e de produtos. E, em 2001, três empregados que trabalhavam em serviços de manutenção morreram intoxicados, por causa de um vazamento de gás. Momentos traumáticos, que sempre nos levavam a reavaliar os procedimentos de segurança, checando as possíveis falhas e refazendo os treinamentos.

Por outro lado, uma experiência muito bem-sucedida aconteceu durante duas reformas simultâneas e de grande extensão em equipamentos centrais da siderúrgica – o laminador de tiras a quente e o alto-forno 3. Além dos mais de 6 mil funcionários permanentes na fábrica, essas obras levaram outras 4 mil pessoas para dentro da usina, elevando o risco de acidentes. Tive a ideia de colocar mulheres fazendo a segurança durante as reformas e funcionou superbem. As profissionais eram muito mais detalhistas do que os homens e zelavam para que os funcionários usassem os equipamentos obrigatórios e não relaxassem nos procedimentos de segurança. Foi um período bastante delicado, mas não tivemos qualquer problema ligado à segurança no trabalho.

Na área ambiental, a vida também não era simples na CSN. Naquela época ainda não havia a disseminação de boas práticas ambientais em indústrias com grande potencial de impacto e a CSN apresentava muitos problemas, herdados do passado de estatal. Para meu choque, uma de minhas sobrinhas me mostrou um livro de geografia usado em sua escola que descrevia a empresa como "o monstro do Paraíba do Sul", em referência aos resíduos que eram despejados no rio de mesmo nome. As atividades da usina também produziam um pó preto que poluía o ar e deixava marcas na cidade e nas pessoas.

Éramos multados com frequência pela Fundação Estadual de Engenharia do Meio Ambiente (Feema), órgão responsável pela fiscalização na área ambiental. O secretário de Meio Ambiente, Carlos Minc, era um crítico permanente da CSN na imprensa, chegando a exibir um peixe supostamente morto pela poluição no rio Paraíba do Sul. Num certo momento, em 1998, depois que o presidente Fernando Henrique editou a lei contra crimes ambientais, eu precisei ter um habeas corpus preventivo porque corria o risco de ser presa. Era tenso.

Decidimos que era hora de dar um basta àquela história. Contratamos para a área de meio ambiente uma pessoa com larga experiência, que já tinha trabalhado na Feema, no Projeto Jari e em consultorias ambientais. Luiz Claudio Ferreira Castro foi o parceiro certo para a solução daquele grave problema. Após um trabalho de persuasão junto ao conselho de administração da CSN, porque os valores dos investimentos em equipamentos de controle da poluição eram muito elevados, em torno de 150 milhões de dólares, conseguimos fechar um pioneiro Termo de Ajuste de Conduta (TAC) ambiental com o governo do estado do Rio.

A CSN ofereceu em garantia, ao governo estadual, seis cartas de fiança bancária, que poderiam ser descontadas se a empresa não cumprisse pelo menos 70% das obrigações previstas a cada semestre. As cartas nunca foram acionadas. Cumprimos integralmente todas as metas do TAC, contribuindo para melhorar a qualidade do ar em Volta Redonda e da água do rio Paraíba do Sul, que passou a receber efluentes tratados e dentro dos padrões definidos pela legislação em vigor. Desenvolvemos também sistemas fechados de reaproveitamento de água para nossas operações, instalamos filtros nos equipamentos, implantamos programas de educação ambiental para os funcionários e muito mais. Posso dizer que, quando saí da CSN, a empresa estava em conformidade com a legislação ambiental e seus funcionários, em um patamar de educação e consciência ambientais muito superiores ao que encontrei.

A BUSCA DA MELHORIA na gestão e nos processos da empresa foi contínua nos seis anos em que lá estive. Assim que cheguei, chamei os analistas de mercado que faziam a cobertura da siderúrgica para ouvir seus comentários sobre a empresa. Foi muito útil perceber o potencial que enxergavam para a companhia e também sua frustração pelos resultados muito aquém do possível. O sumário dessas reuniões foi um bom norte para o nosso trabalho.

Feitos os primeiros ajustes, já no início de 1997 começamos a preparar a listagem das ações da CSN na Bolsa de Nova York, a New York Stock Exchange (NYSE). Fomos a primeira siderúrgica brasileira listada na NYSE, excelente credencial junto às instituições financeiras internacionais nas inúmeras operações que fizemos posteriormente. No processo de preparação, precisamos fazer a contabilidade da empresa nos padrões americanos, denominados US GAAP (United States Generally Accepted Accounting Principles). Como havia diferenças entre os padrões brasileiros e os norte-americanos, especialmente em relação a provisões contábeis, o lucro que havíamos apurado em 1996 se converteu em prejuízo. Esse fato foi motivo de grande tensão nas reuniões no exterior antes do lançamento das ações.

O momento não podia ser mais complicado, no meio da chamada crise da Ásia, que havia começado com o colapso da moeda tailandesa e depois se espalhado pelo Sudeste Asiático e pelo Japão, fazendo com que os investidores internacionais colecionassem prejuízos em seus portfólios. Em um dos muitos encontros que eu, Eraldo e José Marcos tivemos, este na costa oeste americana, um investidor perdeu o bom humor quando examinou a demonstração de resultados de 1996, que exibia um vistoso prejuízo ao invés do lucro nos padrões contábeis brasileiros. Exclamou em tom elevado e irritado *"Where is my profit?* (Onde está o meu lucro?)" e saiu da sala, nos deixando atônitos. Mas, com todos os percalços, em 14 de novembro de

1997 estávamos todos na NYSE, batendo o sino na abertura do pregão! Momento de felicidade, havíamos conseguido.

O ano de 1999, em que, em abril, me tornei presidente, foi particularmente intenso. Começou com a saída de Gustavo Franco da presidência do Banco Central, em 13 de janeiro, seguida de uma forte flutuação da taxa de câmbio. A CSN não teve problemas de fluxo de caixa, pois havia feito hedge – proteção cambial – para essa eventualidade. Mas teve problemas contábeis, porque não tinha protegido o estoque da dívida, que aumentou significativamente em reais, rompendo *covenants* expressos na moeda nacional. *Covenants* são cláusulas estabelecidas em contratos de empréstimos e financiamentos para proteger o interesse do credor. Essas cláusulas estabelecem condições e indicadores que não podem ser descumpridos. Caso isso ocorra, o credor poderá exigir o vencimento antecipado da dívida.

Muitas empresas, privadas e estatais, passaram pela mesma situação, pois a mudança no câmbio havia sido significativa e abrupta. Para tentar neutralizar o problema, que era de natureza contábil, e não financeira, lideramos uma proposta de mudança da regra de contabilização estabelecida pela CVM, que acabou sendo feita. A alteração permitiu o tratamento diferenciado entre os registros contábeis e fiscais, possibilitando o diferimento, ao longo do tempo, do impacto da desvalorização sobre o balanço. Posteriormente começamos a recomprar nossa dívida em moeda estrangeira, com deságio, para reduzir o endividamento em dólares.

Além disso, realizamos, no prazo recorde de 45 dias, uma reavaliação abrangente dos ativos da CSN, que estavam defasados em relação aos valores de mercado. Descobrimos, nessa ocasião, um fato importantíssimo. A partir da Constituição Federal de 1934, o subsolo passou a ser propriedade da União e a atividade de mineração a ser feita por meio de uma outorga à empresa que realizava a atividade. No entanto, caso único no Brasil, a jazida de minério de ferro de Casa de Pedra, por ser muito antiga, havia sido desapropriada antes da mudança constitucional e incorporada à CSN, na época de sua construção. Em consequência, a CSN era proprietária do solo e do subsolo, e o valor da mina podia ser reconhecido contabilmente. Naquela ocasião, a reserva foi avaliada em 2 bilhões de reais e sua contabilização no ativo da companhia contribuiu para melhorar significativamente o balanço financeiro daquele ano. Golaço do time, que demonstrou ousadia, espírito inovador e sentido de urgência.

Outros fatos relevantes, em 1999, foram minha indicação como uma das 100 personalidades mundiais no Fórum Econômico Mundial de Davos e o convite para assumir a presidência da Petrobras, feito pelo presidente Fernando Henrique Cardoso em março, durante encontro em que também estava presente dona Ruth Cardoso. Foi um momento de muita indecisão, fiquei bastante dividida. Dona Ruth deu ênfase ao fato de que eu seria a primeira mulher a presidir a Petrobras, uma quebra de paradigma. Mas, por mais que tivesse ficado inclinada a aceitar, estava muito comprometida com a CSN e optei por permanecer na empresa. Um pouco mais tarde, tornei-me membro do conselho de administração da petroleira, representando os acionistas minoritários. Tive outros convites e sondagens para participar do governo Fernando Henrique Cardoso, como para os ministérios da Saúde e do Planejamento, mas, embora me sentisse honrada e balançada, não quis sair porque estava no meio do projeto da CSN.

Em maio, um mês depois da minha posse como presidente da empresa, tive que lidar com um grave problema. Estava entrando em casa após fazer ginástica, por volta das sete e meia da manhã, quando tocou o telefone. Era uma ligação da usina, para me informar que havia um incêndio de grandes proporções na obra da Central Termelétrica, iniciado durante a mudança do turno de trabalho. Foi um dia longo. Tanto o diretor do aço quanto seu subordinado imediato estavam no exterior, o que dificultou as coisas. Houve um início de pânico dentro da siderúrgica e na cidade, pois o incêndio produziu muita fumaça e labaredas, visíveis a partir de vários pontos, que impediram, no primeiro momento, o acesso ao local do acidente.

Um jornalista do *Diário do Vale*, de Volta Redonda, que também atuava como correspondente do jornal *O Globo*, ouviu especulações de empregados na porta da fábrica sobre a possibilidade de ter havido mortes. A internet já era importante no fim dos anos 1990 e o correspondente se encarregou de espalhar a notícia. A nota foi imediatamente replicada por diversos veículos, levando à interrupção da negociação das ações da CSN nas Bolsas de São Paulo e de Nova York logo no início do pregão. Não ocorreram mortes nem grandes danos ao patrimônio da empresa, mas, como o material atingido era altamente inflamável, a situação parecia realmente grave.

Foram momentos de muita tensão e os acontecimentos evoluíam tão rapidamente que eu não conseguia decidir se ia para Volta Redonda ou se comandava o assunto do escritório no Rio. Acabei ficando no Rio, achamos que seria mais eficaz. A assessoria de imprensa fez corpo a corpo com os jornalistas para desmentir as mortes e explicar o ocorrido, e eu passei a maior parte do dia ao telefone, com os membros do conselho de administração, jornalistas e investidores, para esclarecer a situação. Para debelar totalmente a crise, convenci o conselho a permitir a visita dos jornalistas ao local, para verem o que havia, de fato, acontecido. A providência se mostrou acertada e, à tarde, tínhamos retomado o controle da situação. O episódio, além de gerar muito estresse, foi importante para prepararmos um sólido e abrangente plano de gestão de crises que, posteriormente, valeu um prêmio da Associação Brasileira de Comunicação Empresarial (Aberje) à equipe de comunicação, virando um importante *case* de gerenciamento de comunicação na era da internet.

Um divisor de águas para a CSN foi o ciclo de planejamento estratégico que iniciamos em 2000 e se estendeu até 2002, quando saí da companhia. José Paulo de Oliveira Alves, diretor de energia, me falou sobre um professor de gestão do Massachusetts Institute of Technology (MIT), o chileno Arnoldo Hax, que havia conduzido o planejamento estratégico do grupo Caemi quando José Paulo estava lá. Fui até a universidade americana conversar com Hax e voltei encantada. Eu, que até então era cética em relação a processos dessa natureza, pois me pareciam apenas uma forma pomposa de embalar conhecimentos já existentes, precisei rever inteiramente meus conceitos.

Hax é uma pessoa brilhante, profundo conhecedor da metodologia de reunir pessoas e extrair delas informações preciosas para o negócio que dirigem. E, acreditem ou não, fazia tudo sozinho, utilizando os próprios funcionários da empresa como seus auxiliares. Sua energia era contagiante, apesar de já ter, na época, mais de 60 anos. Ele continua ensinando até hoje e auxiliando companhias do mundo inteiro a trabalhar melhor. Quando fui presidente da Icatu Seguros, o chamei para nos ajudar na discussão estratégica e, mais uma vez, ele contribuiu muito para nossos rumos futuros.

Na CSN, mudamos a forma de trabalhar depois desse planejamento estratégico. As unidades de negócios, até então estruturadas por produtos (zincados, laminados etc.), passaram a ser organizadas de acordo com o uso do aço para o consumidor final, tornando-se responsáveis da produção até a venda final do material. Havia unidades de negócios de linha branca – eletrodomésticos de maior porte, como geladeira, fogão e freezer –, automotiva, construção civil e embalagens. Foi muito interessante como chegamos a essa nova formatação. Em uma das sessões de planejamento, Hax disparou: "O que a CSN produz? O que ela vende?" Claro que, para todos os presentes, antigos e novos empregados, a siderúrgica produzia e vendia aço. Mas, para o professor, a resposta estava equivocada. Ou, no mínimo, era parcial. De acordo com ele, a CSN vendia automóveis, máquinas de lavar, casas, embalagens etc.

O que Hax queria nos fazer perceber era que, para sermos competitivos e atendermos de forma adequada a nossos clientes, precisávamos conhecer a cadeia produtiva que utilizava nossa matéria-prima, inclusive seus potenciais sucedâneos. Por exemplo, se a folha de flandres era usada para embalagens, tínhamos que conhecer as fabricantes e acompanhar o processo até a venda do produto final, nas gôndolas dos supermercados, interagindo com produtores e vendedores, garantindo inclusive a exposição adequada das mercadorias nos supermercados e lojas. Isso foi tão revolucionário e importante que, se a CSN tivesse tido esse entendimento dez anos antes, talvez não tivesse perdido parcela relevante do mercado de embalagens, que utilizava a folha metálica, seu produto de maior valor agregado.

A então popular lata, que embalava, por exemplo, o óleo de cozinha, perdeu gradativamente mercado para outras embalagens como pet e vidro. Isso apesar de o aço ser o material mais adequado para acondicionar produtos como óleos e azeites, por preservá-los por mais tempo, protegê-los da luminosidade e não ser inflamável, reduzindo o risco de manuseio perto do fogão. Sem mencionar a questão ambiental, pois o aço é degradável no meio ambiente, ao contrário da maioria dos demais materiais. Quando nos demos conta disso, já havia acontecido uma mudança cultural nos consumidores, boa parte deles tendo migrado para outros tipos de embalagem e a CSN perdido margem considerável em seus resultados.

Em 2001 resolvi começar um programa de visitas aos clientes, pois achava importante estabelecer esse contato direto. Como estatal, a empresa não tinha essa preocupação. Na verdade, nem precisava vender aço, porque na época da Siderbrás o governo estabelecia cotas para os clientes. Imaginem só!

A primeira visita foi à Multibrás,[16] representante da Brastemp e da Consul, presidida por Paulo Periquito, um conceituado executivo. Fiz uma brincadeira com ele e recebi uma lição que nunca mais esqueci.

Minha geladeira havia queimado durante a crise de energia que ocorreu naquele ano e eu tinha acabado de comprar uma nova, de uma marca da empresa. Para minha surpresa, a parte externa do refrigerador era de plástico, o que não me permitia usar os ímãs com os quais eu fixava os bilhetes para minhas funcionárias. Era meu meio de comunicação doméstico mais importante! Eu disse a ele, em tom de brincadeira, que deveriam conversar mais com os clientes, pois geladeira também era um meio de comunicação e o plástico impedia essa finalidade. Ele respondeu, educadamente e de pronto, que a CSN era quem precisava conversar mais com seus clientes, porque, se a siderúrgica fosse mais próxima, eles possivelmente não teriam desenvolvido uma geladeira de plástico.

Voltei para a usina "soltando fogo pelas ventas". Periquito estava coberto de razão! Como pudemos permitir que um cliente tão importante desenvolvesse um produto que não usava o aço?! Debati o assunto com os responsáveis pela produção e pela área comercial e decidimos colocar técnicos residentes em cada um dos principais clientes da CSN, para que participassem do processo de desenvolvimento dos produtos. Assim, passamos a conhecer e entender melhor as necessidades dos clientes e pudemos nos antecipar em nosso próprio desenvolvimento de materiais, para atendê-los de forma adequada. Geladeiras de plástico, nunca mais!

EM 1996 E 1997, a CSN aproveitou as oportunidades que surgiram no programa de privatização de empresas e de concessão de ativos do governo federal para ampliar suas atividades na área de infraestrutura. Participou das concessões das ferrovias Centro-Atlântica (FCA) e MRS Logística, bem como das dos terminais de carvão e de contêineres de Sepetiba, todos importantes para sua operação e também para seu projeto de internacionalização. Iniciou o caminho rumo à autossuficiência em energia, com a participação na aquisição do bloco de controle da Light, e coordenou o grupo que adquiriu o controle acionário da Vale, em 1997.

Já em 1996, a empresa teve lucro relevante e começou a aumentar a sua contribuição líquida para a sociedade brasileira. Esse indicador, desenvolvido por nós, somava valores de impostos e contribuições sociais, salários, investimentos, número de empregos e outros aspectos, de modo a refletir seu impacto na geração líquida de renda do país. Antes da privatização, essa contribuição líquida era negativa, pois a empresa tinha prejuízos e a sociedade brasileira, por meio do Tesouro Nacional, tinha que aportar recursos oriundos de impostos para que ela continuasse suas atividades. Eu me sentia muito responsável por prestar contas, publicamente, do resultado da privatização da CSN, para deixar clara a reversão do processo de drenagem de recursos da sociedade. Em pouco tempo a CSN tornou-se tão lucrativa que pôde comprar diversas empresas e participações acionárias no programa de privatização federal.

Durante esse período, foi muito útil o conhecimento sobre legislação societária que eu havia adquirido na minha passagem pelo BNDES, mostrando, mais uma vez, a conexão das diferentes experiências profissionais. Me ajudou muito nas discussões sofisticadas e complexas dos arranjos societários, nos diversos processos de privatização em que participamos. Claudia Azeredo Santos, nossa diretora jurídica, com seu profundo conhecimento societário e de mercado de capitais, foi nossa ponta de lança nessas aquisições.

Logo no meu primeiro mês na empresa, fomos integrantes do grupo que comprou o controle acionário da Light, num leilão de privatização complicado. Foi necessário adiar o início do pregão por cerca de uma hora, porque os participantes do consórcio não conseguiam chegar a um entendimento sobre o futuro acordo de acionistas. Nossos sócios na aquisição do controle da distribuidora de energia carioca foram a francesa EDF[17] e a americana AES.[18] Antes do leilão, viramos noites em reuniões na Torre do Rio Sul, em Botafogo, onde ficava o centro corporativo. O pior é que, durante a noite, estava sendo feita uma troca de carpetes em outros andares do prédio e a ventilação comum do edifício levava para as nossas salas um cheiro intolerável de cola. Eu estava grávida e aquilo me incomodava bastante.

A preocupação com o fornecimento de energia, em uma atividade altamente intensiva nesse insumo, motivou a participação da CSN no leilão da Light. A busca da autossuficiência para a usina e para as minas de Casa de Pedra, de minério de ferro, e de Arcos, de calcário e dolomita, continuou com os investimentos nas hidrelétricas de Itá e de Igarapava e na construção da Central Termelétrica. A instalação, que produzia energia pelo processo de cogeração, passou a suprir 60% das necessidades da usina. Com esse equipamento, os gases residuais do processo produtivo do aço passaram a ser queimados em três diferentes caldeiras, gerando vapor e energia elétrica e trazendo também benefícios ao meio ambiente. Durante a crise de energia, em 2001, conseguimos vender os excedentes de produção de energia elétrica, contribuindo para aumentar a oferta no mercado e trazendo resultados financeiros expressivos para a CSN.

Em 1997 a CSN registrou seu maior lucro até então, de 450 milhões de reais, 178 milhões a mais do que no ano anterior. Foi o ano em que lideramos o consórcio que adquiriu o controle acionário da Companhia Vale do Rio Doce. Essa aquisição foi um caso à parte, pela dimensão e simbolismo da empresa. Fundada em 1942, no governo Getulio Vargas, a CVRD se transformou em uma das maiores mineradoras do mundo, principalmente sob a gestão de Eliezer Batista, entre 1979 e 1986, com o Projeto Grande Carajás, de exploração de jazidas de minério de ferro de alto teor, além de grandes reservas de manganês, cobre, ouro e minerais raros.

As conversas para a formação do consórcio para disputar o leilão da Vale foram muitas e com diferentes grupos: siderúrgicas, mineradoras, *trading companies*, instituições financeiras, BNDES Participações (BNDESPar). Precisávamos conseguir financiamento para a aquisição e trabalhávamos sem descanso nas negociações com os potenciais sócios. Passávamos tanto tempo no escritório que havia colchonetes disponíveis para, eventualmente, alguém do time dormir por lá. Tivemos uma oferta de financiamento pelo banco americano Nations Bank, cuja sede ficava em Charlotte, no estado da Carolina do Norte. Para fechar a negociação, fiz uma longa ponte aérea: saí do Rio à noite, cheguei pela manhã a Miami, fiz escala para Charlotte, participei de uma reunião, retornei na mesma noite para o Brasil e, na manhã seguinte, segui direto para outra reunião.

Todo esse trabalho da equipe da CSN, tanto do centro corporativo como das demais diretorias, valeu a pena. Tivemos sucesso e fomos líder do consórcio vencedor do leilão de privatização da Vale. No dia 6 de maio de 1997, exatamente um ano após a minha chegada à CSN, o Consórcio Brasil – liderado por nós e formado por Bradesco, Vicunha, Opportunity, Nations Bank, Investvale e pelos fundos de pensão Previ, Petros, Fuscesp e Funcef –, montado em cinco semanas de trabalho incessante, adquiriu o controle de uma das maiores mineradoras do mundo.

Inicialmente Benjamin Steinbruch cogitou me convidar para a presidência da Vale, mas, como antes, eu não queria sair da CSN. Fui indicada, então, para ser uma das representantes da CSN no conselho de administração da mineradora. Após algum tempo, à semelhança do que ocorrera na siderúrgica, o conselho deliberou pela eliminação temporária da posição de presidente executivo e colocou a diretoria sob sua subordinação direta.

Em 1999, quando houve a decisão de a mineradora voltar a ter um presidente, julguei que o embaixador Jorio Dauster, meu antigo chefe na negociação da dívida externa, poderia ser uma ótima opção para o cargo. A função demandava forte capacidade comercial e de relacionamento, condições preenchidas por Jorio, com sua experiência e seu perfil de negociador. Além disso, conhecendo as personalidades de Steinbruch, presidente do conselho de administração da Vale (e também da CSN), e de Jorio, acreditava que se dariam bem. Apresentei-os em um jantar em minha casa e Jorio já saiu de lá convidado para ser o presidente da Vale. Ele ficou na empresa até a conclusão do processo de descruzamento das participações societárias e foi muito bom contar com um parceiro como ele "do outro lado".

A principal motivação para nossa participação na privatização da Vale era a potencial complementaridade entre as atividades das duas empresas, que com sua sinergia poderiam obter ganhos expressivos. A mineradora tinha ferrovias, portos e participações em siderúrgicas (inclusive na CSN). A siderúrgica tinha minas, ferrovias e portos. Seria possível, futuramente, reorganizar as empresas, unindo os ativos siderúrgicos, de mineração e de logística. Esse projeto, no entanto, não se concretizou. Em apenas dois anos começaram os conflitos societários e, em seguida, as negociações para o descruzamento das participações dos sócios nas duas empresas.

O acordo de acionistas da Vale, assinado em 1997, tinha prazo de validade de 20 anos. Por uma incrível coincidência, em 2017, exatamente 20 anos depois, eu era presidente do BNDES e voltei a lidar com o assunto, pois o banco, através da BNDESPar, havia adquirido parcela das ações do grupo de controle, anos após o leilão. Fiquei assustada quando Eliane Lustosa, a diretora da BNDESPar, me procurou para falar sobre as reuniões que iriam acontecer com os demais acionistas, para a discussão do futuro de nossa sociedade na mineradora. O tempo havia passado rápido demais. Foi muito especial, para mim, estar no banco nesse momento e ter podido participar do processo de transformação da Vale em uma empresa sem controle acionário definido, uma *corporation*, e da contratação de um presidente no mercado, pela primeira vez na sua história.

O AMBICIOSO PROJETO de unificar as unidades comuns de negócios da CSN e da Vale não funcionou e, poucos anos depois, as duas empresas viveram um intrincado conflito societário. A partir de meados de 1999, as desavenças começaram a tomar vulto e foram iniciadas as negociações para buscar uma solução para o problema.

Relembrando, Benjamin Steinbruch era presidente de ambos os conselhos de administração, da Vale e da CSN. A CSN fazia parte do grupo de controle da Vale, juntamente com Previ e Bradesco. Esses últimos, por sua vez, eram sócios no bloco de controle da CSN, ao lado de Vicunha e Vale. Eu também exercia dupla função. Era presidente da CSN e membro do conselho de administração da Vale. Como presidente da CSN, liderava as discussões do descruzamento, sob a ótica da companhia. Jorio Dauster, presidente da Vale, coordenava as de sua empresa. E os sócios negociavam entre si. Situação complexa e delicada.

As discussões societárias, em geral, são muito prejudiciais às empresas, pois travam a administração, destruindo valor. Nesse caso, em particular, eram ainda mais danosas, pois ambas as companhias eram muito emblemáticas e as discussões tiveram farto espaço e destaque na mídia. Além disso, levaram um longo tempo, tendo sido concluídas apenas em 2001.

Além de participarmos das negociações e zelarmos pela defesa do interesse de nossas empresas, eu e Jorio ainda tínhamos um pesado dia a dia para tocar. Não foi, definitivamente, um período fácil. Mas o fato de termos um relacionamento cordial e de confiança facilitou muito as coisas. Havia um potencial expressivo para conflito de interesses, não só devido à nossa posição em cada empresa, mas também por termos sócios comuns, mas nossa forma de condução do processo evitou que isso acontecesse.

Havia uma outra questão de fundo nas negociações além da societária, que era relativa à mina de Casa de Pedra. O teor de minério de ferro da mina da CSN, localizada em Minas Gerais, era equivalente ao das jazidas da Vale em Carajás, no Pará, um dos mais altos do mundo. A Vale desejava, havia muito tempo, adquirir Casa de Pedra, para uni-la a seus ativos de mineração no estado de Minas, de teor mais baixo de minério. Além da precificação das ações de ambas as empresas, esse foi o tema mais delicado das negociações. Para nós, executivos da CSN, Casa de Pedra era um dos ativos mais valiosos da siderúrgica, que lhe dava condições diferenciadas de competitividade. Por isso, fizemos uma firme negociação para evitar que a mina fosse vendida para a Vale. Tivemos sucesso.

Quando se concretizou o descruzamento societário, ficou acordado que a Vale teria direito de preferência sobre o minério excedente de Casa de Pedra, ou seja, a mineradora poderia adquirir, preferencialmente, em igualdade de condições com terceiros, todo o minério que não fosse usado para alimentar os altos-fornos da CSN. Os termos do acordo foram, posteriormente, questionados pelas duas empresas na Justiça. Em 2010, a disputa foi encerrada e, atualmente, a CSN pode vender o excedente de seu minério a quem desejar.

Ainda no período de preparação para o descruzamento, Claudio Coutinho Mendes e Carlos Antonio Guedes Valente, sócios principais do Banco CR2,[19] tinham sido contratados pela Vicunha, empresa de Benjamin Steinbruch e Jacks Rabinovich que detinha as ações da CSN, para assessorá-los. Em vez de simplesmente venderem as ações da siderúrgica, os sócios da Vicunha decidiram comprar mais ações, numa operação financiada pelo BNDES que envolveria a venda da participação da siderúrgica na Vale.

A operação era complexa, entre os sócios e com o BNDES. Foram muitos os momentos difíceis durante as negociações, que se prolongaram por todo o ano de 2000, com idas e vindas que pareciam não acabar nunca. No fim de dezembro, o processo ainda não havia sido concluído. Eu estava em Búzios, litoral do estado do Rio, para o réveillon, mas não saía do telefone. Em um desses dias, durante um passeio de lancha com amigos e meus filhos, então com 4 anos, Roger Agnelli, diretor executivo do Bradesco e futuro presidente da Vale, me ligou. Entabulamos uma longa conversa. De repente, olhei para o lado e não vi mais meu filho. Dei um grito, joguei o celular para o alto, desesperada. Olavo havia pulado para o bote salva-vidas preso à lancha, que, felizmente, estava parada no mar. Ele estava lá, se divertindo. Quase enfartei.

O fechamento da operação teve lances incríveis. No dia 30 de dezembro, Claudio Coutinho e Claudia Azeredo Santos, diretora jurídica da CSN, que estavam no Rio, começaram a ligar para todos os sócios alertando que era fundamental fechar a venda das ações até o dia seguinte, o último do ano, por razões societárias e fiscais. Naquela tarde, os representantes de Vicunha, Previ e Bradesco se deslocaram para o Rio de Janeiro, vindos de diferentes lugares. Eu viajei de Búzios de helicóptero, que decolou do aeroporto local iluminado pelos faróis de alguns automóveis, pois não havia luz para decolagem noturna.

A reunião se prolongou madrugada adentro, do dia 30 para o dia 31, no prédio da Vale, no centro do Rio. Terminou de manhã cedinho, por volta de 6 horas. Finalmente os sócios haviam chegado a um acordo. A CSN vendeu as ações que detinha na Vale para o Bradesco e a Previ. E o Grupo Vicunha comprou as participações que essas duas instituições tinham na CSN. Foi muito tenso, muito complicado, mas finalmente estavam separadas as participações societárias entre as duas empresas, liberando-as para vidas independentes.

Os termos do fechamento da operação foram anunciados no início de janeiro de 2001 e a conclusão formal do descruzamento ocorreu no dia 15 de março seguinte. Benjamin não compareceu ao *closing* da operação, no escritório de advocacia do Dr. José Luiz Bulhões Pedreira, grande mestre cujas experiência e liderança foram fundamentais para o bom termo da operação. Quem assinou os documentos pela Vicunha foram Jacks Rabinovich e um procurador, representando a família Steinbruch. Ninguém conseguiu falar com Benjamin para dar parabéns por ele ter se tornado o maior acionista da CSN. As ligações só caíam na caixa postal.

A liquidação financeira da operação também foi singular e complicadíssima porque, além de muitos pagamentos simultâneos, naquela época ainda existia a Contribuição Provisória sobre Movimentação Financeira (CPMF). Viramos várias noites desenhando o complexo fluxo para que as contas fechassem e o recolhimento da CPMF fosse feito de modo proporcional aos diversos pagamentos. Os cheques tinham que ser endossados e depositados e o fechamento da operação aconteceu à noitinha. Uma agência do Unibanco na rua Senhor dos Passos, que fez o *clearing*, o serviço de compensação dos cheques, teve que ficar aberta para receber os depósitos. Claudio Coutinho e Marcio Guedes, diretor do Unibanco, saíram pelas ruas do centro do Rio de Janeiro com 1 bilhão de reais – em valores da época – em cheques nos bolsos. Já imaginaram isso nos dias de hoje?

Após o descruzamento, eu estava exausta. E também com a sensação de missão cumprida, de um ciclo completo. Meu mandato de presidente terminava em abril, um mês depois do descruzamento. Já estava na empresa havia cinco atribulados e intensos anos. Durante esse período, passei pelo luto da morte do meu irmão, meus filhos nasceram e eu e Sérgio nos separamos, embora continuássemos amigos. Decidi pedir demissão e entreguei uma carta com minha renúncia a Benjamin e Jacks, os dois principais sócios da Vicunha, controladora da CSN.

Dias depois, Jacks me procurou dizendo que não estava bem de saúde e que queria vender sua participação na CSN para Benjamin. Pediu que eu ficasse por mais dois anos, alegando que minha presença era importante para o equilíbrio entre os sócios e para a empresa. Não tive como dizer não. Mas só consegui ficar mais um ano e deixei a siderúrgica em abril de 2002. Nos dois últimos anos, eu também tinha acumulado a função de presidente do Instituto Brasileiro de Siderurgia, atual Instituto Aço Brasil, órgão de representação do setor siderúrgico. Foram seis anos que valeram por uns 15, pelo menos. Após a minha saída, Benjamin Steinbruch tornou-se presidente executivo da CSN, cargo que acumula com o de presidente do conselho de administração até agora.

Para a empresa e para Volta Redonda, foi traumática a forma como se deu minha saída. A notícia vazou antes de eu anunciar minha decisão aos empregados e mesmo à equipe mais próxima. Apenas o conselho de administração estava a par. Um jornalista do *Jornal do Brasil* havia obtido com exclusividade a informação do meu pedido de demissão, mas, como não conseguiu confirmar sua veracidade, não a publicou. No dia seguinte, quando um repórter do jornal *O Globo* procurou a assessoria de imprensa com a mesma informação, optei por confirmar a notícia, para não dar alento à versão inverídica que já circulava de que havia acontecido uma briga entre mim e Benjamin. Para minha surpresa, a matéria, publicada em um sábado, ao lembrar as antigas especulações sobre minha candidatura à prefeitura do Rio, e por estarmos no início de um ano eleitoral, levantava a possibilidade de eu ter saído da CSN para concorrer à presidência da República! Quase desmaiei quando li o jornal. O meu prédio ficou cercado de jornalistas e passei o fim de semana inteiro desmentindo essa possibilidade, inclusive para minha família!

Na empresa foi uma grande comoção. Segundo os jornais locais, para a cidade e para a siderúrgica foi a notícia mais bombástica desde a privatização da empresa. No fim de semana, a edição de *O Globo* esgotou em Volta Redonda e nas cidades vizinhas. Com o tempo, a empresa e eu havíamos passado a ser os dois lados da mesma moeda. Havíamos nos entendido e nos aproximado. Na segunda-feira, fui até a usina para as despedidas. Foram momentos muito emocionantes. Recebi, ao longo dos dias seguintes, mais de 300 e-mails tocantes e carinhosos, especialmente da turma do chão de fábrica, que respondi, um a um. Míriam Lopes de Oliveira, minha assistente, imprimiu os e-mails, fez um livro e me deu de presente. Quando fico meio desanimada, por qualquer razão, leio algumas das mensagens, que atuam como uma fonte inesgotável de energia.

Se no início eu me perguntava o que estava fazendo ali, ao longo do tempo fui tendo as respostas. Mudei de patamar na CSN. Eu achava que tinha saído da vida protegida quando fui para Brasília, mas acho que isso aconteceu, mesmo, na CSN. Ali, sim, passei por uma grande experiência de administração e de poder, como eu nunca havia tido. Vivenciei relações tensas com a comunidade e com os sindicatos, precisei conquistar os funcionários, lidar com um conselho de administração conflituoso em vários momentos, entrar em novos negócios, empreender, transformar, liderar. Nos seis anos em que trabalhei na CSN, a siderúrgica também mudou de patamar e de perfil. Sob a liderança do conselho e com um incrível trabalho de equipe, formada por profissionais valiosos em todas as áreas, transformamos a CSN em uma companhia privada integrada (usina, minas, portos e ferrovias), autossuficiente em energia, lucrativa, moderna e responsável social e ambientalmente.

CAPÍTULO 7

Executiva terceirizada

Saí da CSN em 30 de abril de 2002, com o sentimento de haver completado o ciclo na empresa. Estava cansada, após seis anos de um trabalho instigante, complexo e atribulado. Pela primeira vez eu deixava uma função sem ter outra para ir. Naquela época, o Rio de Janeiro atravessava mais um período difícil, com perda de negócios, empregos e talentos. Uma situação parecida com a que vivemos a partir de 2017. As sondagens e os convites que recebi eram todos para trabalhar em São Paulo. Eu não queria sair do Rio, onde tenho família, amigos e adoro viver. No entanto, para ficar, eu precisava "pensar fora da caixa", me reinventar.

Naquele ano, os mercados financeiros estavam em pânico, com a possibilidade de Lula (PT) vencer as eleições presidenciais que disputava com José Serra (PSDB). A cotação do dólar chegou a 4 reais em outubro, saindo de 2,6 reais no início do ano, a mais alta desde o Plano Real. Apenas em 2016, ao final do governo Dilma Rousseff, a taxa de câmbio real/dólar ultrapassaria essa cotação. Um grande número de empresas estava em situação difícil, após fartas emissões de bônus no exterior que as deixaram alavancadas em dólares. Muitas não puderam pagar a amortização de suas dívidas e, em alguns casos, nem mesmo os juros.

Depois de avaliar algumas alternativas, optei por explorar uma atividade que nunca havia feito – a de consultoria. Mas não uma consultoria usual, que elabora diagnósticos e sugere rumos para os clientes. A intenção era "meter a mão na massa", trabalhar como um executivo terceirizado. Foi assim que surgiu a MS&CR2 Finanças Corporativas, uma associação com o Banco CR2, o primeiro banco de investimentos brasileiro especializado em fundos imobiliários, cujos sócios principais eram Claudio Coutinho e Carlos Guedes.

Conheci Claudio e Guedes no início dos anos 1990, quando eram executivos do Banco BBM[20] e Sérgio Werlang, então meu marido, era o responsável pela área de risco do banco. Sérgio e eles ficaram amigos e estenderam esse relacionamento às famílias. Durante o processo de descruzamento das participações societárias da CSN e da Vale, os dois foram contratados pela Vicunha para assessorá-la e tivemos uma experiência bem-sucedida de trabalho conjunto.

Nenhum de nós tinha o perfil tradicional de consultor, sempre fomos gestores. Desejávamos trabalhar em funções executivas durante o período de nossa contratação, cumprindo tarefas e desenvolvendo projetos para as empresas. Era uma forma, especialmente para mim, de conciliar o tipo de trabalho que eu gostava de fazer com a carência de oportunidades na cidade do Rio. Olhando retrospectivamente, foi uma época muito fértil e interessante, não só pelo momento que o país atravessava, o do primeiro mandato do presidente Lula, como também pela oportunidade de transitar por diferentes setores e conhecer novas pessoas e atividades.

Em setembro de 2002 anunciamos a criação da MS&CR2 Finanças Corporativas, junto com a divulgação do nome de nosso primeiro cliente, a Embratel. A sede de nossa empresa era no próprio Banco CR2, o que economizava custos e permitia o uso da infraestrutura da instituição. Só foi preciso adicionar duas mesas – uma para mim e outra para minha assistente, Míriam, que, desde a CSN, me ajuda a conciliar a atribulada agenda profissional com o dia a dia da vida familiar.

Eu e Claudio Coutinho trabalhamos em dupla em quase todos os projetos e, em alguns deles, Guedes também participou mais diretamente. Discutíamos sempre os projetos com o conjunto dos sócios e executivos do banco, o que enriquecia nossos diagnósticos, propostas e execução. Também contratávamos a equipe do CR2, quando necessário, gerando sinergias e reduzindo custos. E, com exceção da consultoria que fizemos para o setor de comunicação, ficávamos instalados nas próprias empresas, nos reportando a seus administradores.

Nos quatro anos de existência da consultoria, além da Embratel, desenvolvemos trabalhos para a Livraria da Travessa, grandes empresas de mídia, a TAO Empreendimentos Imobiliários, a Petrobras Distribuidora e a Varig. Setores, assuntos e desafios inteiramente diferentes. O aprendizado foi grande e, embora não possa entrar em detalhes sobre os projetos, devido às cláusulas de confidencialidade dos contratos, é possível dar um sabor de nossa atuação como consultores e executivos terceirizados.

A situação da Embratel era complicada quando começamos nosso trabalho. Privatizada em julho de 1998, a empresa acumulava prejuízo de 189 milhões de reais, em valores nominais, no primeiro semestre de 2002 e, até 2003, venceriam 800 milhões de dólares de sua dívida, que ela não conseguiria honrar. Além do pesado endividamento em dólares, sua controladora, a americana WorldCom, estava sendo processada pela US Securities and Exchange Commission (SEC) – órgão federal responsável pela regulação do mercado de capitais nos Estados Unidos, equivalente à CVM – e havia entrado com pedido de recuperação judicial, em julho de 2002. No bojo de um dos maiores escândalos contábeis do mundo, a segunda maior operadora de longa distância americana havia admitido fraude bilionária em suas demonstrações financeiras, fazendo despencar as bolsas de valores em todo o mundo.

Nesse cenário, a Embratel não tinha mais crédito nos mercados internacionais e, além disso, lidava com um problema de elevada e crescente inadimplência, pois a mudança em seu modelo de negócios havia sido abrupta e radical. Antes da privatização, a Embratel, criada em 1965 como Empresa Brasileira de Telecomunicações, era a única operadora brasileira de longa distância, com aproximadamente 20 clientes, que eram as operadoras locais (por exemplo, no Rio, a Telerj). Após o leilão, passou a prestar serviços também de telefonia local, acessando diretamente cerca de 30 milhões de clientes finais. Não estava, claro, preparada para tal circunstância.

Na prática, a operadora local era uma intermediária entre o usuário final e a Embratel, antes de esta ser privatizada. Por conta disso, a operadora de longa distância não tinha o cadastro dos clientes finais e estes, por sua vez, em geral nem sabiam que recebiam serviços prestados por ela, pois sua relação era apenas com a telefônica local. Em pouco tempo, os usuários finais passaram a ter relacionamento direto com a Embratel, criando uma situação operacional nova e difícil para a empresa. Além disso, ela começou a enfrentar competição no mercado de longa distância, com a entrada de novas operadoras. Um cenário bastante desafiador para a telefônica recém-privatizada.

Trabalhamos diretamente ligados ao presidente, Jorge Rodriguez, dentro da sede da Embratel. Nossa interação com a equipe era intensa, buscando conhecer as atividades e os desafios mais críticos e formas de otimizar a prestação de serviços, reduzir a inadimplência, elevar receitas e aumentar os resultados. A questão mais urgente era a da reestruturação da dívida. Eu e Claudio Coutinho nos dedicamos intensamente a esse assunto, permanecendo até muito tarde na companhia, com frequência, para ler os contratos e dimensionar qual a margem de manobra da operadora.

Como muitas empresas estavam na mesma situação, em uma primeira investida checamos a possibilidade de o BNDES conceder linhas de financiamento para o reequilíbrio financeiro da Embratel. Consultamos o diretor financeiro do banco, mas o retorno foi negativo: não seria possível realizar o empréstimo, porque a telefônica era controlada por um grupo estrangeiro. Diante da negativa do BNDES, partimos, a equipe da Embratel e nós, para renegociar o endividamento com bancos brasileiros e internacionais e com as agências de crédito à exportação.

Os credores nacionais entendiam que a empresa, embora controlada por estrangeiros, estava no Brasil e aqui permaneceria, o que facilitou a negociação. Já com os bancos estrangeiros a negociação foi mais difícil. Inicialmente tiveram uma postura mais intransigente e não quiseram reestruturar os empréstimos. Ao final, conseguimos que o conjunto dos credores renegociasse voluntariamente as obrigações da empresa, e o trabalho acabou se tornando um caso de sucesso. Todos assinaram o mesmo contrato, com taxas e prazos de carência iguais. Não houve *default*, ou seja, descumprimento de qualquer cláusula do contrato, nem interrupção de pagamentos. Missão cumprida.

Em 2004, a Embratel foi adquirida pela gigante da telefonia mexicana Telmex, de Carlos Slim Helú, de cujo grupo também fazem parte a Claro e a Net. Naquele ano, fui convidada e aceitei integrar o conselho de administração da telefônica, posição que ocupei até 2006. O convite, acredito, veio em decorrência do proveitoso trabalho que desenvolvemos e da boa imagem e dos laços que construímos na empresa.

O TRABALHO PARA a carioca Livraria da Travessa nos chegou por intermédio de nosso sócio na MS&CR2, Carlos Guedes, irmão de dois dos principais acionistas do estabelecimento, em sociedade com o livreiro Rui Campos. A emblemática livraria, que tinha três lojas de rua – uma na travessa do Ouvidor, no centro da cidade, e duas na Visconde de Pirajá, em Ipanema[21] –, queria rever sua governança, buscar um novo sócio e se expandir.

Fomos contratados no primeiro semestre de 2003, para auxiliar na reorganização societária e administrativa da empresa. O escopo de nosso trabalho abrangeu desde a discussão da estratégia de expansão até questões contábeis, fiscais, trabalhistas, societárias, de processos etc.

A questão estratégica central era como migrar de um negócio quase artesanal para uma estrutura maior e mais complexa sem perder algumas de suas características fundamentais, como o atendimento e sortimento diferenciados, que faziam o sucesso do negócio. O modelo de vendedor-livreiro, que conhece o conteúdo dos livros e faz aconselhamento de compra para os clientes, era um diferencial importante da Travessa. O desafio podia ser resumido em uma indagação: como replicar o modelo de sucesso da segunda loja de Ipanema, a que tinha maior porte? Ela era considerada um *jackpot,* ou seja, no jargão dos cassinos, o prêmio maior.

Além da melhor estruturação da empresa, tivemos a incumbência de buscar um novo sócio-investidor alinhado com o DNA do negócio, para viabilizar sua expansão. Fizemos um book resumindo as atividades da empresa, seus desafios estratégicos, dados econômico-financeiros, de pessoal etc., organizamos apresentações e diversas reuniões com potenciais interessados, no Rio e em São Paulo. Entre outros possíveis candidatos, conversamos com o pessoal do Casseta & Planeta, que tinha uma holding de investimento, mas a livraria acabou fechando com um investidor pessoa física, que permanece até hoje na sociedade.

Com a capitalização, feita pelo novo sócio, e a reestruturação administrativa e societária, a Travessa seguiu em frente com seu projeto de crescimento. O primeiro grande passo foi a abertura de uma loja no Shopping Leblon, em 2006. Atualmente a Livraria da Travessa tem sete lojas na cidade do Rio de Janeiro, uma na cidade de São Paulo e uma em Ribeirão Preto. Sua marca continua forte e diferenciada.

Esse trabalho foi uma experiência muito prazerosa, tanto pela natureza do negócio como pelas pessoas com quem lidamos. Fiquei tão encantada que cheguei a pensar em fazer parte da sociedade da Livraria da Travessa!

Assim como parcela relevante do mundo corporativo brasileiro, os grandes grupos de mídia atravessavam um período de dificuldades em 2003. Era o primeiro ano do governo Lula e havia muita incerteza sobre como se daria a condução da política econômica. Pedro Parente, que eu conhecia desde o governo Collor, era à época vice-presidente executivo da RBS, uma das maiores empresas de comunicação multimídia do Brasil e maior afiliada da TV Globo, sediada no Rio Grande do Sul. Foi ele quem nos indicou para um projeto de reestruturação financeira das empresas do setor, capitaneado pelas associações de classe.

Entre os anos 2000 – quando apresentou o seu melhor resultado – e 2002, o setor de comunicação sofreu uma retração de receitas publicitárias da ordem de 20%. Apesar de um esforço enorme de redução de despesas, a elevação dos custos financeiros e de produção, impactados fortemente pela desvalorização do real, penalizou gravemente as companhias que investiram com financiamento externo, por meio de bônus e empréstimos. Em dezembro de 2002, o total estimado do endividamento financeiro do setor era de aproximadamente 10 bilhões de reais, em valores da época, com vencimentos concentrados no curto prazo e a maior parte denominada em dólares. Naquele fim de ano, algumas empresas deixaram de pagar os juros de suas dívidas e entraram em *default*.

Na época, eram editados no país 2.600 jornais, sendo 523 diários. Os 130 periódicos ligados à Associação Nacional de Jornais (ANJ) e os 62 à Associação Nacional de Editores de Revistas (ANER), juntos, representavam 90% da circulação total de jornais e revistas no país. O papel de imprensa, não disponível no país, era o principal insumo e componente relevante do custo de produção. Até meados de 2002, a importação dessa matéria-prima contava com linhas de financiamento, que eram automaticamente renovadas. No entanto, com o aumento do risco-país, esses créditos ficaram indisponíveis, impactando negativa e significativamente o fluxo de caixa das empresas.

Em paralelo a esse cenário do setor, ocorria a renegociação da dívida das Organizações Globo. A alavancagem do maior grupo de comunicação do país era elevada, pois havia investido cerca de 2 bilhões de dólares em diversos projetos, que iam desde infraestrutura para a TV a cabo até um novo parque gráfico, passando por revistas semanais e jornais populares no Rio de Janeiro e São Paulo. Quando aconteceu a forte desvalorização do real, o grupo, que não tinha feito hedge do estoque da dívida, sofreu um baque. Suas receitas eram em reais e os vultosos compromissos financeiros, em dólares. Uma crise de liquidez sem precedentes os levou a declarar moratória, em outubro de 2002, iniciando um processo de reestruturação e de renegociação de suas dívidas.

Com esse pano de fundo, fomos contratados pela ANJ, ANER e a Associação Brasileira de Emissoras de Rádio e Televisão (ABERT) para formatar uma política de financiamento destinada às empresas de comunicação, para ser proposta ao BNDES. Nossa consultoria deveria fazer um diagnóstico do setor, com dados sobre sua relevância econômica e institucional, bem como sobre a situação financeira das empresas. Estavam à frente do projeto, principalmente, os grupos Estado, Folha, Abril, RBS e Globo.

Foi cercada de muita polêmica, dentro do próprio setor e na opinião pública, a contratação de uma consultoria para realizar esse trabalho. As críticas se baseavam na pressuposição de que o objetivo era, unicamente, resolver os problemas das Organizações Globo, o que não era verdade, pois todos os grandes grupos precisavam reperfilar seus estoques de dívida.

Quando começou a grita contra o esforço de reestruturação do setor, os executivos dos principais grupos de mídia concluíram que não estavam se comunicando de forma adequada e precisavam contratar uma assessoria de imprensa! Um dos grandes grupos, talvez o menos endividado, ouviu representantes do governo, do BNDES, do setor de comunicação e de sua própria empresa e publicou uma extensa matéria sobre o projeto, deixando claras sua isenção e importância para o setor.

As políticas operacionais do BNDES, naquela época, não previam linhas de crédito para empresas de comunicação, seja para reestruturação financeira ou para investimento. Imagino que isso se deva, pelo menos em parte, aos tempos em que, como os livros sobre a vida dos polêmicos jornalistas Assis Chateaubriand[22] e Samuel Wainer[23] contam, os donos de jornais iam aos bancos, pegavam empréstimos e depois não pagavam.

Quando concluímos nossa proposta, a apresentamos às entidades e aos empresários e executivos para discussão. Em seguida fomos ao BNDES, acompanhados dos presidentes das associações de classe, dos donos dos grupos de mídia e de seus principais dirigentes. Levamos ao presidente do banco, Carlos Lessa, e sua equipe o panorama e os números do setor, bem como nossas propostas.

Na sequência, em novembro de 2003, encaminhamos formalmente ao BNDES a solicitação de abertura de um programa com o fim específico de financiamento da compra de papel para jornais e revistas. Dois meses depois, em janeiro de 2004, foi enviada a proposta de criação de um programa de fortalecimento das empresas do setor de comunicação, com o objetivo de substituir, equacionar, quitar, renegociar ou alongar as dívidas. A partir daí, eu e Claudio começamos a ter reuniões semanais com o vice-presidente do BNDES, Darc Costa, e com as equipes técnicas do banco.

Apesar de todo esse esforço, nosso trabalho de consultoria, infelizmente, não prosperou. As divergências, no próprio setor, e a dificuldade das propostas transitarem politicamente as tornaram inviáveis. Em um dado momento, os grupos de mídia partiram para fazer acordos voluntários com seus credores. Obtiveram descontos no estoque das dívidas e reescalonaram seus fluxos de pagamentos. Para nós, foi frustrante, mas, ao final, as empresas do setor conseguiram soluções de mercado, reequilibraram suas finanças e seguiram em frente. Foi o que aconteceu também com as Organizações Globo, que conseguiram realizar uma bem-sucedida renegociação com os credores, encerrada em julho de 2005, tendo sido equacionada a situação financeira do grupo.

De todo modo, nosso trabalho não foi inteiramente em vão. Conseguimos que o BNDES criasse, ainda na gestão de Carlos Lessa, um programa para financiar investimentos nessas atividades, incluindo a compra de máquinas e equipamentos. Além dessa pequena vitória, gostamos muito da experiência de trabalho no setor de mídia. Eu e Coutinho costumávamos brincar que teríamos pago para fazer aquele trabalho, de tão interessante que era!

No início de 2005, a Fundação Getulio Vargas foi procurada pela Petrobras Distribuidora – BR, que desejava contratá-la para fazer um diagnóstico dos processos de concessão de crédito e cobrança da empresa, atividades típicas do negócio de distribuição de combustíveis. Ricardo Simonsen, da FGV–Projetos, nos propôs fazer uma parceria nesse trabalho e subcontratou a MS&CR2. O cronograma era apertado, com entregas previstas para março e apresentação do relatório final para a diretoria em maio. Foi necessário mergulharmos na BR, onde tínhamos mesa de trabalho e até crachá, para entendermos o negócio e, particularmente, os processos de crédito e cobrança. Procuramos também outras empresas do setor, como a Ipiranga, para podermos comparar as práticas operacionais.

O modelo de negócios das distribuidoras de combustíveis é interessante. Funcionam, em geral, como se fossem bancos, financiando o varejista. O empréstimo é usualmente vinculado a um compromisso de galonagem, ou seja, de venda mínima, e de uso da bandeira por um período de tempo. As distribuidoras também financiam a venda de asfalto para diversos clientes, entre eles prefeituras, e querosene de aviação para companhias aéreas, entre outras atividades.

Uma das questões centrais da BR, à semelhança de outras empresas, era como equilibrar o necessário conflito entre o posicionamento das áreas comercial e de crédito. A área comercial, claro, queria fazer negócios, vender mais combustíveis e ampliar a rede de distribuição. Por outro lado, as áreas de crédito e de cobrança precisavam de instrumentos e sistemas eficazes para analisar e aprovar o crédito e, posteriormente, cobrar dos inadimplentes.

Nosso trabalho considerou todos os aspectos relevantes desses processos, inclusive as políticas de provisionamento de perdas com clientes, o sistema de gestão de crédito, métricas de desempenho e muito mais. Nosso relatório final, em conjunto com a FGV, foi denso e com várias sugestões de aprimoramento. A experiência de trabalhar lado a lado, com a FGV e o time da BR, foi muito positiva, bem como a chance de entender, com mais profundidade, como funciona uma grande distribuidora de combustíveis.

No SEGUNDO SEMESTRE DE 2005, fui procurada pela empresária carioca Tanit Galdeano, para ajudá-la na elaboração de um plano de gestão e de negócios para as empresas de sua família. O destaque do projeto era a estruturação societária e de governança da TAO Empreendimentos Imobiliários, fundada por seu pai, Antonio Sanchez Galdeano. Quando fomos contratados, em março de 2006, o patriarca já tinha mais de 80 anos e ainda estava à frente do negócio, mas sua filha única vinha assumindo gradativamente essa responsabilidade.

Tanit, embora não fosse, na época, uma pessoa do mercado imobiliário, é muito inteligente, perspicaz e dinâmica. Queria organizar de forma mais apropriada e profissional a estrutura de seus empreendimentos, para fazê-los crescer, aproveitando aquele início de recuperação da economia e o bom momento do mercado imobiliário.

A família era dona de muitas propriedades, principalmente terrenos. Quando começamos a consultoria, a TAO estava voltando a se capitalizar com os recursos do empreendimento Le Parc le Monde, na avenida das Américas, na Barra da Tijuca, no Rio, do qual tinha um valor expressivo a receber. A família estava negociando, também, com duas construtoras de grande porte, um empreendimento imobiliário em um extenso terreno dos Galdeano em Brasília.

O profundo conhecimento da área imobiliária de Claudio Coutinho, Carlos Guedes e demais sócios do CR2 nos ajudou muito nessa consultoria. Acho que conseguimos prestar um serviço relevante à TAO, apoiando suas negociações com empreendedores do setor, coordenando a reorganização societária e elaborando um modelo de gestão para o negócio, o qual ajudamos a implantar. A partir do o aumento de capital da empresa, Tanit ampliou sua participação acionária no negócio e passou a administrá-lo com sucesso.

Em agosto de 2006, fui convidada pelo investidor chinês Lap Wai Chan, do fundo americano MatlinPatterson,[24] e seu sócio brasileiro, Marco Audi, para ser a presidente da VRG Linhas Aéreas, também chamada de Nova Varig. Os dois eram acionistas da empresa Volo do Brasil, que, por sua vez, era controladora da Varig Logística (Varig Log). A Varig Log tinha sido constituída com recursos do fundo para disputar o leilão judicial da Nova Varig – companhia aérea que surgiu após o fim das operações da antiga Varig –, arrematada por 24 milhões de dólares em julho daquele ano.

Fiquei balançada e quase aceitei a proposta. Encantei-me com o tamanho do desafio e pelo que a Varig representava para a aviação nacional. Cheguei até a começar a montagem de uma equipe, mas, depois de avaliar cuidadosamente os riscos, concluí que eram muito altos e declinei o convite.

Fiz uma contraproposta aos controladores da Nova Varig: em vez de presidente, eu me propunha a ser consultora do processo de reestruturação da empresa e indicaria um nome para sua presidência. A proposta foi aceita e a MS&CR2 foi contratada. Mais tarde, indiquei Guilherme Laager, ex-diretor de logística da Vale e ex-diretor de suprimentos e logística da Ambev, para presidente da nova companhia aérea.

A base de trabalho do grupo de investidores, e de nossa consultoria, era no prédio da antiga sede da Varig, próximo à cabeceira da pista do aeroporto Santos Dumont, com uma belíssima vista para a baía de Guanabara. Esse prédio foi depois reformado e reinaugurado, em 2015, como shopping center e hotel.

Com o leilão, a Varig foi dividida, na prática, em duas empresas: a nova e a antiga. A nova companhia aérea ficou com as marcas Varig e Rio Sul, além das rotas domésticas e internacionais, mas não tinha um instrumento fundamental para seu funcionamento: o Certificado de Homologação de Empresa Aérea (CHETA), que é a autorização para voar. A Varig antiga continuou existindo, em recuperação judicial,[25] e era a dona do CHETA. Situação complexa.

O aspecto mais sensível e crítico do projeto era conseguir a autorização de voo para a nova companhia, que operava provisoriamente com o certificado da antiga Varig, enquanto esperava a publicação de sua autorização pela Agência Nacional de Aviação Civil (Anac). Também era fundamental separar a contabilidade e o movimento financeiro das empresas, quase gêmeas xifópagas, para impedir que a antiga contaminasse a que estava nascendo.

A Nova Varig tinha ainda outros importantes desafios pela frente. Como os aviões da antiga companhia haviam sido arrestados, no exterior, para fazer face a dívidas não pagas, precisava fazer leasing de aeronaves da Embraer. Para tal, era necessário negociar linhas de crédito com o BNDES.

O escritório de advocacia de Roberto Teixeira,[26] que tem como sócios sua filha Valeska Teixeira e seu genro, Cristiano Zanin Martins, foi contratado pelos acionistas da Nova Varig para ajudar na obtenção do CHETA. Não havia, porém, um ambiente favorável dentro do governo, o que dificultava a emissão do certificado, essencial para a empresa ter vida própria e seguir em frente.

Enquanto acionistas e advogados batalhavam para apressar a publicação do certificado pela Anac, nós, com a equipe da nova companhia aérea, trabalhávamos duro tentando separar as contas das duas empresas. Quanto mais nos aprofundávamos na situação, mais nos dávamos conta de quão difícil ela era. Os voos saíam praticamente vazios, queimando dinheiro. A perda diária de recursos da Nova Varig era da ordem de 1 milhão de dólares.

Cheguei a participar de uma reunião, em que acompanhei os investidores Santiago Born[27] e Marco Audi, com a então ministra chefe da Casa Civil, Dilma Rousseff, para explicarmos a difícil situação da Nova Varig. Deixamos claro que a empresa resistiria pouco tempo se não conseguisse a concessão do CHETA. O encontro foi tenso e não levou a lugar algum.

Infelizmente, a publicação do certificado não aconteceu, impossibilitando a empresa de operar e encerrando uma época de ouro da aviação brasileira. Em março de 2007, sem outras opções, o MatlinPatterson, que havia investido um expressivo montante de recursos no negócio, vendeu a Nova Varig e o programa de milhagem Smiles para a Gol, então a segunda maior companhia aérea do país em número de passageiros transportados, por 320 milhões de dólares. O interesse da Gol era pela marca forte, que tinha significativo *market share* no mundo todo, além da participação no mercado brasileiro. No Brasil, o chamariz era, principalmente, a presença da Varig nos aeroportos de Congonhas, em São Paulo, e Santos Dumont, no Rio de Janeiro. A companhia aérea tinha o maior número de *slots* – vaga que permite ao seu titular marcar um pouso ou uma decolagem em um intervalo de tempo predeterminado – nesses aeroportos, considerados os mais rentáveis do país.

Em março de 2009, a Varig Log entrou com pedido de recuperação judicial e, em fevereiro de 2012, fechou as portas, para negociar as dívidas com seus credores. Foram realizadas duas tentativas de leiloar bens e direitos da companhia, ambas sem sucesso. A Justiça decidiu decretar a falência da empresa em setembro de 2012. A antiga Varig, por sua vez, já tinha tido sua falência decretada em agosto de 2010.

Com o fim da Varig, o país perdeu profissionais altamente capacitados, como comandantes e pilotos, bem como tripulações experientes, com treinamento de décadas, que foram para companhias aéreas em outros países. Perdeu também preciosos *slots* internacionais que pertenciam à antiga Varig, os melhores que o país tinha e uns dos melhores da aviação internacional.

De todos os trabalhos que realizamos na MS&CR2, o da Varig foi o único que não teve início, meio e fim. Foi muito triste assistir ao desmantelamento de uma companhia aérea de excelência que, talvez, se tivesse obtido autorização para voar, estivesse ainda hoje exercendo sua atividade. Encerramos nosso contrato com tristeza.

A EXPERIÊNCIA DE CONSULTORIA foi interessante, rica e proveitosa. Ampliei meu conhecimento de negócios, pois trabalhamos para diversos setores, com desafios bem distintos. Tivemos, ainda, muitas conversas que não frutificaram em contratos, mas que enriqueceram nosso networking e entendimento. Além disso, após um longo período no mundo corporativo, com pesada responsabilidade no dia a dia, foi muito bom ter os ombros "mais leves". Também gostei imensamente de trabalhar de forma integrada ao time do Banco CR2, um pessoal animado e competente.

Como tudo tem dois lados, não foi fácil me habituar aos altos e baixos da vida de consultor, especialmente à incerteza dos períodos de prospecção de contratos e à dúvida se conseguiria cobrir as despesas ao fim do mês. Nesse aspecto, minha participação como membro de conselhos de administração de empresas e as palestras, em eventos corporativos, ajudaram bastante.

Mas minha constatação é que eu não tinha mesmo perfil para consultora, no sentido tradicional. Em pouco tempo de trabalho nas empresas eu, instintivamente, começava a coordenar atividades e os funcionários já me procuravam para conversar sobre questões cotidianas. Coutinho brincava que, daquele jeito, nós nunca teríamos nossos contratos renovados, porque eu poderia acabar "ameaçando" os próprios executivos... Uma brincadeira, mas que tinha um fundo de verdade.

Com o tempo, bateu a saudade da vida executiva. Sentia falta do dia a dia corporativo, de uma equipe para coordenar e metas a perseguir. No fim de 2006 recebi um convite, intermediado por Marcos Falcão, então presidente da Icatu Hartford, para ser a próxima presidente da seguradora, que depois passou a ser denominada Icatu Seguros. Saí da MS&CR2 diretamente para o novo trabalho, no início do ano de 2007. Como sempre, triste por deixar a turma com que trabalhara, mas ansiosa pelos novos desafios. Minha parceria com Claudio Coutinho, pela segunda vez, foi tão boa que, quando assumi a presidência do BNDES, em 2016, o convidei para sua primeira experiência no setor público, como diretor financeiro e de crédito do banco.

Durante os quatro anos de existência da consultoria, acumulei os trabalhos com participações em diversos conselhos de administração, inclusive, pela primeira vez, em uma empresa no exterior. Tive também uma gratificante experiência no circuito de palestras, um mundo à parte.

Minhas primeiras participações em conselhos se deram quando eu estava na CSN. Fui dos conselhos da Vale, da Petrobras, da Souza Cruz e da Galvasud, empresa de galvanização de chapas de aço resultante de associação entre a CSN e a siderúrgica alemã Thyssenkrupp Stahl.

No tempo da MS&CR2, continuei na Souza Cruz e ingressei no conselho do Grupo Pão de Açúcar (GPA), tendo sido também membro dos conselhos de Casas Sendas, Ponto Frio e Casas Bahia. Aprendi muito sobre varejo, um negócio que depende essencialmente de logística e políticas adequadas de compra e de preços. Um setor fascinante.

Atuei ainda nos conselhos de administração da Embratel e da Arcelor Brasil, o que me ajudou a recordar os tempos na siderurgia. Também participei do conselho consultivo da Peugeot Citroën e do conselho curador da Fundação Brasileira para o Desenvolvimento Sustentável (FBDS), voltada para a realização de pesquisas, políticas e práticas de sustentabilidade ambiental e liderada por Israel Klabin, um grande amigo e pessoa muito especial, que me inspirou ao longo da vida.

No alto, à esquerda, com meus pais, Ruy Pimentel Marques e Maria Alexandrina, no meu aniversário de 1 ano. À direita, em fila com meus irmãos Ruy, Marco Antonio e Paulo Cesar.

Ao lado, numa apresentação de piano, instrumento que estudei dos 5 aos 18 anos, quando me formei no Conservatório Brasileiro de Música.

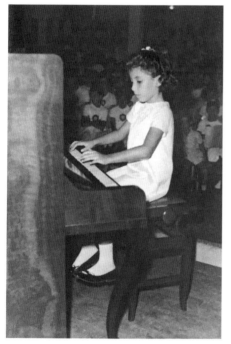

Fotos: acervo pessoal

No alto, debutando, acompanhada do meu pai. À esquerda, com a família toda reunida nos anos 1980.

Na página ao lado, retratada com economistas da minha geração numa matéria da Gazeta Mercantil, em 1989. No detalhe, durante viagem de trabalho aos Estados Unidos para renegociação da dívida externa brasileira com credores internacionais, no Fundo Monetário Internacional.

Fotos: acervo pessoal

Os Economistas

da, os grandes temas

Paulo N. Baptista Jr.   André Lara Resende   Eduardo G. da Fonseca   Edward Amadeo

Armínio Fraga Neto   Maria Silvia B. Marques   Gustavo Barroso Franco   e Moraes

uma noção de equilíbrio ao redor de um certo nível de desemprego involuntário. Não era um equilíbrio em torno de um ótimo, onde todos os agentes estão satisfeitos, mas em torno de uma situação onde não há nenhuma força capaz de fazer o sistema sair da posição em que está.

Há um ano e meio, Amadeo abandonou o campo da teoria econômica — "muito estreito no Brasil" — e mergulhou na economia do trabalho, em parceria com José Márcio Camargo, também da PUC. Um dos pontos centrais de suas reflexões recentes passa pela inconsistência entre a realidade sindical brasileira e o aparato institucional trabalhista. Ele diz que há dois desenhos onde pode haver sucesso: ou uma total descentralização da negociação sindical ou sua integral centralização. O pior

como Alfred M... Stuart M... ran... da F... Econ... Coll... onde Adam... me.

Smith e... presença... "Crenças... interessant... torno de c... filosofia eco... ca — interfe... ção da opin... e, de fato, co... as mudanças... conclusão é... de entropia... formações tor... noção comum... idéias governa... do". As idéias... seus autores a... tendo responsabi... lo uso que elas a... do entre seus co...

Batista Júnior, 33 anos, é conhecido pelos trabalhos, usualmente polêmicos, que tem feito em relação à dívida externa — onde se to...

...plo, área ...ropôs a ...testes ... havia ...gena" ...etária ...que ...uma ...fre... ...iste ...que ...lise ...seu ... ...que ...co. Sua conclusão é que o governo usou a política monetária (que, na época, tinha implicações fiscais dada a amplitude do orçamento monetário), para perseguir dois objetivos oscilantes: tentar estabilizar

No governo Collor, como coordenadora da área externa da Secretaria Especial de Política Econômica, em reunião com colegas do governo e técnicos do FMI em Brasília, em agosto de 1990.

Apesar de só ter conhecido a ministra Zélia Cardoso de Mello quando já era integrante do governo, fui chamada de "Zélia's Girl" pela revista em uma alusão aos "Delfim's Boy", como eram conhecidos alguns integrantes da equipe do ex-ministro Delfim Netto.

• Negócios e Finanças • domingo, 26/4/92

Mulher conquista o poder

Reprodução

Ivo Gonzalez/Agência O Globo

Fui convidada pelo então presidente do BNDES, Eduardo Modiano (à esquerda), a trabalhar na assessoria especial para assuntos de desestatização e, menos de um ano depois, fui nomeada a primeira mulher diretora do banco em 40 anos de existência.

No alto, como futura secretária de Fazenda do Rio de Janeiro, conversando com o prefeito eleito Cesar Maia e o ex-ministro Marcílio Marques Moreira, enquanto tomávamos chá no Centro Cultural Banco do Brasil, no final de 1992.

À esquerda, como a primeira mulher a assumir essa função no Rio, trabalhei duro para equilibrar as contas municipais e engordar o caixa da prefeitura.

Na página ao lado, sentada em cima de um cofre da Secretaria de Fazenda. Nessa época, fui tema de matérias e festejada como a mulher de 1 bilhão de dólares.

Pioneira novamente, tornei-me a primeira mulher a ocupar a presidência de uma siderúrgica no Brasil. Ingressei na CSN, em 1996, a convite do presidente do conselho de administração, Benjamin Steinbruch, na foto ao lado em um show para os funcionários da CSN, realizado dentro da usina.

Na página seguinte, com os gêmeos, Catarina e Olavo, no curto mês de licença-maternidade que tirei. Apesar da dedicação ao trabalho, acompanhei de perto o crescimento dos meus filhos, sempre ao meu lado, até mesmo em eventos na siderúrgica.

Bia Parreiras/Abril

Acervo pessoal

 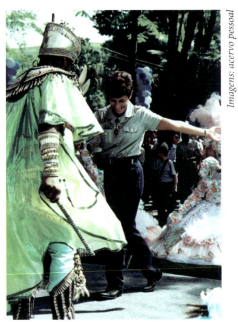

Imagens: acervo pessoal

Vesti literalmente a camisa, ou melhor, o uniforme da CSN. Durante minha gestão, promovi um concurso para escolha de novos uniformes e adotei a vestimenta no dia a dia. Na festa de comemoração dos 60 anos da siderúrgica, caí no samba com integrantes da Mangueira.

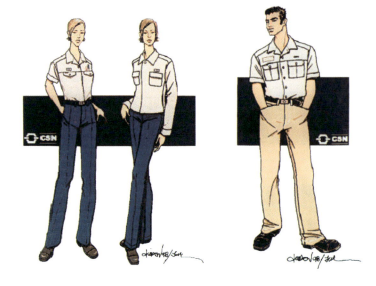

Num momento de descontração em meio à dura rotina.

Rogério Ehrlich

Imagens: reprodução

Do livro de recortes da minha mãe: trajetória registrada nas páginas de jornais.

Depois de um período como consultora, fui a primeira mulher a ocupar a presidência de uma seguradora, a Icatu Hartford, que se tornou posteriormente Icatu Seguros.

Ao lado, fazendo dobradinha com a presidente do conselho de administração do Grupo Icatu, Kati de Almeida Braga.

Como vice-presidente da Associação Comercial do Rio de Janeiro, numa rodinha com José Luiz Alquéres, Eduardo Paes, Olavo Monteiro de Carvalho e João Roberto Marinho.

À frente da Empresa Olímpica Municipal, fiquei responsável pela coordenação dos projetos da cidade para os Jogos Olímpicos e Paralímpicos Rio 2016 e, às vésperas da abertura, me emocionei carregando a tocha olímpica.

Ao lado, o então prefeito Eduardo Paes tira selfie comigo no dia da demolição do elevado da Perimetral. Abaixo, com o general Fernando Azevedo e Silva, presidente da Autoridade Pública Olímpica, que me chamava de "Marechal".

CAPA

Quem é a mulher que vai comandar um dos maiores bancos de fomento do mundo. Conheça seu estilo e saiba o que pode mudar nas políticas da instituição financeira

Márcio KROEHN e Beiphe MANZONI JR.

A pianista do BNDES

AGORA, ELA CARREGA O PIANO:

Reprodução IstoÉ Dinheiro/ Editora Três

O presidente da Federação das Indústrias do Estado de São Paulo (Fiesp), Paulo Skaf, encontrou-se no sábado, 14 de maio, com o presidente Michel Temer, em sua residência, no bairro do Alto de Pinheiros, na zona Oeste da capital paulista. Na conversa com o dirigente empresarial, Temer pediu sugestões de potenciais nomes para ocupar a principal cadeira do Banco Nacional de Desenvolvimento Econômico e Social (BNDES), no lugar de Luciano Coutinho. Skaf ouviu as considerações e voltou, no dia seguinte, com a indicação de Maria Silvia Bastos Marques, de 59 anos, para o posto. Contava a favor da executiva o fato de ter trabalhado na iniciativa privada (CSN e Icatu) e em administrações públicas (o próprio BNDES e a prefeitura do Rio de Janeiro), com gestões avaliadas como bem-sucedidas. Temer escutou os argumentos de Skaf e disse que consultaria os principais nomes de sua equipe econômica. No início da tarde de segunda-feira 16, o presidente da Fiesp recebeu o sinal verde presidencial para ligar para Maria Silvia e sondá-la. A executiva, que trabalhava como assessora especial do prefeito do Rio, Eduardo Paes, se mostrou receptiva ao convite e afirmou que faria de tudo para ajudar.

Fui convidada a ocupar a presidência do BNDES, em maio de 2016. À direita, em discurso na cerimônia de posse e em celebração com meus filhos, Olavo e Catarina. Minha segunda passagem pelo banco duraria apenas um ano. Um intenso ano.

Tomaz Silva/Agência Brasil

Acervo pessoal

Leo Pinheiro/Valor/Agência O Globo

Após a quarentena obrigatória depois de deixar o BNDES, tornei-me presidente do banco de investimentos Goldman Sachs. Mais uma vez, fui a primeira mulher a ocupar o cargo, abrindo caminhos e inspirando outras mulheres a fazerem o mesmo.

Minha primeira participação em um conselho de administração no exterior também se deu nessa fase. A empresa de headhunting inglesa Ian Jones foi contratada pela mineradora Anglo American, que recentemente havia mudado sua sede da África do Sul para Londres, para recrutar um novo conselheiro. Queriam aumentar a diversidade entre os membros do conselho e, preferencialmente, gostariam de uma mulher, da América do Sul, que conhecesse o negócio. Acho que eu representava praticamente um conjunto unitário. Havia sido presidente de uma siderúrgica e membro dos conselhos de uma mineradora e de uma petroleira.

Fui para Londres fazer as entrevistas. A primeira foi com o presidente do conselho, Sir Mark Moody-Stuart,[28] uma pessoa com visão à frente do seu tempo, particularmente nas questões ambiental e de diversidade, e que realizou uma sensível transformação na empresa. A primeira indagação que fiz a ele, à queima-roupa, foi: "Você está me entrevistando porque sou mulher ou porque conheço o negócio?" Ele também foi rápido e elegante, e me assegurou que a prioridade era ter alguém que conhecesse o negócio e pudesse contribuir para seus desafios estratégicos. Mas, se houvesse uma mulher com essa qualificação, ela teria prioridade. Senti-me confortável com a resposta e aceitei a indicação. Fui a primeira pessoa da América do Sul e também a primeira mulher a fazer parte do conselho da grande mineradora, que atua em diferentes negócios, em vários países. Tempos depois, a Anglo American teria uma presidente mulher,[29] fato impensável no passado nesse setor ainda tão duro e masculino.

Gosto muito do trabalho como membro de conselhos. Costumo dizer que é uma via de mão dupla – você traz sua experiência como contribuição à organização e recebe, em troca, novos conhecimentos específicos daquele negócio. É fascinante poder tomar contato com novas atividades e pessoas, bem como conhecer visões diferentes. Essa é uma função que, sempre que possível, desejo continuar exercendo.

Na época da MS&CR2 recebi também inúmeros convites para fazer palestras. Tenho bastante facilidade e gosto de falar em público. Entrei nesse circuito, de forma seletiva, para ampliar minha rede de contatos para a consultoria e também como fonte de rendimentos. Gestão, liderança, características femininas da liderança, estratégia, carreira, governança e ética eram os temas mais frequentes.

Foi um período muito rico e bastante movimentado. Mais leve do que os que tivera antes. Agora, uma outra etapa e mais um mundo novo me aguardavam...

CAPÍTULO 8

Um novo olhar sobre o mercado de seguros

2007 — ANO E DESAFIO NOVOS! Mais uma vez um negócio que eu não conhecia, em um setor sujeito a pesada regulação por agências governamentais, mas com grande potencial de crescimento. Em fins de 2006, aceitei o convite da empresária Kati de Almeida Braga, a primogênita do lendário empreendedor Antonio Carlos de Almeida Braga, para ser a presidente da Icatu Hartford (IH). A história de Braguinha, como é conhecido, e de sua família confunde-se com a do próprio mercado segurador brasileiro. Sob seu comando, a Atlântica Companhia Nacional de Seguros, fundada em 1935 por seu pai, tornou-se, na década de 1970, a maior empresa do ramo no Brasil, fundindo-se nos anos 1980 à Bradesco Seguros. Em 1986, Braguinha criou o Grupo Icatu, que passou a ser administrado por seus filhos.

A IH era uma associação, meio a meio, entre o Grupo Icatu e a seguradora americana Hartford Life International, do grupo The Hartford. Com atuação nos ramos de seguros de vida, previdência privada, capitalização e administração de recursos, é líder entre as seguradoras independentes, ou seja, não vinculadas a bancos de varejo. Tem ainda participação societária e assento nos conselhos de administração de duas companhias de títulos de capitalização – a Brasilcap[30] e a Caixacap.[31] No período em que lá estive, fui a representante da IH no conselho das duas instituições.

Assim como nas posições executivas anteriores, fui a primeira mulher a presidir uma seguradora no Brasil, setor ainda predominantemente masculino. No entanto, apesar de ter sido a pioneira do meu gênero no cargo executivo máximo da empresa, a Icatu já tinha tradição em ter mulheres em altas posições de comando. Kati era presidente do conselho de administração, com forte presença na condução do negócio, e mulheres ocupavam ou haviam ocupado postos de direção na organização.

Após a minha contratação, fui aos Estados Unidos conhecer o pessoal da Hartford, em sua sede na pequena cidade de Simsbury, no condado de Hartford, estado de Connecticut. Fui recebida de forma acolhedora e achei interessante ter contato com uma tradicional e bicentenária empresa norte-americana do setor. A associação dos grupos americano e brasileiro durou 14 anos e funcionou muito bem, até ser formalmente desfeita, em fins de 2010, no rastro da crise financeira internacional iniciada em 2008.

A Hartford havia encerrado, no passado, todas as suas parcerias de negócios fora dos Estados Unidos, preservando apenas a brasileira, graças ao bom relacionamento com seus sócios, a quem delegava a gestão cotidiana da empresa. Além de Kati, cuja presença era constante, e de seu irmão Luis Antonio, também membro do conselho, a família Almeida Braga contava com colaboradores de sua confiança, que estavam há anos no Grupo Icatu e nos davam respaldo nos assuntos pertinentes. A seguradora norte-americana, por meio de seus representantes no conselho de administração, participava das discussões e decisões estratégicas da IH.

Em 2007 o setor de seguros, e também o de previdência, tinha muito para crescer, comparado a outros países. Ter apólices de seguro não faz parte da cultura dos brasileiros, que, em geral, não se preocupam em se planejar para o futuro e para eventos de infortúnio. Em consequência, o volume de prêmios de seguros per capita no Brasil e o volume total de faturamento do setor ainda são baixos, comparativamente a outros países. Seguros não são produtos demandados, como ensinam os que conhecem o setor. Dificilmente alguém acorda em um belo dia e pensa: "Hoje vou adquirir uma apólice!" Ao contrário, seguros são produtos que precisam ser prospectados, vendidos. É necessário mostrar às pessoas sua importância, desenvolver a cultura na população. Ainda temos muito a avançar no Brasil, nesse aspecto, como mostram os dados a seguir.

Apenas no fim da década de 1990 e início dos anos 2000, os planos abertos de previdência privada,[32] que podem ser adquiridos por quaisquer pessoas físicas ou jurídicas, começaram a deslanchar, pois, antes do Plano Real, a instabilidade monetária dificultava o planejamento financeiro de famílias e empresas. Somente em 1998 e 2002 surgiram, respectivamente, o Plano Gerador de Benefício Livre (PGBL) e o Vida Gerador de Benefício Livre (VGBL), que são os dois planos de previdência privada mais comercializados. O PGBL e o VGBL são praticamente iguais. Em ambos, o investidor paga uma quantia mensal ou faz depósitos esporádicos para formar uma poupança que pode ser recebida no futuro de uma só vez ou convertida em parcelas mensais. A diferença fundamental entre os planos é a tributação do Imposto de Renda (IR). No PGBL, é possível deduzir o valor das contribuições até o limite de 12% da renda bruta anual. Esse benefício atinge quem tem imposto a pagar e declara o IR no formulário completo, onde é possível discriminar as deduções. No VGBL, não é possível deduzir o valor das contribuições, mas, em contrapartida, no momento do resgate o imposto é menor. Isso porque, diferentemente do PGBL, o IR é calculado somente sobre os rendimentos obtidos (ganho de capital), e não sobre o total sacado.

Tudo isso ainda era muito recente e incipiente quando cheguei à Icatu. Tínhamos, então, a percepção de que esse seria um mercado com significativo potencial de crescimento, como de fato tem sido.

Em 2016 o faturamento total de seguros no mundo atingiu um novo recorde: 3,6 trilhões de euros, segundo um estudo elaborado pela Allianz divulgado em 2017.[33] De acordo com o levantamento da seguradora alemã, uma das maiores do mundo, o Brasil encerrou 2016 como o 15º maior mercado de seguros do planeta em volume de prêmios, equivalente a 47 bilhões de euros, e avançou oito posições em uma década, mas ainda com muito espaço para crescer, comparado aos líderes mundiais. Segundo a empresa, os maiores mercados globais são os Estados Unidos, com 1,125 trilhão de euros em prêmios, o Japão, com 399 bilhões de euros, e a China, com 365 bilhões de euros.

O potencial do Brasil é ainda maior, quando se considera o volume de prêmios de seguros por habitante. Nesse ranking, a liderança pertence a Hong Kong, com 6.410 euros, seguida pela Suíça, com 5.200 euros, e a Dinamarca, com 4.470 euros. Pelo mesmo estudo da Allianz, o volume de prêmios per capita no Brasil foi de meros 230 euros em 2016, deixando claro quanto podemos crescer.

Outra análise, divulgada em julho de 2017 pela mesma empresa,[34] aponta para uma projeção de aumento dos prêmios globais de seguro de vida e acidentes de trabalho de quase 6% ao ano durante a próxima década. Isso significa que o mercado mundial de seguros poderá atingir o valor de 6,8 trilhões de euros em 2027.

Estava muito animada quando cheguei à Icatu, ansiosa por colocar a mão na massa, após quatro anos trabalhando como consultora. Dediquei-me, inicialmente, a conhecer a equipe e as regras do setor. Por atuar em gestão de recursos, além de seguros, previdência privada e títulos de capitalização, a IH estava submetida não só à regulação da Superintendência de Seguros Privados (Susep), mas também à da CVM e do Bacen.

Sem uma rede própria de agências ou distribuidores, o maior desafio estratégico da empresa, que já tinha então mais de 2,5 milhões de clientes finais,[35] era como distribuir seus produtos. Naquele momento, todos os grandes bancos tinham suas próprias seguradoras e vendiam somente, ou principalmente, seus produtos, que competiam com os da Icatu. Por outro lado, eram os principais distribuidores de ativos financeiros e de seguros, dada a extensa capilaridade de suas agências. Isso restringia os canais de comercialização para entidades independentes, como a IH, essenciais para que os produtos chegassem aos compradores finais. A chamada arquitetura aberta – que permitiria a distribuição de produtos de múltiplas procedências pelos canais tradicionais – era apenas um desejo naquela época.

Mesmo não conhecendo o setor, o que gerava a inevitável "dor de barriga" inicial, eu já havia aprendido que, seja qual for o tipo de negócio, administrar é gerir pessoas e processos. Com a experiência adquirida na CSN, sabia também que as informações são assimiladas aos poucos. Não adiantava me afobar, querer queimar etapas. Dessa vez, dominei melhor a ansiedade.

Além da equipe altamente capacitada e do profundo conhecimento técnico da presidente do conselho, tive a sorte de contar com o *coaching* e os valiosos ensinamentos de Nilton Molina, referência no mercado segurador, em que atua desde 1966. Pioneiro no Brasil, preside o conselho de administração da Mongeral[36] Aegon e, há mais de 20 anos, é diretor da Confederação Nacional das Empresas de Seguros Gerais, Previdência Privada e Vida, Saúde Suplementar e Capitalização (CNseg). Muito próximo da família Almeida Braga, foi também um dos fundadores da Bradesco Vida e Previdência e da Icatu Hartford.

Nas primeiras reuniões com o time, busquei entender quais eram as "funções de produção" da companhia – ou seja, que insumos eram necessários para entregar os produtos de seguros, previdência, capitalização e gestão de recursos. Assim, consegui conhecer os principais processos da empresa. A minha permanente obsessão por processos – que vem da formação em administração, na qual aprendi o que, à época, se chamava O&M (organização e métodos) – revelou-se uma poderosa ferramenta ao longo da minha vida profissional. Sempre analisei os processos integralmente, encadeando as diferentes atividades e questionando se não poderiam ser feitos de forma diferente, mais inovadora. Ou seja, com menos custos, mais rapidez, menos interfaces, melhores resultados etc. Em qualquer atividade há espaço para ganhos, especialmente quando se lança um olhar novo sobre assuntos "que sempre foram feitos dessa forma". E alguém que não conheça os hábitos e costumes daquele negócio é capaz, em geral, de fazer questionamentos e ter insights que aqueles que lidam todo dia com os mesmos assuntos não conseguem.

A empresa já havia avançado bastante na sensível questão da distribuição, fazendo parcerias importantes com a Mongeral, o Bansicredi,[37] o Banrisul[38] e a Swiss Life.[39] Uma iniciativa inovadora era a prospecção de distribuidores não tradicionais como redes de farmácias e lojas de varejo, que passaram a atuar como o "balcão" da Icatu, no jargão do mercado. Além do foco no fortalecimento e no desenvolvimento de novas alianças comerciais, ainda em 2007 iniciamos uma discussão da estratégia de crescimento da empresa e uma profunda revisão de seus processos. Convidei o professor Arnoldo Hax, do MIT, que tanto havia me ajudado na discussão estratégica na CSN, para ser o coordenador do exercício de planejamento que envolveu os acionistas e o corpo gerencial, em debates e reflexões sobre as opções e prioridades de médio e longo prazos para a Icatu Hartford.

Como eu tinha chegado havia pouco e ainda não me aprofundara a respeito dos negócios e do funcionamento da empresa, as discussões estratégicas, por um lado, me ajudaram muito, mas, por outro, não foram fáceis. Era muita informação para assimilar e, devo confessar, também me senti confusa, especialmente no tópico crítico da comercialização. Dado o papel crucial dos distribuidores, a empresa os considerava como clientes e só conhecíamos o comprador final de nossos produtos por meio das informações de nossos parceiros. Esse era um conceito tão arraigado na companhia que os títulos de capitalização eram vendidos apenas com a marca do distribuidor. Ou seja, o cliente final não sabia que estava adquirindo um produto da Icatu! Havia a crença de que nossa marca não agregaria valor ao título, pois a proximidade do público era com o parceiro de vendas.

Durante nossas reuniões, o professor Hax nos desafiou a descrever quem eram os clientes da empresa. A perplexidade foi grande, pois, para a maioria dos presentes, nossos clientes eram os distribuidores. Essa pergunta simples e aparentemente óbvia, semelhante à que ele fizera na CSN a respeito de qual era o produto que a siderúrgica produzia e vendia, teve uma resposta igualmente transformadora. Nossa reflexão conjunta nos levou ao entendimento de que, embora os distribuidores fossem clientes fundamentais, para os quais deveríamos prover serviços e produtos de qualidade, havia um segundo conjunto, tão importante quanto o primeiro, que era o dos clientes finais, que adquiriam os produtos na ponta.

Assim como dávamos foco às necessidades dos parceiros comerciais para atendê-los de forma adequada, precisávamos também conhecer o perfil de nosso público final, diretamente e não apenas por meio dos distribuidores. A partir dessas informações, era preciso construir duas propostas de valor, uma para cada conjunto de clientes. A fidelização dos canais de comercialização, fundamental para nossa atividade, só aconteceria se nos tornássemos indispensáveis para os compradores dos produtos de nosso portfólio.

Para alcançar tais objetivos, era necessário desenhar produtos condizentes com as necessidades dos consumidores e tornar nossa marca forte e desejada. Quanto mais ela fosse conhecida e valorizada pelos compradores de seguros, previdência e capitalização, maiores seriam as chances de ampliarmos nossa rede de distribuidores, pois os produtos passariam a ser vistos como essenciais. Essas conclusões representaram um marco importante para a IH e nortearam nosso trabalho daí por diante. ·

Não que tenha ficado mais simples. Pelo contrário. Saber com clareza quem eram os nossos clientes era um passo fundamental para buscarmos melhorar o fluxo de informações e o relacionamento com eles. Mas, na prática, quem tinha contato com o consumidor final eram os intermediários. Nós não tínhamos acesso direto e, em muitos casos, nem sequer indireto às informações dos clientes.

Mais tarde, em minha segunda passagem pelo BNDES, vivi situação parecida. Lembrando a já mencionada conexão entre as diferentes experiências profissionais, o conhecimento que desenvolvi na IH sobre canais alternativos de distribuição e relacionamento com o cliente final me ajudaram muito. As linhas de crédito do BNDES para micro, pequenas e médias empresas (MPMEs) são distribuídas pelas grandes instituições financeiras e concorrem com os produtos delas, situação similar à vivida na Icatu. Para ampliar nossa rede de distribuição, busquei canais alternativos, como o grupo B2W – criado em 2006 a partir da fusão entre a Americanas.com e a Submarino –, com o qual fizemos um bem-sucedido projeto-piloto para aumentar a capilaridade na distribuição de nossos produtos. Além disso, procuramos desenvolver ou nos associar a plataformas eletrônicas que pudessem "falar" diretamente com o cliente final.

Para levar o planejamento à frente e torná-lo concreto, nossos cadastros e sistemas – até então inteiramente direcionados para os distribuidores – tinham que ser adaptados para incluir também o cliente final, com o maior conjunto possível de informações. Para cumprir esse objetivo, criamos vários grupos multifuncionais de trabalho, misturando pessoas de diversas áreas, como comercial, produtos, operações e tecnologia da informação, focados em descrever os diversos tipos de consumidor. Ficamos cerca de um ano em contato com o professor Hax, que coordenava os projetos a distância, e, no fim desse período, ele voltou à Icatu para darmos um fecho ao trabalho.

Passo seguinte, precisávamos adequar nosso portfólio de ofertas, de modo a atender as necessidades dos diferentes segmentos de clientes finais, já mapeados. O desenho dos novos produtos ficou a cargo do pessoal de marketing, tendo à frente Luciano Snel. Quando cheguei à Icatu, Snel, que trabalhava no grupo desde 1992 e na seguradora desde 2002, tinha acabado de ser convidado para estruturar a área de produtos & marketing, o que implicaria abandonar sua zona de conforto, a área de investimentos. Em nosso primeiro encontro, perguntei qual era a experiência dele nesse assunto e ele respondeu: "Na verdade, nenhuma." Apreciei a resposta franca e criamos uma relação de muita troca e confiança mútua. Em 2014, Snel tornou-se o presidente da Icatu Seguros, sucedendo Kati, que ocupava a posição desde que deixei a empresa, em 2011.

Em linha com as decisões do planejamento estratégico, passamos a incorporar nossa marca à capitalização. Até então isso era considerado arriscado, pela possibilidade de eventualmente desagradar aos parceiros, e inócuo, sob o ponto de vista dos clientes, pelo desconhecimento da marca. Essa decisão representou uma profunda mudança no posicionamento da empresa.

As modificações geraram impacto não somente nas áreas comercial e de produtos, mas também em outras, como as de operações e TI. Mapeamos todos os processos, para revê-los no que fosse necessário. O desafio era adaptar os sistemas para que atendessem de forma adequada tanto os distribuidores quanto os compradores finais, o que criava uma complexidade adicional no dia a dia. Também precisávamos garantir que os novos procedimentos estivessem em *compliance,* cumprindo todos os requerimentos exigidos pelas agências reguladoras.

No fim das contas, o ano de 2007 foi muito positivo. Obtivemos um importante alinhamento estratégico entre os acionistas e os gestores da empresa, definimos planos de atuação para nossos dois conjuntos de clientes, revisamos o portfólio de produtos, processos e sistemas, partimos para o fortalecimento das antigas parcerias e a conquista de novos distribuidores e clientes finais.

Mal sonhávamos o que nos aguardava no ano seguinte. A falência do banco de investimentos Lehman Brothers, em setembro de 2008, foi o grande marco da crise financeira que abalou os mercados financeiros em todo o mundo. Embora tenha sido chamada de "marolinha" pelo então presidente Lula, revelou-se a mais profunda crise da história do capitalismo desde a grande depressão de 1929. Teve origem no mercado americano, com a acumulação de hipotecas de alto risco, ou *subprimes*, a partir de créditos concedidos a tomadores que não ofereciam garantias suficientes.

As famílias abusaram da oferta barata e abundante de crédito, contratando mais de uma hipoteca para o mesmo imóvel, e os bancos, auxiliados por falhas de regulamentação, emitiram títulos lastreados nessas operações. As seguradoras, que carregavam o risco final, também emitiram instrumentos financeiros com base nos mesmos créditos *subprime*. Quando os preços dos imóveis começaram a cair, a bolha explodiu, arrastando famílias, instituições financeiras, seguradoras, as bolsas de valores e todo o mundo financeiro.

Foi um desastre que devastou o segmento habitacional dos Estados Unidos, levando pânico, em um efeito cascata, a outros países, entre eles o Brasil. Para lidar com a situação, o governo brasileiro optou por estimular a expansão do consumo interno para atenuar o impacto sobre o desempenho da economia. Adotou medidas como redução dos juros e de impostos sobre produtos de consumo, além de isenção do Imposto sobre Produtos Industrializados (IPI) de automóveis populares. Mesmo assim, o país não ficou imune. Em 2009, o PIB encolheu 0,3%, ante o resultado positivo de 5,2% em 2008, de acordo com os dados do IBGE.

A Icatu vinha tendo um bom ano, com lucro 26% maior no primeiro semestre de 2008, comparado ao do mesmo período do ano anterior. Não tínhamos atuação no segmento habitacional, o que contribuiu para não sermos diretamente afetados. No entanto, a The Hartford foi duramente atingida pelos acontecimentos e teve pesados prejuízos. Em um dado momento, de forma rápida e assustadora, o preço das ações da bicentenária seguradora caiu para uma pequena fração da cotação anterior à crise.

Até então a Hartford havia agregado uma imagem de solidez ao negócio da Icatu no Brasil. Com a crise, o jogo virou. Para evitar o temor e a desconfiança de nossos clientes quanto ao impacto da situação da seguradora americana na IH, optamos por agir de forma transparente e rápida e iniciamos um esforço muito grande de comunicação. Eu e os dois acionistas, Kati e Luis Antonio, auxiliados pelos principais executivos da empresa, partimos em um corpo a corpo para tranquilizar nossos clientes. Mostramos a eles a solidez patrimonial e a independência financeira da empresa em relação a seus sócios, já que havia grande preocupação no mercado quanto a uma possível contaminação com a situação da seguradora americana. Nossa ação foi essencial para esclarecer os fatos e convencer os clientes a não retirarem seus investimentos. Conseguimos, dessa forma, amortecer, com certa facilidade, os impactos dos problemas da Hartford na imagem e nos resultados da empresa.

Em decorrência da crise, a primeira grande seguradora estrangeira a anunciar que deixaria o Brasil foi a AIG,[40] em novembro de 2008. Fortemente abalada em sua operação americana, vendeu sua participação acionária à Unibanco Seguros, sua sócia no Brasil, pouco antes de o Unibanco fundir-se com o Itaú. Em fins de 2009, foi a vez da The Hartford. Desde o início da crise, avaliávamos a conveniência e oportunidade de trazer um novo sócio para a Icatu ou, melhor ainda, de a família Almeida Braga adquirir a totalidade das ações da companhia, tornando-se a única acionista. O segundo caminho foi o escolhido. As negociações para a compra das ações começaram em agosto de 2009 e, em novembro, os Almeida Braga anunciaram a aquisição da parte dos sócios americanos. A transação foi vista, pelo mercado, como uma demonstração de solidez do grupo e da empresa. Sem dúvida, a tradição no setor, o nome e a credibilidade da família eram ativos extremamente valiosos, especialmente em um mercado tão abalado pela crise de confiança.

Com a saída da Hartford, mudamos o nome da companhia para Icatu Seguros e fizemos o reposicionamento de nossa marca. Mapeamos todos os materiais corporativos, comerciais etc., que foram revistos e atualizados para a nova situação. O trabalho do time de marketing ficou muito bem-feito, tendo sido produzido até um filme para a televisão informando sobre as alterações. Uma vida nova para a empresa, agora com um comando único e preparada para seguir crescendo.

Embora, no mundo todo, tenha sido um período conturbado e difícil para o mercado, a Icatu Seguros saiu-se bastante bem. Ao invés de perder clientes, viu suas vendas aumentarem, com um crescimento de 26% do faturamento em 2008 e um lucro 53% maior do que o de 2007. Essa situação seguiu positiva em 2009, com 11% de expansão no lucro em relação ao do ano anterior.

Ao longo do tempo em que estive na Icatu, outras frentes de trabalho relevantes foram endereçadas: a melhor estruturação das áreas de controle e de auditoria, a modernização dos sistemas, regras mais claras de governança e a instituição de ciclos regulares e sistematizados de orçamento e de planejamento estratégico. Minha prática usual de priorizar as áreas de controle, jurídica e de auditoria mostrou-se ainda mais crítica na Icatu, pelo fato de a empresa atuar em um setor muito regulado, em que é essencial ter controles internos claros e bem definidos.

A área jurídica passou igualmente por uma transformação significativa, com a implantação de um software de gerenciamento que permitiu avaliar quantitativamente o trabalho dos diversos escritórios de advocacia terceirizados, assim como ter uma visão individualizada dos processos. Realizamos um minucioso e extenso trabalho de levantamento e atualização do contencioso da empresa, que foi classificado de acordo com seu grau de criticidade, inserido em sistemas, com responsabilidades definidas de acompanhamento e reportes periódicos à diretoria e ao conselho.

Na área de investimentos da seguradora fizemos também mudanças importantes, com sua separação completa da área de administração de recursos, que era feita pela gestora de fundos de investimento, a atual Icatu Vanguarda, que começou a se estruturar como negócio independente naquela época com a vinda de Mário Simas para cuidar da área. Foram estabelecidas políticas de investimento, foi criado o comitê de avaliação de crédito e foram definidas instâncias de decisão e procedimentos para alocação de recursos, formalizando todo o fluxo de decisões de investimento da Icatu Seguros.

Também evoluímos significativamente no maior desafio do segurador independente brasileiro, que é o de distribuir seus produtos para o cliente final, dada a força das grandes instituições financeiras que atuam como agentes no varejo. Houve um esforço continuado de investimento nas áreas comercial, de produtos e tecnológica, para que pudéssemos distribuir nosso produto por novos canais, sem prejudicar a relação já existente com os antigos balcões. Voltamos ainda a focar no varejo, por meio dos corretores especializados em seguros de vida e previdência individual.

TODO ESSE CENÁRIO se alterou de forma profunda com o recente advento das *fintechs*, que prestam serviços financeiros e distribuem produtos em plataformas eletrônicas. Instados pela competição e também pela demanda dos clientes, mesmo os grandes bancos de varejo passaram a oferecer, em suas agências, produtos de previdência das seguradoras independentes, movimento replicado pelas gestoras de recursos. Finalmente, a chamada arquitetura aberta, em que os canais de distribuição disponibilizam múltiplos produtos, avança de forma concreta e é com muita satisfação que, atualmente, vejo os produtos de previdência da Icatu Seguros sendo oferecidos de forma extensiva no mercado.

Um projeto que aconteceu paralelamente à minha atuação na Icatu, em parceria com Joaquim Levy, então secretário de Fazenda do estado do Rio de Janeiro, foi buscar transformar o Rio na capital dos resseguros no Brasil. O resseguro, que é "o seguro do seguro", é uma prática necessária quando a operação envolve montantes e riscos elevados. Nesses casos, as seguradoras repassam às resseguradoras, total ou parcialmente, a responsabilidade e o prêmio recebido, diluindo os riscos da transação.

Após mais de 70 anos de monopólio da atividade no Brasil, feita exclusivamente pelo Instituto de Resseguros do Brasil (IRB-Brasil Re), no início de 2008 começou a transição para um mercado competitivo. Até 2007 o Brasil figurou, ao lado de Cuba e Costa Rica, entre as pouquíssimas economias do mundo a manter um monopólio de resseguros. A Lei Complementar 126, de 15 de janeiro de 2007, abriu o mercado à competição e renovou o interesse de grupos estrangeiros em se estabelecerem no país e de grupos locais em entrarem na atividade.

Uma etapa importante no processo de decisão dos investidores é a da escolha do local onde instalar sua sede. No mundo, existem cidades que concentram grandes centros resseguradores, como Londres,

Dublin e Dubai. Em geral, os grupos buscam se estabelecer em um único local, compartilhando parte da infraestrutura e dos custos, embora possam ter escritórios de representação em outras cidades.

A grande disputa, naquele momento, era pela conquista da sede do Lloyds of London, grupo segurador mais antigo do mundo, formado, à época, por 75 sindicatos e 46 agentes em mais de 200 países. O Lloyds é especializado em riscos especiais, como o que levou ao pagamento de cerca de 8 bilhões de dólares à indústria do petróleo no golfo do México, após o desastre provocado pela passagem do furacão Katrina pelos Estados Unidos, em 2005.

Assim, instalou-se um inflamado debate acerca de qual cidade reuniria as melhores condições para sediar o centro de resseguros brasileiro – Rio de Janeiro ou São Paulo. As autoridades se mobilizaram em ambas as cidades e estados, buscando atrair a atenção das resseguradoras e, especialmente, do Lloyds.

Em nossa visão, o Rio reunia credenciais únicas para reivindicar o posto. Tem grande tradição no negócio, por ser a cidade onde está situada a sede do IRB desde a sua criação, em 1930. É, também, onde estão localizadas as sedes da Susep, da Federação Nacional das Empresas de Seguros Privados, de Capitalização e de Previdência Complementar Aberta (Fenaseg), da Agência Nacional de Saúde Suplementar (ANS), da Comissão de Valores Mobiliários (CVM), da Federação Nacional dos Corretores de Seguros (Fenacor), do Instituto Brasileiro de Atuária (IBA) e da Associação Brasileira das Empresas de Resseguros (Aber). Todos importantes órgãos de regulação, fiscalização e representação das atividades de seguros e resseguros.

Além do aspecto institucional, a cidade carioca também preenchia mais dois importantes quesitos: o da qualificação profissional e o do mercado. Havia disponibilidade de pessoal qualificado, não somente pela tradição na atividade resseguradora, como também pela presença no Rio da Escola Nacional de Seguros e de antigos cursos de formação em ciência atuarial na UFRJ e na PUC. De acordo com o IRB, metade dos prêmios dos chamados grandes riscos industriais vinha então do estado do Rio. A razão é simples: aqui estão localizadas importantes empresas e plantas industriais, como Petrobras, Eletrobras, Nuclebrás, Vale, siderúrgicas, empresas automotivas, de telecomunicações etc., bem como a sede dos maiores fundos de pensão do país, que poderiam ser futuros clientes de resseguradores dos ramos de vida e previdência, até então ainda não praticados no Brasil.

Depois de muita articulação, participei, no dia 13 de fevereiro de 2008, junto com o secretário de Fazenda do estado, Joaquim Levy, do evento em que o presidente do conselho de administração do Lloyds of London, Lord Peter Levene, e o superintendente da Susep, Armando Vergílio dos Santos Júnior, anunciaram que o Rio de Janeiro seria a sede da subsidiária brasileira do grupo, que reúne o maior mercado de seguros e resseguros do mundo. O Lloyds anunciou investimentos de 5 milhões de dólares em sua subsidiária na cidade.

A chegada do Lloyds como a primeira empresa "admitida",[41] ao abrigo da nova legislação brasileira de resseguros, ajudou a consolidar a abertura desse mercado no país, onde a atividade tinha sido exclusiva do IRB por várias décadas. Para o Rio de Janeiro, a vinda do Lloyds representou uma sólida âncora em sua estratégia de atrair as empresas para a cidade e se tornar o maior centro ressegurador da América Latina.

Sempre envolvida com as questões do Rio, durante o tempo em que trabalhei na Icatu fui também vice-presidente da Associação Comercial do Rio de Janeiro (ACRJ). Embora assoberbada pelo trabalho, não consegui recusar o convite do empresário Olavo Monteiro de Carvalho, que acabara de ser reeleito, em maio de 2007, para mais um biênio como presidente da instituição. A proposta que ele me fez, e à qual não resisti, foi a de desenvolver um projeto para a revitalização do centro do Rio de Janeiro.

Pouco tempo depois de aceitar o convite, fui procurada por Orlando Lima, consultor que me apresentou um fascinante relato a respeito de como os centros de grandes cidades, em diversos países, e especialmente nos Estados Unidos, estavam sendo revigorados por meio de uma espécie de parceria público-privada, os Business Improvement Districts (BID), que chamamos de Áreas de Revitalização Econômica (AREs). Mais de mil cidades, em todo o território americano, já passavam pela experiência e, somente na cidade de Nova York, cerca de 70 BIDs estavam em funcionamento. Apaixonei-me pelo assunto, que me ocupou durante muitos anos.

O mecanismo do BID consiste em criar áreas definidas, dentro de bairros predominantemente comerciais, onde as empresas donas dos imóveis não residenciais passam a se responsabilizar pelas despesas com limpeza, vigilância, iluminação, manutenção de banheiros públicos e até programação de eventos e planos de desenvolvimento econômico. A assunção desses e de outros serviços considerados relevantes é feita de forma voluntária. Afinal, a aplicação dos recursos resulta na valorização dos imóveis cujos proprietários bancam as despesas. Após a realização de uma assembleia dos donos de imóveis comerciais dentro da área selecionada e tomada a decisão de criação do BID em votação majoritária, os serviços passam a ser custeados por todos os proprietários de imóveis, excluindo os residenciais.

Com a instituição do BID em um determinado conjunto de ruas, o poder público não fica dispensado de prestar os serviços essenciais, como segurança e limpeza. A guarda municipal continua atuando, assim como os garis, por exemplo. Mas as empresas, sempre em sintonia com o poder público, pagam serviços suplementares, como novas latas de lixo, câmeras de segurança, agentes uniformizados e munidos de rádio, para dar informações à população e acionar a polícia e outros órgãos públicos municipais e estaduais, gerando um diferencial para a área de abrangência do projeto.

Em Nova York e em outras cidades americanas, como a Filadélfia, onde houve a recuperação da degradada e violenta área central, o BID é um grande sucesso. Esse mecanismo está por trás da revitalização e manutenção de áreas mundialmente conhecidas, como o Central Park, Times Square, Quinta Avenida, Lincoln Center, entre outras. Os *banners* e lixeiras nessas regiões fazem sempre referência ao BID. A partir do meu envolvimento com o assunto, passei a ser uma observadora compulsiva de todo o mobiliário urbano.

Para não haver o *free rider*, ou seja, aquele que se beneficia mas não contribui, o que acontece com frequência em condomínios e associações, é importante que haja penalidades para os não pagantes. Nas cidades americanas, a taxa que custeia os BIDs é emitida pelas prefeituras, que fazem também o serviço de cobrança, ganhando um pequeno percentual a título de administração. Caso haja inadimplência, a prefeitura inscreve o devedor em dívida ativa, ficando responsável pela cobrança do débito.

Fizemos um grupo de trabalho na ACRJ, que contou com o apoio da prefeitura, e escolhemos, como uma potencial área-piloto para o projeto, a região compreendida pelas avenidas Chile e Almirante Barroso, no centro do Rio, onde ficam as sedes da Petrobras, do BNDES e inúmeros escritórios comerciais. Apesar de nosso entusiasmo, que ainda persiste, infelizmente, no caso brasileiro, é necessária uma emenda ao Código Tributário Nacional, que é matéria constitucional, para que haja a cobrança desse tributo, apesar de sua criação se dar de forma voluntária. Em um país com carga tributária do nível da nossa, podem imaginar a dificuldade de encaminhamento político para o assunto, que deveria ser de primordial interesse, principalmente dos prefeitos das grandes e médias cidades.

É uma pena que não tenhamos conseguido avançar, ainda, com a proposta de implantação dos BIDs no Brasil. Com a carência de recursos das cidades e dos estados, e a deterioração acentuada na prestação dos serviços públicos, especialmente os de segurança pública, esse mecanismo pode ser uma potente ferramenta para melhorar os serviços e a qualidade de vida nas cidades brasileiras. Eu o vejo como um jogo de ganha-ganha: ganha a população, por usufruir de melhores serviços, ganham os donos de imóveis, pela valorização de seu patrimônio, e ganha o poder público, não só porque a população credita a melhoria à administração pública, como também pela maior arrecadação, decorrente da valorização imobiliária e do maior movimento econômico, que se reverte na ampliação de serviços e investimentos públicos. Um círculo virtuoso.

Talvez em algum momento, se, em vez de tentarmos reinventar a roda e fazer planos e mais planos que não saem do papel, passarmos a olhar experiências bem-sucedidas em outros países – e às vezes até mesmo dentro de nosso país –, consigamos avançar mais rápido, implantando, com as adaptações necessárias, experiências de sucesso como as dos BIDs.

O PERÍODO EM QUE OCUPEI a presidência da Icatu, de 2007 a 2011, foi profissionalmente intenso e pude aprender muito sobre atividades que só conhecia superficialmente. No âmbito familiar, meus filhos entravam na adolescência, demandando bastante tempo e atenção. Além de tudo isso, nos últimos dois anos em que fiquei na Icatu atravessei o momento mais difícil da minha vida pessoal desde a doença e morte do meu irmão, quando eu estava na Secretaria de Fazenda, em 1996. Meu segundo marido, Rodolfo Fernandes, diretor de redação do jornal *O Globo*, com apenas 47 anos, foi diagnosticado em agosto de 2009 com esclerose lateral amiotrófica, doença rara, conhecida como ELA, para a qual infelizmente não há tratamento. Foi um período muito doloroso e triste, e Kati e Luis Antonio, que conheciam Rodolfo desde criança, foram um apoio importante para mim.

Em meados de 2011, após um telefonema do prefeito Eduardo Paes me convidando para ajudá-lo nos Jogos Olímpicos, pressenti que precisaria de um novo desafio, que me permitisse ficar de pé em meio à tragédia que eu vivia. Achava que já tinha dado minha maior contribuição à Icatu e aceitei o convite para viver uma experiência única – a construção do projeto olímpico.

CAPÍTULO 9

Força olímpica

Eu estava em uma reunião do conselho de administração da Icatu Seguros, em abril de 2011, sentada entre os irmãos Kati e Luis Antonio de Almeida Braga, quando meu celular tocou. Era o prefeito do Rio, Eduardo Paes. Saí da sala para atendê-lo e ele, bem ao seu estilo, disse à queima-roupa: "Maria, preciso de você. Vem fazer as Olimpíadas comigo." Minha reação também foi rápida e negativa: "Você não sabe que estou atravessando um momento terrível? Não tenho cabeça para pensar em nada. Estou no meio de uma reunião de conselho, tenho que voltar."

Fiquei com o assunto na cabeça. Comentei com Rodolfo e ele também não se entusiasmou. Receava o possível envolvimento com obras e empreiteiras. Passado algum tempo, entretanto, comecei a perceber que, talvez, valesse a pena explorar a possibilidade de um novo projeto. Especialmente por se tratar da preparação para os Jogos Olímpicos e Paralímpicos, um evento único e desafiador.

No Rio, seriam realizados os Jogos da XXXI Olimpíada. O termo olimpíada refere-se ao período de quatro anos entre edições dos Jogos Olímpicos. Há registros históricos da realização das competições na cidade de Olímpia, na Grécia Antiga, desde 776 a.C. Além de competição esportiva, o evento tinha caráter religioso, de homenagem aos deuses que habitavam o Olimpo, a montanha mais alta da Grécia.

A Grécia foi conquistada por Roma em 146 a.C. e, em 393, o imperador romano Teodósio, que havia se convertido ao cristianismo, proibiu todos os cultos pagãos, incluindo os Jogos Olímpicos. Eles só voltaram a acontecer 1.500 anos depois.

A primeira edição dos Jogos Olímpicos da era moderna aconteceu em 1896, também na Grécia, por iniciativa do francês Pierre Frédy, o barão de Coubertin, esportista que defendia a educação através do esporte e sua propagação como instrumento de aproximação entre os povos. Em junho de 1894 ele lançou, na França, o movimento olímpico e a instituição precursora do Comitê Olímpico Internacional (COI), do qual foi presidente até 1925. Em 1915, a sede do COI foi transferida para Lausanne, na Suíça, onde permanece até hoje. Atualmente, o COI é composto pelas federações esportivas internacionais e os comitês olímpicos nacionais. Sua missão é desenvolver, promover e proteger o movimento olímpico.

Já a história dos Jogos Paralímpicos começou depois da Segunda Guerra Mundial, quando a reabilitação de soldados ingleses evoluiu de recreacional para competitiva, a partir de um centro especializado em lesões na coluna, no Stoke Mandeville Hospital, no Reino Unido. No dia da abertura dos primeiros Jogos Olímpicos de Londres, em 1948, houve a inédita competição para atletas em cadeira de rodas, os chamados Jogos Internacionais de Stoke Mandeville. Em 1952, militares holandeses aderiram ao movimento e a competição se tornou internacional. Mas só em 1960, em Roma, na Itália, o evento ganharia o nome de Jogos Paralímpicos.

Eu sempre pratiquei esportes e havia ido aos Jogos Olímpicos de 2000 em Sydney, na Austrália, quando era presidente da CSN. Fiquei encantada com o evento e com a cidade, que se transformara para os Jogos. Além disso, tinha participado da primeira candidatura do Rio a cidade olímpica, em 1996, durante a gestão do prefeito Cesar Maia. Atenas venceu a disputa e se tornou cidade-sede dos Jogos de 2004.

Naquela época, Eduardo Paes era subprefeito da Barra da Tijuca. Vinte anos depois, em 2009, o Rio foi escolhido a cidade anfitriã dos Jogos de 2016! Pela primeira vez em mais de 100 anos dos Jogos da era moderna, eles aconteceriam na América do Sul – no Brasil e no Rio de Janeiro.

Mas, apesar do meu interesse pelo assunto, naquela hora o que mais contou foi a questão pessoal. Eu precisava de motivação para seguir em frente, no momento em que a doença do meu marido já estava bem avançada. Começar um projeto novo ajudaria. A ficha caiu. Marquei para conversar com Eduardo Paes e acabei me empolgando com a ideia. Meu permanente engajamento nos assuntos da cidade e a crença na vocação turística do Rio também foram estímulos para participar da missão olímpica. Rodolfo apoiou minha decisão, mas me fez prometer que eu não seria responsável por licitações e pagamentos de obras. O tempo mostrou como foi precioso o seu conselho.

O prefeito queria que eu começasse oficialmente no dia 5 de agosto, a exatos cinco anos para o início dos Jogos. Assim aconteceu. Naquela data, tomei posse formal no cargo de presidente da Empresa Olímpica Municipal (EOM), no Palácio da Cidade, em cerimônia na qual Eduardo Paes me apresentou, aos convidados e à imprensa, como a "prefeita olímpica". No dia 27 de agosto, Rodolfo faleceu.

Como ele me dizia todos os dias, eu tinha que seguir em frente. A decisão de voltar à prefeitura, onde fui carinhosamente recebida e reencontrei servidores da época da Secretaria de Fazenda, foi acertada. A agenda olímpica me ocupou por inteiro e me ajudou a tornar suportáveis aqueles momentos tão difíceis.

Como é sabido, o Rio tem tradição na organização de grandes festas, como o carnaval e o réveillon. Até 2016, ano dos Jogos Olímpicos, a cidade seria palco dos Jogos Mundiais Militares de 2011, da Rio+20 em 2012, da Copa das Confederações e da Jornada Mundial da Juventude em 2013, da Copa do Mundo em 2014, dos 450 anos da cidade e dos eventos-teste dos Jogos Olímpicos em 2015. Uma verdadeira maratona olímpica! Apenas outros três países já haviam recebido a Copa do Mundo e os Jogos Olímpicos no pequeno intervalo de dois anos: México, Alemanha e Estados Unidos.

Claro que essas experiências foram importantes, um diferencial e um aprendizado para a cidade, mas nenhum dos eventos se comparava aos Jogos Olímpicos, tanto na complexidade da organização quanto na dimensão dos números. O réveillon, por exemplo, concentra entre 2 e 3 milhões de pessoas em basicamente um só local, Copacabana, numa única noite. Na Copa do Mundo, os jogos acontecem em diversas capitais do país, e não apenas em uma cidade.

Os Jogos Olímpicos e Paralímpicos culminam com as competições esportivas e eventos culturais, durante os quais a cidade-sede é tomada por centenas de milhares de pessoas, de múltiplas nacionalidades, durante semanas. Trata-se de uma megaconfraternização e os números são superlativos. Só no primeiro dia dos Jogos Rio 2016 houve mais pessoas se deslocando pela cidade do que em todos os sete dias da Copa! Estiveram no Rio cerca de 11 mil atletas olímpicos e 4.500 paralímpicos, de 207 países, disputando 28 esportes olímpicos e 22 paralímpicos. Além das cerca de 100 mil pessoas envolvidas diretamente na organização, 70 mil voluntários e aproximadamente 25 mil profissionais de imprensa foram credenciados. A cidade recebeu, ainda, 6,7 mil jornalistas no Rio Media Center.[42] Não há evento passível de comparação.

Um fator adicional de complexidade – e também de diferenciação das Olimpíadas cariocas – foi o fato de que, pela primeira vez, todas as competições seriam no perímetro urbano. Diversos eventos ocorreriam simultaneamente – incluindo uma dezena de provas de rua, como ciclismo, maratona, triatlo e marcha atlética –, o que tornava a logística de transporte um aspecto determinante no planejamento das operações. Para permitir que, ainda assim, a cidade continuasse funcionando, foram necessárias medidas extraordinárias para reduzir os deslocamentos, como o adiamento das férias escolares de julho para agosto e a decretação de feriados e pontos facultativos em dias críticos.

Sob a ótica do que precisava ser construído, os Jogos Olímpicos representavam um grande desafio para os três níveis de governo. Além disso, eles tinham que trabalhar em conjunto e não podia haver atrasos. Para mim, esse era um dos aspectos mais fascinantes da preparação do evento. Ele tinha que dar certo e não podia ser postergado, sob nenhuma hipótese. Como enfaticamente nos lembravam os representantes do COI, em nossas reuniões de trabalho: "*Stick to the timeline, the Games will start on time.*" Ou seja, devíamos seguir à risca o cronograma, porque os Jogos começariam na data marcada.

Havia muito interesse pelo projeto, no país e no mundo, e também muitas dúvidas sobre nossa capacidade de entrega. Por que construir arenas esportivas se o Rio já tinha, por exemplo, o Maracanã? As novas instalações ficariam prontas a tempo? A que preço? Seriam permanentes ou temporárias? Iriam virar elefantes brancos depois dos Jogos? Por que o velódromo construído para os Jogos Pan-Americanos não seria usado nas Olimpíadas? Os campos de golfe da cidade não serviriam? Os recursos públicos deveriam ir para outro tipo de projeto? Que legado os Jogos deixariam para a cidade? O Rio não escapou desses e de muitos outros questionamentos.

Algumas dessas controvérsias, a meu ver, eram falaciosas. Parecidas com as discussões de que não deveríamos fazer as festas do carnaval ou do réveillon porque faltam recursos para saúde e educação. Essa análise desconsidera o fato de que o turismo é uma fonte importante de empregos e de geração de renda, com impacto relevante na arrecadação de tributos municipais e estaduais, que bancam a prestação dos serviços públicos. Os eventos reforçam a marca da cidade e trazem novos e antigos turistas para nos visitar. É um círculo virtuoso, e as Olimpíadas, além dos visitantes, teriam o poder de divulgar as imagens do Rio para bilhões de pessoas em todo o planeta!

A GOVERNANÇA DOS JOGOS RIO 2016 refletia a complexidade da organização do evento, abrangendo os três níveis de governo e várias instituições, algumas criadas exclusivamente para o projeto, como a Autoridade Pública Olímpica[43] (APO) e a Empresa Olímpica Municipal (EOM). Além disso, para cada edição dos Jogos, o COI estabelece uma Comissão de Coordenação (COCOM), com representantes das federações internacionais de esportes, do Comitê Organizador dos Jogos Olímpicos (COJO),[44] atletas e especialistas. É um grupo de muitas pessoas, que visita regularmente a cidade, para reuniões de acompanhamento da evolução dos projetos.

A campeã olímpica marroquina Nawal El Moutawakel,[45] presidente da COCOM, era quem chefiava as missões ao Rio. Algumas dessas visitas contaram com a presença do presidente do COI, que, desde 2013, é o alemão Thomas Bach,[46] também campeão olímpico. Havia ainda uma série de eventos técnicos que duravam dias a fio, como os dedicados a transportes (Transport and Infrastructure Construction Review – TICR) e às instalações esportivas e não esportivas (Venues and Infrastructure Construction Review – VICR). Nessas ocasiões, as equipes de especialistas do COI vinham ao Rio para acompanhar, nos mínimos detalhes, o andamento dos diversos projetos e o cumprimento dos requerimentos olímpicos, a partir de apresentações feitas pelos times dos três níveis de governo, da APO e do Comitê Organizador.

O grande número de participantes e a disputa pelo protagonismo exigiam permanente atenção ao delicado equilíbrio entre as fronteiras das responsabilidades de cada um. A quantidade de projetos sendo desenvolvidos ao mesmo tempo e, principalmente, os rígidos cronogramas eram alguns dos ingredientes que tornavam esse evento singular, e apropriado para quem, como eu, aprecia trabalhar sob pressão. Muitos não gostam, ou não conseguem. Eu fico motivada. Tenho prazer em coordenar equipes, tratar vários assuntos ao mesmo tempo e, acima de tudo, um grande compromisso com entregas no tempo certo. Durante meu período à frente da EOM, as paredes da minha sala eram povoadas por enormes planilhas exibindo os cronogramas dos projetos com todos os marcos importantes devidamente assinalados e periodicamente atualizados, para permitir a comparação das datas previstas com as realizadas.

A discussão sobre a governança foi crítica no processo de organização dos Jogos e havia questionamentos, por exemplo, sobre qual era o papel da APO e qual a missão da EOM. Havia uma natural confusão, na opinião pública, entre as duas siglas e a função de cada uma dessas instituições. Procurando esclarecer a situação, o prefeito costumava dizer que, quando uma função não fosse claramente de um nível de governo, deveria ser da APO. Em minha opinião, até a chegada do general Fernando Azevedo e Silva[47] em 2013, quando assumiu a presidência da APO, a instituição ainda não tinha conseguido definir, de forma clara, as suas atribuições na organização dos Jogos.

O general, executivo experiente e dotado de grande capacidade agregadora, conseguiu situar melhor o consórcio e fazer com que atuasse como aglutinador dos três níveis de governo, como interface junto ao COI e facilitador na interlocução com o Comitê Organizador. Desenvolvemos excelentes parceria e relação de confiança, que ajudaram a aproximar as equipes e acelerar as providências. Irônico e bem-humorado, uma de suas brincadeiras prediletas era me chamar de Marechal...

Havia ainda o Conselho Público Olímpico, instância mais alta de governança da APO, formalmente composto pelo presidente da República, o governador e o prefeito. Henrique Meirelles, que eu conheci nessa época, era o presidente desse conselho, como representante do chefe do executivo federal, enquanto eu representava o prefeito. Em junho de 2015, Meirelles foi sucedido pela empresária Luiza Helena Trajano, sócia da rede de lojas Magazine Luiza, e, em 2016, assumiu o Ministério da Fazenda, ainda no governo interino de Michel Temer. Tive um bom relacionamento com ele, que cumpria com maestria a função de interlocução com os órgãos federais, especialmente os de controle, como o Tribunal de Contas da União (TCU). Em maio de 2016, foi Henrique Meirelles que me informou, por telefone, que o então presidente interino da República, Michel Temer, iria me convidar para a presidência do BNDES.

O protagonismo da cidade na preparação dos Jogos devia-se, em grande medida, à personalidade marcante e à capacidade de realização do prefeito Eduardo Paes. Bem diferente da experiência de Londres 2012, onde a prefeitura havia exercido um papel secundário e a maior parte dos encargos tinha sido do governo central. Eduardo Paes adotou o lema do prefeito olímpico de Barcelona 1992, Pasqual Maragall, segundo o qual "os Jogos devem servir à cidade e não a cidade aos Jogos". E soube aproveitar muito bem a oportunidade olímpica para entregar uma cidade mais bem estruturada ao final do processo de preparação para o evento.

A oficialização da candidatura do Rio aconteceu em 2007, com a apresentação de uma carta de intenções que garantia o apoio firme e integral da União, do estado do Rio de Janeiro e da cidade à realização dos Jogos. Para ampliar os benefícios para a cidade, o compromisso foi de que o evento ocorreria em quatro regiões – Barra da Tijuca, Maracanã, Copacabana e Deodoro –, que passariam por processos de revitalização urbana e seriam interligadas por redes de transporte público de alta capacidade. O significativo apoio político e popular à candidatura e a garantia de que haveria recursos para a realização dos projetos, especialmente os de transporte, foram pontos fortes da campanha do Rio a cidade-sede.

Os valores, os projetos e a distribuição de responsabilidades listados no Dossiê de Candidatura eram estimativas iniciais, que precisaram ser detalhadas e aprofundadas após o Rio vencer a disputa. No documento foram listados projetos governamentais não exclusivamente relacionados à organização e realização do evento olímpico. Era o caso, por exemplo, de obras de infraestrutura e políticas públicas necessárias para a população e que seriam concretizadas graças à realização dos Jogos.

A comunicação do orçamento foi um dos mais sensíveis desafios da organização do evento. Para esse fim, os projetos foram separados em duas categorias. Os que não seriam realizados se o Rio não tivesse ganhado a candidatura olímpica foram listados na Matriz de Responsabilidades, um documento oficial divulgado pela APO em janeiro de 2014 consolidando os investimentos exclusivos para os Jogos realizados pelos três níveis de governo. As arenas esportivas temporárias são um exemplo desse tipo de investimento. E, em outro documento, chamado de Plano de Políticas Públicas, foram relacionados os investimentos em políticas governamentais. Entre outros, a antecipação e ampliação de investimentos federais, estaduais e municipais, por conta dos Jogos, viabilizou a implantação de projetos como os do Bus Rapid Transit (BRT), sistema de transporte rodoviário de alta capacidade que trafega em pista exclusiva; da Linha 4 do Metrô, ligando Ipanema à Barra da Tijuca; e do Porto Maravilha, concebido para recuperar a infraestrutura urbana e de transporte e os patrimônios histórico e cultural da região portuária.

O governo federal tinha encargos importantes, estabelecidos no Dossiê de Candidatura. Incluíam a construção do Parque Olímpico e do Complexo Esportivo de Deodoro, ambos na Zona Oeste da cidade. No entanto, a adversa conjuntura política e econômica do Brasil

– em 2013 aconteceram manifestações populares por todo o país, a partir de 2014 a economia mergulhou em profunda recessão e em 2015 houve a abertura do processo de impeachment da presidente Dilma Rousseff – dificultou as coisas para o governo federal, que acabou repassando mais e mais responsabilidades ao município. A situação do país se tornou tão grave e inusitada que, quando os Jogos estavam para começar, não se sabia quem seria o presidente da República presente à cerimônia de abertura: Dilma Rousseff havia sido afastada do cargo e Michel Temer era presidente interino. Após muito suspense e notícias desencontradas, ele compareceu. A vaia, como já se antecipava, foi ruidosa...

Desde 2009, quando o Dossiê foi apresentado, até perto dos Jogos começarem, os projetos passaram por alterações de diversas naturezas. Algumas modificações ocorreram por solicitação do COI, como a inclusão das competições de rúgbi e de golfe, este último de volta ao quadro de esportes olímpicos depois de quase um século. Outras, do Comitê Organizador ou de entes governamentais – como, por exemplo, a transferência de parte da Vila de Mídia da Barra da Tijuca para a região portuária; e alterações nos locais de disputas de algumas modalidades, como hóquei sobre grama e esgrima.

Na disputa com Madri, Tóquio e Chicago para sediar os Jogos Olímpicos de Verão[48] de 2016, o Brasil havia assumido diversos compromissos. Após a vitória, era necessário adequá-los à realidade, o que buscamos com afinco. As inúmeras reuniões, para discussão e checagem dos múltiplos aspectos, pareciam não ter fim. Sob a orientação do prefeito, o time da cidade se pautava pelos conceitos da economicidade, simplicidade, acessibilidade e, muito importante, do legado. Nosso objetivo era obter a relação custo-benefício mais adequada e assegurar o uso futuro das instalações.

Muitas vezes foram necessárias verdadeiras quedas de braço, porque cada uma das federações de esportes desejava fazer a instalação mais incrível, fantástica e maravilhosa, e nós, o que fosse essencial e correto, mas com o menor gasto possível de recursos públicos, condizente com a realidade da cidade e do país. Questionamos várias exigências das federações internacionais de esportes que consideramos descabidas e que nos eram comunicadas por intermédio do COI e do Comitê Organizador. Essas questões nem sempre chegavam ao grande público, mas davam margem a discussões acirradas. Como exemplo, debatia-se a real necessidade de haver ar condicionado e cobertura no Centro Olímpico de Esportes Aquáticos, uma estrutura temporária, de instalar elevadores adicionais no Engenhão, de hospedar apenas uma pessoa por quarto nas vilas de mídia, de ter redundâncias de oferta de energia em todas as instalações e assim por diante.

Muitas polêmicas ocorreram durante a construção do projeto olímpico e não vou deixá-las de lado. Elas fazem parte de todas as edições do evento. Mas vou buscar relatar a experiência olímpica pelo meu ângulo próprio – o de uma executiva e gestora trabalhando em um projeto desafiador e extraordinário. Único.

Só havia uma certeza quando iniciamos a caminhada olímpica: em um evento organizado por mais de 100 mil pessoas, problemas aconteceriam. Não era uma exclusividade nossa, foi assim em todas as cidades anfitriãs.

Em 2012, em Londres, a apenas uma semana do início dos Jogos, os organizadores enfrentaram uma grave crise. A empresa privada GS4, contratada para a segurança do evento e incumbida de fornecer 10 mil seguranças, anunciou que não conseguiria treinar todos os novos contratados a tempo. Em caráter emergencial, mais de 3,5 mil soldados do Reino Unido tiveram que ser destacados para o trabalho de segurança, dentro e fora das instalações. A convite da APO, fizemos parte de um Programa de Observadores, para aprender com a experiência inglesa, e acompanhamos outros contratempos que aconteceram naquela edição dos Jogos.

A troca involuntária da bandeira da Coreia do Norte pela da Coreia do Sul, antes de uma partida de futebol feminino entre Colômbia e Coreia do Norte, foi considerada a primeira gafe diplomática daquelas Olimpíadas. Houve, ainda, o problema dos motoristas responsáveis pelo transporte da família olímpica – membros do COI, dos comitês olímpicos nacionais, das federações internacionais, atletas etc. –, que, em sua maioria, não eram da cidade e não conheciam bem os caminhos. Eles usavam aplicativos que tinham sido desenhados para o funcionamento normal de Londres, não considerando as alterações de trânsito que ocorreram durante os Jogos. Resultado: muita gente perdida. Inclusive eu. O ônibus da família olímpica em que eu seguia para a cerimônia de abertura no Parque Olímpico Rainha Elizabeth, em Stratford,[49] levou o dobro do tempo para chegar porque o motorista não sabia o percurso!

A experiência de 2012 foi preciosa e nos mostrou a importância de ter capacidade de reação rápida e planos B. Por outro lado, aprendemos também que cada caso é um caso. Embora haja um trabalho de passagem de bastão, em que a última cidade anfitriã repassa suas experiências à que irá sediar os próximos Jogos,[50] o processo nunca é o mesmo. Para surpresa do time da prefeitura, o COI não dispunha de um *road map* para entregar aos organizadores, definindo, clara e detalhadamente, os requerimentos mínimos para as instalações esportivas e não esportivas, e relatando experiências anteriores. Não conseguimos saber, por exemplo, qual foi a demanda real de energia do gigantesco International Broadcast Center (IBC) de Londres, o centro de transmissão de televisão e rádio, para dimensionar de forma mais adequada os pesados e custosos requerimentos de energia (construção de subestação) e de redundância (geradores) para essa crítica instalação da mídia. Tivemos que aprender o jogo à medida que foi sendo jogado...

Uma diferença acentuada entre as duas edições dos Jogos foi o fato de que, em Londres, a figura do prefeito existia há muito pouco tempo. Boris Johnson, que entregou a bandeira olímpica ao prefeito Eduardo Paes na cerimônia de encerramento, no dia 12 de agosto de 2012, formalizando o início do período do Rio de Janeiro como cidade olímpica, foi o segundo a ocupar o cargo de prefeito eleito diretamente.[51] Naquele país, o poder central tem um grande peso, maior do que o da cidade, o que se refletiu na governança e na origem dos recursos.

Os Jogos de Londres 2012 foram disputados não só na capital do Reino Unido, mas também em outros locais, como na região da baía de Weymouth e do porto de Portland, no condado de Dorset, sudoeste do país, onde aconteceram as competições de vela. No Rio, essas mesmas provas seriam alvo de muita polêmica. Houve quem defendesse a realização das regatas em Búzios, litoral do estado do Rio, em vez de na baía de Guanabara, devido às condições ambientais da água. Mas foram tomadas medidas emergenciais de mitigação e as competições ocorreram com sucesso, no belo cenário da Marina da Glória, mantendo os eventos concentrados na capital carioca.

O projeto de despoluição da baía de Guanabara, de responsabilidade estadual, se arrastava há décadas e foi uma grande decepção não o ver concluído ou nem mesmo em estágio avançado até os Jogos de 2016. O governo do estado também não conseguiu realizar a dragagem da lagoa de Jacarepaguá, no entorno do Parque Olímpico, apesar de a prefeitura ter feito a recuperação do antigo manguezal na orla do parque. Mais uma frustração para todos os que torciam para que a agenda olímpica ajudasse a resolver essas antigas e importantes questões ambientais e sanitárias.

Já visitei cidades, em outros países, onde baías foram regeneradas e pude constatar a importância desse processo para a recuperação dos corpos hídricos, o incentivo ao turismo, a geração de empregos, o aumento da atividade econômica, a valorização imobiliária, além de maior arrecadação de tributos, qualidade de vida, melhoria da saúde da população, redução da mortalidade e de gastos com saúde pública, maior produtividade na educação e no trabalho. Um jogo de ganha-ganha.

No discurso em minha cerimônia de posse na presidência do BNDES, em 2016, indiquei, como um dos assuntos prioritários da nova gestão, a estruturação e coordenação de um programa estadual de concessões de saneamento, que, de fato, iniciamos. É uma vergonha, para todos os brasileiros, a inaceitável situação da infraestrutura de saneamento e de poluição dos corpos hídricos, em todo o país, e seu impacto em nosso desenvolvimento econômico, social e ambiental. Não podemos continuar convivendo com essa realidade, incompatível com o século XXI.

A Empresa Olímpica Municipal foi criada para desempenhar o papel de coordenadora dos projetos da cidade para os Jogos, com data prevista para terminar. Coisa muito rara neste país, em se tratando de empresa pública. A EOM era, na prática, uma *startup* e trabalhamos em sua constituição a partir da estaca zero.

Desde o início, intuí que a empresa deveria ter uma estrutura leve. Não deveria fazer licitações, faturar, pagar. Deveria ser uma espécie de *project management office* (PMO), escritório de gerenciamento de projetos. Tanto quanto possível, deveríamos cuidar apenas dos aspectos administrativos de seu funcionamento e realizar o que fosse necessário por meio das estruturas permanentes da prefeitura. Afinal, a empresa terminaria após os Jogos e muitos procedimentos burocráticos ainda teriam vida posterior. Em vários momentos fomos instados a assumir um papel diferente, inclusive em relação a licitações e pagamentos de obras, mas resisti e consegui manter o perfil de PMO da empresa. Para mim isso era o correto, já que a EOM tinha sido criada para um propósito específico e com prazo determinado de existência.

Para constituir a empresa busquei, como sempre, alguns parceiros de longa data. Augusto Ivan, grande urbanista e pessoa especial, me ajudou muito na visão do legado, com seu olhar sensível para a cidade. Mariane Sardenberg Sussekind, em sua primeira experiência fora do BNDES, representou um firme alicerce, com seu conhecimento jurídico e de funcionamento do setor público, bem como do processo de concessões. Mariza Louven ficou com a coordenação de comunicação e Míriam Lopes de Oliveira me ajudou a pilotar o trabalho e a casa. Ari Vainer, profundo conhecedor da máquina pública, aceitou o convite para assumir a diretoria administrativa e financeira da Empresa Olímpica, para minha satisfação e segurança de nossas atividades.

Havia ainda as pessoas que já trabalhavam no projeto olímpico, capitaneado pelo secretário de Desenvolvimento, Felipe Góes, antes da minha chegada. Entre elas, Bernardo Carvalho, na área de comunicação, e o arquiteto Roberto Ainbinder. Funcionário de carreira da prefeitura, Roberto exibia um importante diferencial: conhecia muitas questões relativas aos Jogos, pois havia atuado na organização dos Jogos Pan-Americanos de 2007. Foi um inestimável parceiro nos projetos olímpicos. Outras pessoas que já haviam trabalhado comigo na prefeitura e fora dela, bem como profissionais recrutados no mercado, compuseram o engajado time da EOM, que atingiu 118 funcionários, sendo 20 da própria prefeitura. Com esse grupo, 60% composto por mulheres, predominantemente jovem e muito motivado, conseguimos formar uma empresa enxuta, que formatou sua missão à medida que os acontecimentos se desenrolaram.

Busquei apoio, também, nos órgãos de controle. Minhas primeiras visitas, após chegar à prefeitura, foram ao Tribunal de Contas do Município (TCM) – para o qual apresentaríamos periodicamente a evolução dos projetos – e à Procuradoria-Geral do Município (PGM).

O procurador-geral era Fernando Dionísio, que eu conhecia da época da Secretaria de Fazenda, quando ele era o chefe da Procuradoria Tributária. Já tínhamos uma ótima interação, que se estreitou nesse período. A PGM foi fundamental para dar segurança à realização de nossas atividades, a maioria delas inéditas na burocracia municipal, pela simples razão de que nunca havíamos realizado Olimpíadas.

O primeiro local em que me instalei foi no Instituto Pereira Passos,[52] em Laranjeiras, onde ocupamos um pequeno espaço. Mas logo me mudei para o Palácio da Cidade, cercado por um lindo jardim do qual se avista o Cristo Redentor. Gosto de brincar que aquela foi a minha época de "princesa". Após algum tempo, como precisávamos trazer os colaboradores, que aumentavam, e não havia estrutura nem espaço físico, nos transferimos novamente, agora para um prédio jocosamente chamado de "surubão", no bairro do Estácio. O apelido vinha do fato de que ali havia funcionado um motel, antes da reforma que o preparou para abrigar a Secretaria Municipal de Conservação, que nos cedeu dois andares.

Essa foi, efetivamente, a primeira sede onde funcionou a Empresa Olímpica, até a construção do prédio onde tivemos nossas instalações próprias, que ficou pronto no início de 2013 e também abrigou o Comitê Organizador (COJO). O prédio foi construído como uma estrutura temporária, econômica, feita de contêineres, observando modernos princípios de sustentabilidade. Embora tivéssemos passado a ocupar o mesmo prédio que o COJO, racionalizando custos e facilitando significativamente o fundamental entrosamento das equipes, o layout interno havia sido concebido para funcionarmos de maneira independente.

EM MUITO POUCO TEMPO, principalmente em decorrência das preocupações com os prazos, a prefeitura começou a assumir atribuições do governo federal. A primeira delas foi tirar da prancheta o Parque Olímpico. Uma missão e tanto.

Para começar, a área destinada ao coração dos Jogos, de 1,18 milhão de metros quadrados, quase a metade do Parque Olímpico de Londres, era uma colcha de retalhos, do ponto de vista fundiário. Havia disputas de propriedade entre as esferas de governo; áreas cujo uso havia sido cedido a famílias, a título precário, na década de 1980, por 99 anos, pelo governador Leonel de Moura Brizola e ainda um conjunto de casas da Aeronáutica. Esse tipo de imbróglio era – e ainda é – comum em vários terrenos públicos do Rio. A cidade lida com questões administrativas e fundiárias peculiares, mais complexas do que as de outras capitais do Brasil, por ter sido capital do país, cidade-estado e depois capital do estado do Rio de Janeiro.

Apesar do ceticismo de alguns integrantes do projeto de regularização fundiária do Parque Olímpico, conseguimos resolver 100% das pendências. Foi um trabalho hercúleo, coordenado pela EOM, com a participação de diversos órgãos da prefeitura, como a Secretaria Municipal de Urbanismo (SMU), PGM, Patrimônio, Companhia de Desenvolvimento Urbano da Região do Porto do Rio de Janeiro (Cdurp) e outros. Após diversas negociações, foi integralmente transferida para o município a propriedade do terreno, que foi remembrado em uma área única e incluído no Registro de Imóveis. Vencer essa etapa era condição necessária para viabilizar a futura parceria público-privada (PPP) do Parque Olímpico.

Outra grande vitória do nosso time, especialmente dos participantes da Empresa Olímpica, propositores e defensores incansáveis da ideia, foi incluir no registro da escritura do terreno do parque uma servidão pública,[53] que permite o acesso permanente da população à orla da lagoa de Jacarepaguá, que margeia o Parque Olímpico, inclusive à sua faixa marginal de proteção[54] (FMP), mesmo após a construção do novo bairro previsto para ser implantado no local onde funcionou o parque. Essa providência foi necessária para assegurar que o espaço não seja transformado, no futuro, em mais um condomínio fechado, como é comum na Barra da Tijuca.

Um dos primeiros obstáculos para iniciar as obras foi a demolição do autódromo de Jacarepaguá, que havia funcionado no local e estava em avançado estado de degradação. A discussão sobre a retirada das instalações mobilizou apaixonados pelo automobilismo, mas acabou transcorrendo relativamente dentro do tempo previsto, porque o local estava abandonado e já não sediava provas. No dia 6 de julho de 2012 começou a desmontagem das antigas arquibancadas, marcando o início da construção do futuro Parque Olímpico Rio 2016.

Na área do autódromo eram desenvolvidas diversas atividades. Funcionavam ali desde um clube de ultraleves até escolas de pilotagem de automóveis e motocicletas. A saída do Centro Esportivo de Ultraleves (CEU) da área de 175 mil metros quadrados que lhe havia sido cedida pelo município no passado, a título não oneroso, e onde deveriam ser erguidas as instalações de handebol, o parque aquático e o *live site* – local de confraternização durante os Jogos –, foi uma verdadeira batalha. Durante dois anos a prefeitura tentou viabilizar o funcionamento do CEU em outro local. O prefeito pediu que o então presidente da APO, Marcio Fortes, ajudasse a encontrar um terreno para esse fim, ainda que como uma solução provisória, pois era grande o risco de atraso no cronograma das obras do parque. Cogitou-se, além do Campo dos Afonsos, em Deodoro, e da base aérea de Santa Cruz, a possibilidade de os aviões ficarem guardados no aeródromo de Nova Iguaçu, do Ministério da Aeronáutica.

Mas nada funcionou e esgotou-se a tentativa de uma solução negociada. O CEU travou uma intensa batalha jurídica e de comunicação para não deixar o local. O clube tinha pessoas influentes entre seus 180 sócios e apostou na estratégia de obter apoio à sua permanência por meio da imprensa. No campo jurídico, a contenda chegou ao ápice com uma ação cautelar impetrada por eles no dia 27 de junho de 2013, contra a construtora do parque e o município, tendo sido obtida liminar a favor do clube.

Os ânimos ficaram bastante acirrados e, para culminar, descobrimos que, além das atividades recreativas, o clube exercia atividades comerciais (aulas de voo) de forma irregular no local, que havia sido cedido a título não oneroso. A prefeitura cassou o alvará de funcionamento do clube e conseguiu também derrubar a liminar. Finalmente foi fechado um acordo para que saíssem do local em 25 de julho, do qual fez parte a indenização das benfeitorias e a retirada, por ordem judicial, das 148 aeronaves. No dia 5 de agosto, a obra já estava a todo vapor na parte do terreno até então ocupada pelo CEU. Tudo isso a apenas exatos três anos do início dos Jogos!

Outra questão delicada, que ganhou muito espaço nos noticiários nacional e internacional, foi a das desapropriações na Vila Autódromo, comunidade vizinha ao terreno do Parque Olímpico formada, em sua origem, por trabalhadores que haviam construído o autódromo de Jacarepaguá. O prefeito reiterou, em inúmeras ocasiões, que essas eram as únicas desapropriações diretamente relacionadas aos Jogos, porque as demais eram decorrentes das obras viárias – importantes para o evento, porém, ainda mais, para a vida cotidiana da cidade. Traçados das rotas foram alterados para reduzir os impactos, mas em uma cidade como o Rio, que cresceu de forma desordenada, um número elevado de desapropriações acaba sendo inevitável. Na construção da Linha Amarela, na época em que fui secretária de Fazenda, também foi necessário um número expressivo de desapropriações para viabilizar o projeto.

Na Vila Autódromo não havia apenas casas populares, mas também de classe média e até de classe média alta, algumas ocupando irregularmente a faixa marginal de proteção da lagoa de Jacarepaguá e do rio Pavuninha, locais de proteção ambiental. A comunidade avançara, ainda, sobre a área pública destinada à duplicação do trecho final da avenida Abelardo Bueno, importante via da Barra da Tijuca. Após uma longa negociação com os moradores, que começou em 2013, a maioria das quase 600 famílias foi para o Parque Carioca, um condomínio construído pela prefeitura a cerca de um quilômetro da Vila, ou foi indenizada. Apenas 20 famílias rejeitaram a proposta de realocação, ou de indenização, e tiveram suas casas reconstruídas na mesma área.

Para reduzir o uso de recursos públicos, a prefeitura buscou viabilizar diversos projetos por meio de parcerias público-privadas. Diferentemente de edições anteriores dos Jogos, recursos privados bancaram uma parcela não desprezível das despesas com a construção das instalações. A PPP do Parque Olímpico, a maior parceria relacionada ao evento, foi viabilizada pela dação em pagamento do terreno do antigo autódromo, avaliado em 850 milhões de reais, a valores da época, à concessionária vencedora da licitação para construir o parque. O pagamento total pela prefeitura incluiu ainda 550 milhões de reais em dinheiro.

A PPP teve como escopo as obras de infraestrutura dos terrenos onde foram erguidos o Parque Olímpico, a contígua Vila dos Atletas – conjunto de 31 edifícios construído pela iniciativa privada, projetado para receber os atletas e, depois dos Jogos, ser comercializado – e o Parque Carioca, para onde foram realocados os moradores da Vila Autódromo. Incluiu ainda a construção de três pavilhões permanentes (as Arenas Cariocas 1, 2 e 3), de um hotel de 400 quartos, do Main Press Center (centro principal de mídia), bem como a manutenção e operação do complexo esportivo. Posteriormente, a construção do IBC (centro internacional de transmissão) também foi incorporada à PPP. Todas essas obrigações eram, originalmente, do governo federal.

Após os Jogos, as estruturas temporárias seriam retiradas e o local transformado em um novo bairro pelo consórcio vencedor da licitação da PPP, respeitadas as condições impostas no registro da escritura do terreno, as áreas públicas e o desenho do legado – cerca de 60% do terreno permaneceu sendo de uso público: ruas, jardins, praças, parques e a futura área do Centro Olímpico de Treinamento e Pesquisa (COTP), que compreende as arenas 1, 2 e 3, além das instalações de tênis, natação e velódromo.

Em 2011, logo após minha chegada, a prefeitura e o Instituto dos Arquitetos do Brasil divulgaram o resultado do concurso internacional para a escolha da empresa de arquitetura que projetaria o Parque Olímpico. Tido como o primeiro concurso urbanístico internacional realizado no Brasil, com 60 trabalhos inscritos, de 18 países, elegeu como vencedora a empresa inglesa Aecom, a mesma que tinha projetado o Parque Olímpico de Londres.

A Concessionária Rio Mais, formada pelas empresas Carvalho Hosken, Odebrecht e Andrade Gutierrez, foi a vencedora da licitação da PPP[55] para construir o Parque Olímpico. A Aecom ficou responsável pelo desenvolvimento do *master plan* – plano urbanístico que incluía, além do design, o projeto de ocupação do espaço no chamado Modo Jogos e os princípios fundamentais do bairro projetado para ser construído no local após as Olimpíadas, o Modo Legado. O consórcio formado pelas companhias Arcadis Logos e Concremat, contratado por concorrência pública, cuidou do gerenciamento dos projetos e das obras.

Além das empresas privadas, havia ainda uma complexa governança, com a participação de vários órgãos. A Casa Civil da prefeitura foi a contratante do consórcio privado e a responsável pelo acompanhamento da execução do contrato. A RioUrbe, estatal municipal vinculada à Secretaria de Obras, criou em sua estrutura um departamento de obras olímpicas, para fazer frente aos novos desafios. A EOM fez a coordenação geral do projeto, o que envolvia múltiplas atividades e interfaces, e teve a responsabilidade de controlar os cronogramas e o desenvolvimento do design das instalações. Os requerimentos técnicos para as arenas foram fornecidos pelo Comitê Organizador, representando as federações esportivas internacionais e o COI. Por fim, havia a participação do órgão de controle, o Tribunal de Contas do Município, para o qual apresentávamos, regularmente, o desenvolvimento do projeto.

Mas não parou por aí. Para tornar o trabalho ainda mais complexo, quatro instalações do Parque Olímpico não fizeram parte do escopo da PPP. O valor do terreno do antigo autódromo do Rio não foi suficiente para custear as obras da Arena do Futuro,[56] destinada ao handebol, do velódromo,[57] do centro de tênis[58] e do centro aquático.[59] As obras dessas quatro arenas foram pagas pelo governo federal e executadas pela prefeitura.

Essa situação demandou a elaboração de convênios entre os dois níveis de governo, para o repasse dos recursos, além de novas licitações, acompanhamento de orçamentos, contratos, medições de obras e pagamentos. Os projetos e a construção de cada uma dessas arenas tiveram que ser licitados separadamente. Com isso, foram incorporados ao processo, além do Consórcio Rio Mais e dos que já integravam a governança do parque, mais quatro projetistas e quatro construtoras, o Ministério do Esporte – que por sua vez atuava com o apoio de duas consultorias, a Fundação Ezute[60] e a FGV –, a Caixa Econômica Federal, que fazia os repasses dos recursos federais para a prefeitura, a Casa Civil da Presidência da República e o Tribunal de Contas da União (TCU). Muitas vezes as reuniões organizadas pela EOM para coordenar a elaboração dos orçamentos e das licitações tinham a participação de mais de 30 pessoas.

Um trabalho gigantesco, mas que chegou a bom termo. Em 2016, o Parque Olímpico foi o palco principal dos Jogos Olímpicos e Paralímpicos. Lá foram disputadas 16 modalidades olímpicas (basquetebol, judô, taekwondo, luta-livre, luta greco-romana,[61] handebol, tênis, ciclismo de pista, polo aquático, natação, nado sincronizado, ginástica artística, ginástica rítmica, ginástica de trampolim, esgrima e saltos ornamentais) e 10 paralímpicas (futebol de 5,[62] golbol,[63] judô, ciclismo, natação, bocha,[64] voleibol sentado, tênis em cadeira de rodas, rúgbi em cadeira de rodas e basquete em cadeira de rodas).

A construção do International Broadcast Center (IBC), ou centro internacional de transmissão, o maior candidato a elefante branco dos Jogos, foi um desafio monumental, cuja solução também passou pela iniciativa privada. Situado no Parque Olímpico, o espaço reservado à montagem dos estúdios de rádio e televisão com direito a transmitir os eventos esportivos é uma construção muito cara, não só por seu tamanho, mas também pelos múltiplos requisitos técnicos.

O IBC do Rio tem 85 mil metros quadrados de área construída. O prédio principal, com dois andares, equivale a um edifício de cinco andares, devido ao formato específico da construção. Em Londres, haviam tentado, sem êxito, uma parceria privada para construir o prédio e assegurar, antecipadamente, o legado. A construção foi bancada por recursos públicos e, quando lá estive, o chamavam de *"our problem building"*, "nosso prédio-problema", exatamente pela dificuldade em dar-lhe uma destinação pós-Jogos. Com tudo isso em mente, considerávamos imprescindível que o nosso centro de transmissão fosse erguido sem recursos públicos e que a difícil incumbência do legado não ficasse para a prefeitura.

A construção do centro de transmissão não fazia parte do escopo da PPP, por conta da insuficiência de recursos. Por isso, inicialmente tentamos encontrar uma empresa privada que construísse o prédio e o cedesse à prefeitura durante o período dos Jogos, mas não conseguimos. Levamos depois um bom tempo tentando estruturar parcerias com incorporadoras de imóveis e potenciais usuários de um espaço daquela dimensão, como universidades, estúdios de televisão e supermercados, também sem sucesso.

Após todas essas tentativas infrutíferas, e premidos pelo cronograma para erguer a complexa estrutura, foi necessário, para viabilizar a construção privada do IBC, aprovar uma nova legislação municipal. Em novembro de 2012, a prefeitura encaminhou à Câmara de Vereadores um projeto de lei propondo o aumento do gabarito (de 12 para 18 pavimentos) das edificações que seriam erguidas após os Jogos na área do Parque Olímpico. Esse já era o padrão praticado no entorno do futuro parque. Com a aprovação dessa lei, o Consórcio Rio Mais assumiu a tarefa de construir o IBC e dar-lhe uma destinação posterior. Essa foi, com certeza, uma das mais importantes conquistas na cruzada por não deixar elefantes brancos para a cidade!

Enquanto se buscava viabilizar a fonte de recursos para erguer o edifício, tentávamos também racionalizar os pesados e custosos requerimentos da instalação. A negociação dos aspectos técnicos do IBC com a Olympic Broadcasting Services (OBS), empresa ligada ao COI e responsável pela cobertura oficial dos Jogos, foi um longo e desgastante capítulo. As exigências mudavam com frequência, muitas delas descabidas, na opinião da equipe da prefeitura e, especialmente, do prefeito, que precisou intervir, em diversas ocasiões, para conseguir colocar um ponto final nas intermináveis discussões. Dada a relevância do centro de transmissão, responsável por levar as imagens das competições e da cidade para bilhões de telespectadores em todo o mundo, parecia à poderosa OBS que tudo era justificável. Deu muito trabalho e dor de cabeça.

Iniciada a obra, o problema passou a ser o de conter a ansiedade geral, principalmente da imprensa. Todos queriam ver as primeiras construções do Parque Olímpico aparecerem, mas era preciso tempo para a execução das obras de infraestrutura, que não são visíveis! Passamos a divulgar croquis mostrando o que estava acontecendo no solo e no subsolo,[65] como a colocação de estacas e pilares, sistemas de drenagem etc. A comunicação da evolução das obras subterrâneas revelou-se uma grande aliada, gerando expectativa positiva em relação ao andamento dos trabalhos.

O projeto Vizinhos Olímpicos também ajudou na comunicação com os moradores do entorno do parque. A formatação dessa iniciativa, cuja ideia já era embrionária na EOM, se deu a partir de uma pesquisa realizada pela concessionária Rio Mais em oito comunidades e 20 condomínios próximos à área onde estava sendo erguido o Parque Olímpico. As principais demandas dos entrevistados eram sobre a transparência dos projetos – conhecê-los melhor e saber como afetariam a vida deles – e o aumento do diálogo com as autoridades.

Com base nessas informações, e em conjunto com a subprefeitura da Barra da Tijuca e diversos outros órgãos municipais, a EOM criou um programa em que os moradores eram convidados, em pequenos grupos, a visitar o local das futuras instalações, receber informações e tirar dúvidas.

A programação incluía uma apresentação detalhada e a ida dos visitantes ao mirante do Parque Olímpico, com visão privilegiada para o canteiro de obras, "envelopado" com a identidade visual dos Jogos. A construção desse mirante foi também uma iniciativa da EOM, viabilizada pela concessionária, aproveitando parte da estrutura das antigas arquibancadas do autódromo. Ao final, os visitantes eram convidados a posar para fotos, que levavam como recordação, e ainda passavam a ter acesso aos canais de comunicação criados especialmente para o projeto, como o jornal *Vizinhos Olímpicos*, perfis no Facebook e no Twitter, e telefone para acesso ao WhatsApp.

As reuniões dos Vizinhos Olímpicos tiveram início no parque e depois se estenderam ao Complexo Esportivo de Deodoro. O primeiro passo foi a apresentação do programa a generais e outros oficiais do Exército, no Palácio Duque de Caxias, quartel-general do Comando Militar do Leste, localizado no centro do Rio. O evento abriu caminho para as apresentações na Vila Militar e, posteriormente, para as atividades do plano de comunicação.

Com relação às arenas esportivas, um dos assuntos mais polêmicos foi o da construção do velódromo olímpico. Eu fui uma das primeiras a me insurgir veementemente contra a ideia de construirmos uma nova instalação. Mas bastou uma visita ao velódromo dos Jogos Pan-Americanos para verificarmos a inadequação da arena. Com a madeira da pista em mau estado de conservação, colunas que impediam parcialmente a visão dos ciclistas na disputa e sem vedação externa, o velódromo do Pan estava muito aquém dos requerimentos técnicos de um velódromo olímpico. Essa condição foi atestada por um relatório da União Internacional de Ciclismo (UCI), que realçou especialmente dois aspectos: o da segurança dos atletas e o da possibilidade de serem alcançados novos recordes olímpicos.

Para avaliar a pista, a UCI realizou um teste chamado de velocidade máxima. A prova consiste em, após um período de aquecimento, os ciclistas darem pelo menos seis voltas na zona de *sprint*, entre as linhas preta e vermelha da pista, sem que, nas curvas, o piloto saia da área delimitada, mesmo com toda a pressão exercida pela força centrífuga. Quanto menor a velocidade máxima potencial da pista, maior a dificuldade dos ciclistas de se manterem na linha de *sprint*. O teste da pista do antigo velódromo foi realizado por um delegado técnico da UCI, que pilotou uma moto e chegou a 65km/h, e um ciclista experiente, que alcançou 67km/h. Para ser considerado um velódromo olímpico era preciso ser possível atingir a velocidade de 85km/h a 110km/h. Com base nesses resultados, a UCI, maior autoridade do esporte no mundo, inviabilizou a utilização do antigo velódromo para os Jogos Olímpicos de 2016. A pista do Pan foi considerada apropriada, apenas, para treinamento e competições locais.

Paralelamente, a prefeitura realizou estudos que mostraram que o custo de uma nova instalação, adequada para as Olimpíadas, seria praticamente equivalente ao da reforma da estrutura já existente. Dados os fatos, a decisão do prefeito foi construir um novo velódromo, em local contíguo ao das demais arenas permanentes do Parque Olímpico, de modo a obter uma melhor logística para os deslocamentos dos atletas, espectadores e visitantes, e menores custos de manutenção após os Jogos. A preocupação era relevante, pois as instalações permanentes formariam o Centro Olímpico de Treinamento, principal legado esportivo dos Jogos Rio 2016, destinado ao treinamento de atletas de alto rendimento e à realização de competições internacionais. Segundo notícias veiculadas em dezembro de 2016, o Ministério do Esporte assumiu por 25 anos os custos de manutenção e administração do centro de tênis, do velódromo e das arenas 1 e 2.[66] A arena 3[67] permanece sob gerenciamento da prefeitura e é usada como centro de treinamento e para eventos escolares.

Para viabilizar o seu reaproveitamento, o antigo velódromo foi cuidadosamente desmontado para ser transportado ao seu destino pelo Ministério do Esporte. Após meses armazenado no terreno do parque, o material teve que ser retirado para dar andamento às obras, sendo transferido para a área vizinha da Aeronáutica. Foi, depois, finalmente transportado pelo Ministério do Esporte para a cidade de Pinhais, no Paraná, onde seria remontado. Fico frustrada em saber que isso ainda não aconteceu, pois foi um dos assuntos pelos quais mais me empenhei. Já o velódromo olímpico passou de arena-problema a queridinha. Nos Jogos de 2016, 26 recordes olímpicos ou mundiais foram batidos na instalação!

O Campo Olímpico de Golfe foi uma instalação esportiva que também despertou muita discussão e controvérsia. O esporte foi incluído nos Jogos após o Rio ter ganhado a candidatura e, inicialmente, aventou-se a possibilidade de as competições serem realizadas em um dos campos já existentes na cidade. O Comitê Organizador, depois de avaliá-los sob a ótica dos requisitos técnicos, concluiu, em relatório entregue ao município, pela inviabilidade de sua adaptação e tomou a decisão de realizar um concurso internacional, em 2011, para escolher o projeto do futuro campo.

O primeiro campo olímpico de golfe depois de o esporte ficar mais de 100 anos fora dos Jogos foi construído em um trecho da área de proteção ambiental de Marapendi, na Zona Oeste da cidade, que havia sido bastante degradado por extração de areia e fabricação de concreto. Para viabilizar a construção do campo nesse espaço, a prefeitura encaminhou um Projeto de Lei Complementar à Câmara de Vereadores, aprovado e sancionado pelo prefeito Eduardo Paes em 14 de janeiro de 2013. A Lei Complementar 125 incluiu o golfe entre as atividades ali permitidas e adequou o zoneamento ambiental, permitindo a recuperação do ambiente natural, em linha com a proposta do vencedor do concurso internacional realizado pelo COJO.

O projeto do campo foi elaborado pelo escritório americano Hanse Golf Course Design, referência mundial no setor. Deu destaque à restauração ambiental do terreno, para resgatar a formação natural de dunas, cuja areia havia desaparecido após anos de exploração irregular. As obras começaram em 2013 e incluíram dragagem dos lagos situados dentro do campo, que estavam assoreados, implantação do sistema de irrigação – com água do próprio sítio –, plantio de grama, retirada de vegetação exótica e recomposição da vegetação de mangue e restinga. Durante a obra já podíamos observar a volta da fauna ao local. Capivaras, belos pássaros e até jacarés passaram a ser olímpicos frequentadores do campo! Em 2016 foi catalogada a presença, na área, de 263 espécies da vida local, contra 118 registradas antes das intervenções, em 2013.

Para atender aos requerimentos de um campo de golfe olímpico, como extensão, grau de dificuldade e número de buracos, uma parte da área do Parque Natural Municipal de Marapendi (58,5 mil metros quadrados) teve seus limites alterados e foi incorporada à instalação esportiva. Embora a porção cedida representasse apenas 3,5% do seu terreno, como compensação a prefeitura criou, por meio do Decreto 34.443/2011, um novo parque contíguo ao de Marapendi, o Parque Municipal Nelson Mandela, com 1,6 milhão de metros quadrados. Juntos, os parques de Marapendi e Nelson Mandela têm 3,218 milhões de metros quadrados, o que equivale a 2,7 vezes o tamanho do Parque do Flamengo.

Para viabilizar o investimento privado de 60 milhões de reais para a construção do Campo Olímpico de Golfe, que foi pago e executado pelos donos do terreno, sob a coordenação do Comitê Organizador dos Jogos, foi necessária mais uma nova lei. A Lei Complementar 133, de 30 de dezembro de 2013, autorizou a transferência de 250 mil metros quadrados de potencial construtivo da área do Parque Nelson Mandela para outras regiões próximas. Sem prejuízo da área de proteção ambiental, nem aumento de gabarito, a prefeitura aplicou o instrumento da readequação do potencial construtivo na área remanescente do terreno (vizinha ao campo de golfe), onde são permitidas construções, pelo Decreto Municipal 36.795/2013.

Após os Jogos, o campo foi cedido à prefeitura pelo prazo de 20 anos e repassado, por convênio, para ser gerido por uma associação sem fins lucrativos. Aberto à população e a todos que queiram praticar o esporte, mediante o pagamento de ingresso, seu propósito é promover o golfe no Brasil e na América do Sul, manter uma escolinha gratuita do esporte, especialmente para crianças e adolescentes que morem no entorno, e incentivar o turismo direcionado à prática do golfe, uma fonte de receita expressiva em muitos países.

MEU PRIMEIRO MOMENTO de dúvida em permanecer à frente da Empresa Olímpica foi quando a prefeitura assumiu a responsabilidade pela execução do Complexo Esportivo de Deodoro, em 2013. Embora as obras do espaço, que já havia sediado algumas competições dos Jogos Pan-Americanos e os Jogos Militares, fossem um encargo federal, haviam sido delegadas, por convênio, ao governo do estado do Rio. O problema é que não avançavam. Nada acontecia, os prazos se tornavam cada vez mais exíguos, a pressão do COJO e do COI aumentava, até que o prefeito decidiu assumir o projeto. Seu entendimento, com razão, era que, se alguma obra não fosse concluída, o fracasso seria imputado também à prefeitura, independentemente de quem fosse o responsável. Não havia meio-termo nos Jogos Olímpicos: tudo tinha que dar certo.

Inicialmente fui contra, resisti. Tinha conseguido organizar a empresa e acompanhava todos os projetos em profundidade. Meu receio, que se revelou em parte fundado, era de que eu não conseguiria continuar olhando tudo no mesmo grau de detalhe e ainda seria preciso aumentar a estrutura da EOM. Mas acabei convencida de que era inevitável assumirmos Deodoro e arregacei as mangas, para nos adequarmos à nova situação. Criamos, na EOM, funções-espelho às do parque, para atuarmos em Deodoro, e a RioUrbe também adaptou sua estrutura para encarar mais essa responsabilidade.

O Complexo Esportivo seria composto pelas instalações já existentes, que precisavam de adaptações, além de novas, mais simples do que as do Parque Olímpico. Arenas construídas para os Jogos Pan-Americanos de 2007, como o Centro Nacional de Tiro Esportivo, o Centro Nacional de Hipismo e parte da estrutura para o pentatlo moderno, deveriam passar por adequações e seriam integralmente utilizadas. Os campos de hóquei sobre grama seriam substituídos, para atender aos requisitos da federação internacional da modalidade.

Em Deodoro aconteceriam as competições de 11 modalidades esportivas olímpicas: hipismo (saltos, adestramento e concurso completo de equitação), ciclismo BMX, ciclismo mountain bike, pentatlo moderno,[68] tiro esportivo, canoagem *slalom*, hóquei sobre grama, rúgbi e basquete; e quatro modalidades paralímpicas: tiro esportivo, hipismo, esgrima e futebol de 7.[69]

As instalações de canoagem *slalom*, BMX e mountain bike, esportes considerados radicais, foram agrupadas em uma mesma área, chamada de Parque Radical, que, após o evento, foi transformada em parque público, um dos maiores do Rio, com cerca de 500 mil metros quadrados. O parque está localizado em uma região que tem grande concentração de jovens e um dos menores Índices de Desenvolvimento Humano (IDH)[70] da cidade. No verão anterior aos Jogos, o prefeito Eduardo Paes abriu o lago da canoagem, adaptado como piscina pública, inclusive com degraus acessíveis, para uso recreativo da população do entorno. Um sucesso!

Em agosto de 2013, o governo do estado havia contratado o escritório Vigliecca & Associados, vencedor da concorrência pública internacional para a elaboração do plano urbanístico e dos projetos básico e executivo da Zona Olímpica de Deodoro. Em seguida, a prefeitura assumiu informalmente os trabalhos, antes mesmo da transferência oficial das responsabilidades. Foi tensa e exigiu muito foco e esforço a negociação dos documentos entre os governos federal, estadual e municipal para a transferência do projeto para a cidade. Graças ao comprometimento e à competência do procurador-geral do município, Fernando Dionísio, e de sua equipe, conseguimos formalizar, em tempo recorde, essa situação inédita de um projeto que percorreu as três instâncias de governo. Além do governo do estado e de todas as outras interfaces da já complicada governança dos projetos das instalações olímpicas, a obra do Complexo Esportivo de Deodoro agregaria mais um interlocutor – o Exército Brasileiro, dono da área.

O segundo semestre de 2013 foi um período difícil e exaustivo. Enquanto as obras da PPP do Parque Olímpico aconteciam, com vários dos percalços já relatados, trabalhávamos intensamente na preparação dos orçamentos das quatro arenas do parque que não haviam sido incluídas na PPP, para podermos licitar seus construtores. As reuniões se sucediam, intermináveis, com quatro diferentes projetistas, mais os interlocutores usuais, acrescidos de representantes do TCM, Ministério do Esporte, FGV, Fundação Ezute e CEF.

Pelas regras públicas, para construir os orçamentos que servem de base para as licitações, são necessárias pelo menos três cotações de preços para cada um dos numerosos itens dos projetos. Como eram instalações não usuais, nem as listas de preços usadas pela prefeitura, nem as do governo federal continham parcela relevante dessas referências. A FGV ficou responsável pelas cotações de todos os itens das arenas denominados "especiais", que não constavam nos sistemas públicos de preços. Um trabalho hercúleo, com tempo curto para sua execução. Exigiu acompanhamento permanente, feito com lupa e capitaneado por Silvia Rezende, da EOM, que já trabalhara comigo na CSN e na Icatu.

Simultaneamente, começamos a nos dedicar, com afinco, aos projetos que serviriam de base para os orçamentos e licitações das obras do Complexo Esportivo de Deodoro! Não foi fácil. Utilizamos o mesmo complicado processo descrito anteriormente, em um ritmo mais intenso e com um número ainda maior de reuniões e interlocutores. Os cronogramas de Deodoro, a partir da data em que assumimos sua responsabilidade, foram desenhados de trás para a frente, da data de entrega para a de início. Os prazos eram exíguos e desafiadores. Tínhamos que contar também com a ajuda da natureza, pois em algumas instalações, como nas de pentatlo, cross country e hipismo, era necessário haver tempo para o crescimento e enraizamento da grama.

Mais do que nunca, pautamos nosso trabalho pelos critérios já estabelecidos inicialmente, de economicidade, simplicidade, acessibilidade e legado. Na Arena da Juventude, ou Arena Deodoro,[71] por exemplo, 3 mil dos 5 mil lugares previstos eram temporários. Foi temporário, também, o circuito de ciclismo mountain bike. Para que a competição de canoagem *slalom* pudesse ocorrer em Deodoro, a área da instalação foi reduzida em 40% e o traçado foi simplificado, reduzindo o valor de construção e, principalmente, de manutenção pós--evento. Não foram poucas as reuniões e os embates com o COJO e as federações internacionais para chegarmos a um entendimento.

No início de 2014, os editais para as licitações das arenas excluídas da PPP do Parque Olímpico estavam publicados e a batalha dos projetos e orçamentos de Deodoro continuava em curso. O tempo voava. A preocupação com o cronograma era tanta que solicitei ao governo federal enviar, permanentemente, representantes do Ministério do Esporte e da Caixa Econômica Federal, para ficarem sediados na Empresa Olímpica. A tentativa era aproximar as equipes e encurtar o tempo de trâmite dos processos. A providência ajudou, mas não na dimensão que eu imaginara. A atuação conjunta não foi simples, especialmente entre o Ministério do Esporte e a Caixa, que, mesmo lado a lado, replicavam atividades e controles.

Em março de 2014, o município já havia concluído a licitação para as melhorias viárias no interior e no entorno do complexo, e, em abril, os editais das obras foram publicados, dando prosseguimento ao processo. Apesar das circunstâncias inicialmente desfavoráveis, o time da prefeitura fez um ótimo trabalho, entregando tudo que estava sob sua responsabilidade. Depois dos Jogos, o Ministério do Esporte firmou um acordo de cooperação com o Exército para a administração das arenas de Deodoro. O Parque Radical, com as instalações da canoagem *slalom* e do ciclismo BMX, ficou sob responsabilidade da prefeitura. Foi reaberto ao público em setembro de 2017, apenas aos domingos.

Após a minha saída da Empresa Olímpica, e ainda em 2014, fui condecorada com a Medalha do Pacificador – Duque de Caxias, comenda concedida a militares e civis, nacionais e estrangeiros, que tenham prestado serviços relevantes ao Exército brasileiro. Em 2017, já no BNDES, recebi a condecoração da Ordem do Mérito da Defesa, destinada a premiar os que prestaram relevantes serviços às Forças Armadas. Em fevereiro de 2018, recebi a notícia de que fora distinguida com a Medalha Mérito Desportivo Militar, destinada ao reconhecimento de relevantes serviços prestados ao desporto militar. Fiquei honrada e agradecida por esses reconhecimentos aos nossos esforços, que compartilho com todo o time da prefeitura.

Outro projeto crítico coordenado pela Empresa Olímpica e executado a muitas mãos foi o da ampliação da oferta de acomodações na cidade, que contava com cerca de 20 mil quartos de hotel em 2010. Com poucos investimentos, a rede hoteleira local era antiga e os preços das diárias, elevados, devido à baixa competição. Havia uma grande preocupação em relação à hospedagem da família olímpica e dos turistas, e o compromisso da cidade era expandir significativamente o número de quartos.

Para estimular a expansão da rede hoteleira, a prefeitura havia conseguido aprovar em 2010, ainda antes da Copa do Mundo, a lei municipal 5.230, com incentivos tributários e construtivos. Os novos hotéis, contratualmente, deveriam destinar pelo menos 90% dos quartos a uso durante os Jogos.

Com uma enorme quantidade de obras acontecendo simultaneamente, de diversas naturezas e em diferentes pontos da cidade, os desafios cresciam exponencialmente. Um dos aspectos mais sensíveis do projeto de acomodações era o licenciamento, condição necessária para o início das novas construções.

O licenciamento municipal passa por diversos órgãos, inclusive estaduais, e ainda é burocrático e moroso. A EOM coordenou a revisão do processo para o licenciamento e, em conjunto com a Secretaria de Urbanismo e a agência de promoção de investimentos Rio Negócios, desenvolveu um mecanismo de *fast track,* expediente administrativo que permitiu agilizar a concessão da licença. Além de identificar os processos com um "selo olímpico", o que lhes assegurava trâmite prioritário, havia reuniões semanais com representantes dos órgãos municipais e estaduais envolvidos para que as pendências fossem discutidas e resolvidas presencialmente, ou encaminhadas a instância superior, para rápida solução. Quando ocorria um impasse ou algum problema não usual, levávamos a questão ao prefeito e ele partia em busca de seu equacionamento.

O fato de eu ter trabalhado anteriormente na prefeitura e conhecer os órgãos e as pessoas ajudou muito na interlocução e coordenação desse projeto. A Secretaria de Urbanismo, com Maria Madalena Saint-Martin à sua frente desde janeiro de 2013, arquiteta e servidora municipal que eu já conhecia da época da SMF, foi uma parceira fundamental e incansável. Francisco Grelo, da Rio Negócios, também foi um importante elo da cadeia, estabelecendo os contatos com os investidores privados e mantendo atualizada uma detalhada planilha, que servia de base para o controle das pendências e dos cronogramas. Pelo COJO, participava Patricia Hespanha, profissional com muita experiência no assunto e que foi um sólido pilar para o trabalho.

Uma nota curiosa é que o projeto, previsto para abranger o setor hoteleiro, se estendeu para os motéis. Estimulados pelos incentivos vigentes para o período olímpico, eles buscaram fazer as adequações necessárias para se converter em hotéis e poder receber hóspedes durante os Jogos.

O resultado do trabalho do grupo de acomodações foi transformador. O Rio ganhou mais 15 mil quartos, passando a dispor de uma oferta de aproximadamente 35 mil unidades, um aumento de 76% em relação a 2010! Um grande feito, em período tão curto de tempo. Essa expansão da rede hoteleira beneficiou diversas áreas da cidade, melhorando a distribuição geográfica dos quartos, gerando novos empregos e qualificando a cidade para sua inequívoca vocação turística.

Os antigos hotéis se renovaram, para poder competir com os novos estabelecimentos, e novas bandeiras chegaram pela primeira vez à cidade. No bojo dos acontecimentos, até mesmo o Hotel Nacional, projeto de Oscar Niemeyer em São Conrado, abandonado havia anos e fator de degradação do entorno, foi recuperado, após muitas idas e vindas e uma firme condução do processo pela prefeitura. Infelizmente, apesar de todos os nossos esforços, não foram retomados os trabalhos de reforma do Hotel Glória, no bairro de mesmo nome, um dos mais tradicionais e elegantes do Rio. O empresário Eike Batista, que chegou a ser apontado como um dos homens mais ricos do mundo, comprou o hotel em 2008 e anunciou a intenção de transformá-lo em um seis estrelas. Menos de dois anos depois, porém, as obras foram interrompidas e, em meio à crise do Grupo EBX, que levou o empresário a perder sua fortuna, o hotel nunca mais foi reaberto, apesar de sua propriedade ter passado, em 2016, ao fundo Mubadala, de Abu Dhabi.

Nossa preocupação principal, desde o início, era com o legado das Olimpíadas. O lema "Os Jogos devem servir a cidade e não a cidade aos Jogos" era nosso norte, e o prefeito nos instava, permanentemente, a simplificar ao máximo as estruturas das arenas e a projetar de forma temporária o que fosse supérfluo. Ficávamos, muitas vezes, assustados com o alto custo de uma instalação provisória, que seria usada apenas no período olímpico. Mas aprendemos que o maior custo de uma instalação, ao longo de sua vida, não é o valor investido na obra, e sim o valor presente de sua manutenção. Buscando a melhor solução custo-legado, chegamos a avaliar a compra de alguns equipamentos temporários de Londres – polo aquático, basquete, tenda do tiro e assentos do centro aquático –, mas as despesas de transporte e montagem eram muito altas e inviabilizaram a iniciativa.

Durante os Jogos, não é permitido usar veículos particulares, ou mesmo táxis, para chegar às instalações olímpicas. Por questões de segurança, o público tem que andar uma distância razoável, às vezes mais de um quilômetro, entre o transporte público mais próximo e as instalações olímpicas. São as chamadas *last miles*, o caminho que precisa ser percorrido a pé. Era necessário recuperar o entorno das arenas olímpicas para tornar agradável a experiência do espectador. O norte para esse trabalho foi a preocupação com a utilização dos espaços pela população após a Rio 2016. Foram recuperadas as cercanias das instalações, integrando-as à cidade e criando áreas de lazer para as pessoas que moram nas proximidades.

A mudança mais transformadora da cidade foi impulsionada pelo projeto de mobilidade urbana, que conectou a Zona Oeste, até então sem acesso à rede de transporte público de alta capacidade. Os três corredores BRT,[72] o veículo leve sobre trilhos (VLT)[73] e a duplicação do elevado do Joá (que liga a Zona Sul à Barra da Tijuca, na Zona Oeste), desenvolvidos pela prefeitura, e a Linha 4 do Metrô, pelo estado, foram fundamentais para o transporte do público, dos atletas e da família olímpica, mas, principalmente, para a vida cotidiana da cidade, seus moradores e visitantes. A redução no tempo gasto em deslocamentos diários resultou em ganho expressivo na qualidade de vida da população.

O Porto Maravilha é um ótimo exemplo de legado decorrente do foco e urgência das Olimpíadas. Antigo projeto que nunca havia deslanchado, a revitalização da região portuária ocorreu por meio de uma parceria público-privada e devolveu o merecido lugar de destaque ao centro histórico carioca. Em uma área de 5 milhões de metros quadrados, antes decadente e de difícil acesso, foram criadas novas frentes de desenvolvimento, foi valorizado o patrimônio cultural e surgiram atrações de peso, como o Museu de Arte do Rio, o Museu do Amanhã, a área de convivência do Boulevard Olímpico, o AquaRio e o Cais do Valongo. Este último, parte da herança africana do Brasil, foi elevado, em 2016, à categoria de Patrimônio da Humanidade pela Unesco.

Hoje o Porto Maravilha é um local com intenso fluxo turístico e está reincorporado ao cotidiano dos cariocas. Não posso deixar de lembrar um dos maiores entraves ao projeto, que foi a aguerrida polêmica a respeito da demolição do elevado da Perimetral, que, partindo do início do Parque do Flamengo, contornava o centro da cidade e a região portuária, indo até o início do bairro do Caju. A demolição dos cerca de 5,5 quilômetros do viaduto começou em fevereiro de 2013 e terminou no fim de 2014, livrando aquela belíssima paisagem de um monstrengo e devolvendo à cidade a visão da baía de Guanabara e de construções históricas!

A revitalização da Marina da Glória foi outro antigo nó desatado na preparação da cidade para os Jogos. Próxima ao centro da cidade e ao aeroporto Santos Dumont, a Marina está localizada em uma área tombada do Parque do Flamengo. Essa condição já havia levado ao fracasso de vários projetos de restauro, que sempre esbarravam em restrições ambientais ou do Instituto do Patrimônio Histórico e Artístico Nacional (Iphan),[74] levando a área a uma situação de semiabandono.

Em 2009, a concessão da Marina passou para o empresário Eike Batista, que finalmente conseguiu a aprovação do Iphan para seu projeto, apesar de este ter sido duramente criticado por arquitetos, urbanistas e outros formadores de opinião, por seus possíveis impactos paisagísticos. A intenção era construir um centro de convenções para 700 pessoas e 50 lojas, além da ampliação do estacionamento.

O projeto foi revisto e simplificado e, depois que os negócios de Batista começaram a ruir, a concessão municipal foi assumida pela empresa BR Marinas. Faltando apenas dois anos para o Rio 2016 e com prazos apertados – inclusive para o Aquece Rio Regata Internacional de Vela 2015, evento-teste que aconteceria em agosto de 2015 –, a prefeitura editou um decreto que definiu o modo de ocupação da área e possibilitou o início das obras.

Em abril de 2016, a BR Marinas e a prefeitura anunciaram a abertura do espaço ao público. Os píers foram reformados e foi criado um polo gastronômico, com quatro restaurantes e uma delicatéssen, além de nova infraestrutura de redes de esgoto, elétrica e hidráulica. Houve aumento do número de vagas molhadas e secas para barcos e para o estacionamento de automóveis. A Marina da Glória ganhou, ainda, ciclovia, bicicletários, banheiros, um mirante com vista para o Pão de Açúcar, lojas náuticas e espaço específico para pescadores. Hoje a área recuperada e revitalizada funciona integrada à cidade, permitindo a circulação da população e não estando mais restrita apenas aos usuários das embarcações.

Outros projetos, direta ou indiretamente ligados às Olimpíadas, se somam ao legado, como a tão esperada reforma do decadente aeroporto internacional Tom Jobim e a construção do Parque Madureira, transformador para o bairro e para a cidade. Mas é claro que os Jogos não tinham o propósito, nem a pretensão, de resolver todos os problemas do Rio.

No quesito acessibilidade, por exemplo, que permeou o trabalho das instalações esportivas e de seu entorno, não conseguimos avançar tanto quanto desejávamos. Realizamos um seminário na prefeitura para discutir o tema com os órgãos competentes e criamos, em parceria com eles, um caderno de calçadas e um manual de acessibilidade. Mas não foi possível levar o conceito para toda a cidade. Foi uma frustração pessoal. Quando meu marido adoeceu, pude avaliar como é uma missão quase impossível transitar com cadeira de rodas pelas calçadas do Rio. Desejo que consigamos, em um futuro não distante, tornar nossa cidade mais inclusiva e acolhedora para todos, em especial para os que têm restrições à locomoção.

Os Jogos não foram – nem pretendiam ser – uma panaceia, mas claramente contribuíram para dar foco e senso de urgência a várias questões de interesse da cidade. A liderança do prefeito e a capacidade de execução da prefeitura fizeram toda a diferença.

Nos primeiros meses de 2014, eu estava cansada, pois, além do trabalho árduo e estressante, os dois anos anteriores ao meu retorno à prefeitura haviam sido de muito desgaste pessoal. A fase de projetos estava no fim, as obras do Parque Olímpico em andamento e as licitações para as obras de Deodoro em curso. Após essa etapa, teriam início os preparativos para a operação dos Jogos, uma nova fase de entregas. Olhei para a frente, me dei conta de que faltavam dois anos para o início dos Jogos e achei que era o momento para sair do comando da Empresa Olímpica.

Comuniquei minha decisão ao prefeito em meados de março. Após certificar-se de minha firmeza de propósito, ele me convidou para continuar colaborando como sua assessora especial. Refleti e aceitei a proposta, pois havia acumulado muito conhecimento específico do projeto e julguei que seria irresponsável simplesmente ir embora.

Nos anos em que estive à frente da EOM, o prefeito, a quem eu conhecia de longa data, me deu espaço e delegação para exercer as funções de coordenação dos projetos olímpicos municipais. Além dos Jogos, ele tinha que administrar a cidade! Com todo o estresse inerente à organização do evento, não posso negar que, de vez em quando, houve momentos de tensão, mas foram logo contornados. Podem imaginar, em um projeto tão visível e emblemático, com tantas pessoas e interfaces, quantas histórias fantasiosas prosperavam. Inevitavelmente, davam margem a desentendimentos pontuais.

Acredito que o meu papel de coordenação – cobrando, incentivando, unindo pontas – tenha sido importante para a construção do projeto olímpico. Talvez o prefeito nem tenha a percepção exata da dimensão do trabalho realizado pela EOM, pois tudo era tão corrido e intenso que muitas questões eu nem sequer conseguia levar para ele, buscando dar prioridade, em nossos despachos semanais, aos problemas e às urgências.

A multiplicidade de temas, instituições e pessoas e os prazos curtos de execução e entrega tornaram desafiador o meu trabalho à frente da EOM. O fato de ser organizada, disciplinada e já ter um método de trabalho bem estabelecido foi crucial. As anotações das reuniões e tarefas/pendências em meus cadernos, o hábito de enviar e-mails com lembretes para mim mesma, que eu revia a cada domingo, as reuniões periódicas com as diferentes equipes – dessa vez com times variados – foram determinantes para que eu conseguisse dar bom andamento a tantos assuntos. Em nenhum outro momento em minha carreira, a habilidade para cobrar follow-up, articular e coordenar equipes e garantir entregas nos prazos foi tão exigida e determinante.

O anúncio da minha saída aconteceu em abril e ainda permaneci um mês fazendo uma transição com meu sucessor, Joaquim Monteiro de Carvalho, que tinha trabalhado nos Jogos de Londres 2012, na área de logística e operações, e é um dos fundadores do movimento Rio Eu Amo Eu Cuido. A partir daí, o prefeito foi assumindo muitas funções que antes estavam sob minha responsabilidade. Continuei como assessora de Eduardo Paes, e colaborando com Joaquim, até abril de 2016, quando me desliguei totalmente. Em maio, em mais uma inesperada guinada em minha vida, voltei para o BNDES.

Em junho, já presidente do BNDES, desfrutei as Olimpíadas do Rio como espectadora e integrante do time que percorreu as ruas da cidade levando a tocha olímpica,[75] momento inesquecível em minha vida. Carreguei a tocha em meu bairro, Ipanema, com a presença de meus filhos, familiares e amigos. Fiquei muito emocionada quando fui ao Parque Olímpico, pela primeira vez, durante os Jogos. O parque estava lindo e o astral era maravilhoso. O carioca sabe fazer festa como ninguém!

O maior evento esportivo do planeta trouxe para a cidade 1,17 milhão de visitantes, dos quais 410 mil eram turistas estrangeiros, segundo balanço divulgado após os Jogos Rio 2016 pelo governo federal e pela prefeitura. A ocupação da rede hoteleira, ampliada para o evento, chegou a 94%, comparada a 65% registrados no mesmo período de anos anteriores, com um número bem menor de hotéis. A maior parte dos turistas veio dos Estados Unidos, da Argentina e da Alemanha, segundo as mesmas fontes.

Com 465 atletas, o Time Brasil obteve o recorde de 19 medalhas, sendo sete de ouro, seis de prata e seis de bronze, e a inédita 12ª colocação no quadro geral de medalhas, empatado com a Holanda. O maior número de ouros que o Brasil havia conquistado, até então, era de cinco medalhas, em Atenas 2004.

Nos Jogos Olímpicos Rio 2016, subimos ao pódio em 12 modalidades: atletismo, boxe, canoagem velocidade, futebol, ginástica artística, judô, maratonas aquáticas, taekwondo, tiro esportivo, vela, vôlei e vôlei de praia. Entre esses esportes, a canoagem e a maratona aquática nunca haviam trazido medalhas para o país.

Nos Jogos Paralímpicos, nosso desempenho foi ainda melhor. O Brasil foi o oitavo colocado, com 14 ouros, 29 pratas e 29 bronzes. O total de 72 pódios em 13 modalidades foi um recorde, com aumento de 67% sobre os de Londres 2012.

Do ponto de vista da festividade, apesar dos desafios incomensuráveis, conseguimos encantar o Brasil e o mundo. As cerimônias de abertura, tanto dos Jogos Olímpicos quanto dos Paralímpicos, foram surpreendentes em sua beleza, criatividade e simplicidade. Sob a ótica da cidade, não tenho dúvida de que saímos vencedores. Fiquei orgulhosa.

CAPÍTULO 10

De volta ao BNDES:
No olho do furacão

EM 2016, PELA PRIMEIRA VEZ, pensei seriamente em trabalhar fora do Brasil. Reflexão difícil e sofrida. Ocupei, por muitos anos, diferentes posições de governo e nunca consegui entender como podemos viver de crise em crise em um país que tem tudo para dar certo e proporcionar oportunidades e qualidade de vida a seus habitantes. Naquele momento, eu estava muito preocupada com a situação das instituições e da economia brasileira e, especialmente, com o ambiente ético e a educação dos meus filhos. Recebi duas propostas atraentes para trabalhar no exterior e tentei persuadir Catarina e Olavo a irmos. Mas como eu e o pai achávamos importante que tivessem raízes permanentes no país, e, por isso, eles sempre estudaram em escolas brasileiras, não consegui convencê-los de que as premissas, pelo menos temporariamente, haviam mudado. Sem meus filhos, eu não iria.

Na manhã do dia 15 de maio de 2016, uma segunda-feira, meu celular tocou. Eu estava em casa, fazendo aula de inglês, para treinar um pouco de conversação, como sempre fazia antes das idas a Nova York para participar das reuniões do conselho de administração da Marsh & McLennan Companies Inc. (MMC). Interrompi a aula e atendi a ligação. Era o ministro da Fazenda, Henrique Meirelles. Ele me disse, para minha surpresa, que o presidente interino da República, Michel Temer, ligaria em algum momento naquela tarde, com o intuito de me convidar para a presidência do BNDES.

No fim da tarde, enquanto eu terminava os preparativos para a viagem, o presidente – com quem eu falava pela primeira vez – me ligou diretamente no celular, sem intermediários. Ele foi muito cortês e fez o convite em poucas palavras. Agradeci e respondi que havia uma condição fundamental para considerar o convite: ter autonomia para indicar toda a diretoria. Temer respondeu que sim, que eu teria essa liberdade.

Não pedi tempo para pensar. Aceitei. Se tivesse parado para refletir friamente, não sei se teria dito sim. Só naquela tarde, enquanto fiquei na expectativa do telefonema presidencial, já tinha em casa opiniões discordantes. Olavo gostou da ideia e me apoiou. Catarina foi contra. Naquela época vinham sendo publicadas muitas reportagens sobre denúncias de irregularidade em operações do BNDES, algumas se referindo ao banco como "caixa preta", em uma alusão ao formato do prédio, metáfora que havia colado na imagem da instituição. Cobravam dela mais transparência. Minha filha ficou muito preocupada de o meu nome vir a ser associado a essas e outras questões negativas.

Havia muitas críticas aos aportes de recursos no BNDES feitos pelo Tesouro Nacional para viabilizar políticas como a que foi apelidada pela imprensa de "campeões nacionais", de apoio a grandes grupos econômicos. Entre 2008 e 2014, o total emprestado pelo Tesouro ao BNDES foi de 440,8 bilhões de reais, em valores correntes,[76] gerando um passivo equivalente a 532 bilhões de reais em setembro de 2016, segundo dados da Secretaria do Tesouro Nacional (STN).

O Programa de Sustentação do Investimento (PSI), por meio do qual o BNDES repassou boa parte dos recursos aportados pelo Tesouro, também era alvo de duros questionamentos. Criado no segundo mandato do presidente Lula, em 2009, durante a crise do sistema financeiro internacional originada no mercado imobiliário americano e que se espalhou pelo mundo financeiro global, o programa, de caráter emergencial, teve sua vigência estendida até 2015. Liberou volume expressivo de empréstimos a juros fixos, na maioria dos casos inferiores à Taxa de Juros de Longo Prazo (TJLP), que era a taxa de referência para os empréstimos do banco e sempre inferior à taxa de mercado e, em alguns períodos, até mesmo abaixo da taxa de inflação.

Os recursos do Tesouro provinham de captações feitas a taxas de mercado e eram emprestados ao BNDES a prazos muito longos, em TJLP. A diferença entre as duas taxas foi absorvida pelo Tesouro Nacional, com dinheiro do contribuinte, representando um subsídio implícito, ou seja, sem dotação no orçamento da União. O outro diferencial, entre a TJLP e as taxas dos empréstimos do PSI, é ressarcido anualmente ao BNDES pelo Tesouro Nacional, durante o período de vigência dos empréstimos, novamente onerando o contribuinte. Apesar dos significativos subsídios que representaram, na prática, transferência de renda do contribuinte para as empresas tomadoras dos empréstimos, o PSI não conseguiu sequer manter a taxa de investimento da economia, medida pela Formação Bruta de Capital Fixo (FBCF). Após breve recuperação em 2010, a FBCF seguiu declinando, ou em patamares muito baixos, até atingir taxas significativamente negativas em 2014 e 2015, segundo os dados do IBGE. Em 2015 o país mergulhou na recessão, com taxas altas e crescentes de desemprego.

Outra questão correlata e também sensível foi que, em abril de 2015, uma auditoria do Tribunal de Contas da União (TCU) havia considerado irregulares os atrasos nos repasses do Tesouro ao BNDES, Caixa Econômica Federal e Banco do Brasil, relativos às equalizações de taxas de juros em 2013 e 2014, mecanismo descrito anteriormente. Esse expediente, apelidado de "pedaladas fiscais", ou seja, manobras contábeis para melhorar artificialmente o resultado das contas públicas, é vedado pela Lei de Responsabilidade Fiscal e foi o estopim do processo de crime de responsabilidade contra a presidente Dilma Rousseff.

Mais um tema polêmico, que estava sob intenso debate público, eram os financiamentos do BNDES às exportações de bens e serviços para obras de engenharia no exterior, principalmente em cinco países: Angola, Argentina, Cuba, Venezuela e República Dominicana. Os quatro maiores clientes do BNDES nesse segmento eram as construtoras Odebrecht, Andrade Gutierrez, OAS e Camargo Corrêa, todas sob investigação na Operação Lava Jato.

A demanda por mais transparência nas ações do BNDES tinha se desdobrado em uma verdadeira queda de braço entre o banco e o TCU. Um dos embates mais delicados decorreu de auditoria realizada em 2014 para examinar a regularidade das operações financeiras efetuadas pelo BNDES, a partir de 2009, em favor da JBS, empresa fundada em 1953 no interior de Goiás e que se tornara um dos maiores grupos privados do país, dono de marcas como a Friboi. Eu acompanhava esses acontecimentos pela imprensa e, para minha surpresa, vi que o BNDES havia impetrado mandado de segurança no Supremo Tribunal Federal (STF) contra a decisão do Tribunal de Contas que determinara que o banco entregasse as informações completas sobre as operações que estavam sob investigação. Ao recorrer, o BNDES alegara que parte das informações estava protegida por sigilo bancário.

Em maio de 2015 a primeira turma do STF negou o recurso, por maioria, e decidiu que deveriam ser informados ao TCU todos os dados relacionados às operações com o grupo JBS/Friboi, que atingiram o valor nominal de 7,5 bilhões de reais. O colegiado do Supremo seguiu o voto do ministro Luiz Fux, entendendo que "o envio de informações ao Tribunal de Contas da União relativas a operações de crédito, originárias de recursos públicos, não é coberto pelo sigilo bancário e que o acesso a tais dados é imprescindível à atuação do TCU na fiscalização das atividades do BNDES". Após perder o recurso, o banco entregou a sua base integral de dados de operações para o tribunal.

Esses fatos eram públicos e tinham me chamado a atenção, pois eu achava inusitado uma instituição pública ir à mais alta instância julgadora do país para questionar a atuação de seu próprio órgão de controle. Considerei a estratégia equivocada e até afrontosa. Em minha opinião, não é assim que se resolvem as questões dessa natureza, mas sim pela busca do entendimento. A demanda por mais informações, nessas e em outras operações, se desdobrou em inúmeras investigações do órgão de controle. Havia 52 auditorias em curso quando assumi a presidência do banco e, em pouco tempo, esse número dobrou, dificultando ainda mais as relações entre o BNDES e o TCU.

Logo após tomar posse, busquei me aproximar das instituições de controle, como fiz, habitualmente, em outras posições. Fui, com os ministros da Fazenda e do Planejamento, ao Tribunal de Contas da União para uma visita de cortesia ao então presidente do órgão, Aroldo Cedraz, que nos recebeu com sua equipe técnica. Os principais temas do encontro foram a possível antecipação do pagamento pelo banco de parcela dos empréstimos do Tesouro e a preocupação com o equilíbrio fiscal do país. Falamos também sobre as auditorias em curso no BNDES e do meu desejo de tornar mais cordial a convivência entre as duas instituições. A visita foi proveitosa e representou um primeiro passo para estabelecermos um bom relacionamento técnico com a superintendência do TCU no Rio, para discutir as questões do dia a dia e a evolução das auditorias.

A relação do BNDES com a Secretaria do Tesouro Nacional também não era fácil. Eu e a então secretária do Tesouro, Ana Paula Vescovi,[77] conseguimos, durante o período em que estive no banco, começar um processo de aproximação das instituições. Se o relacionamento não se tornou o ideal, pelo menos foi suficiente para que pudéssemos resolver uma série de questões. Diversas operações e muito da contabilidade "criativa" que conhecemos durante o processo de impeachment haviam envolvido os dois órgãos públicos, tornando o BNDES praticamente "o outro lado da moeda" do Tesouro.

ENTRE A PRIMEIRA experiência, da qual eu guardava as melhores lembranças, e o retorno, em meados de maio de 2016, minha vida havia apenas tangenciado, ocasionalmente, a do banco. Em geral eu acompanhava os assuntos a distância, pelas reportagens. Além das questões específicas do BNDES, o Brasil vivia um momento gravíssimo, com uma profunda crise econômica, política e institucional. O PIB havia decrescido 3,8% em 2015 e a economia continuava desacelerando, tendo apresentado, em 2016, uma retração de 3,6%, quase equivalente à do ano anterior. A Operação Lava Jato já estava a todo vapor, o processo de impeachment da presidente Dilma Rousseff havia sido iniciado e Michel Temer era presidente interino. O país estava partido, dividido entre os que apoiavam a saída da presidente e os que achavam que se tratava de um golpe.

Com esse confuso pano de fundo, o que mais pesou na minha decisão de aceitar o convite foi a convicção de que, se pudesse fazer alguma coisa pelo meu país, eu tinha que tentar. E eu não era uma andorinha solitária. Estava me somando a uma equipe econômica formada por profissionais de excelência, a maioria deles meus amigos ou conhecidos e com quem tinha muita afinidade. Pedro Parente seria presidente da Petrobras; Ilan Goldfajn, presidente do Banco Central; Eduardo Guardia, secretário executivo do Ministério da Fazenda; Ana Paula Vescovi, secretária do Tesouro Nacional; Mansueto de Almeida, secretário de Acompanhamento Econômico; e Henrique Meirelles já era então ministro da Fazenda. Formávamos um time muito compromissado com o Brasil, e isso foi fundamental para mim.

Também foi importante para a minha decisão o papel relevante do BNDES na economia brasileira. O banco sexagenário funcionou como alavanca do desenvolvimento desde sua criação, em 20 de junho de 1952. Durante décadas foi responsável pela formulação e execução da política nacional de desenvolvimento econômico. Eu admirava a competência e a qualidade técnica de seus quadros.

Além disso, o banco sempre foi muito caro para mim. Se fosse uma instituição com a qual eu não tivesse uma ligação prévia, talvez não tivesse tido o mesmo impulso de aceitar. Conforme relatei em capítulo anterior, no início dos anos 1990 eu tive lá uma experiência muito prazerosa, durante a presidência de Eduardo Modiano, quando participei do processo de privatização de empresas federais. Naquela ocasião fui muito bem recebida na casa e, ao sair, deixei amigos e boas recordações. No meu íntimo sempre tive a intuição, ou quem sabe a vontade, de que voltaria ao BNDES. Era como completar um ciclo.

Embora minha posse só tenha ocorrido no dia 2 de junho, comecei a trabalhar imediatamente após aceitar o convite. Não fui para Nova York no dia 15 de maio nem voltei mais à MMC, tendo renunciado à posição de membro do conselho de administração da companhia. No dia 18, iniciei um período de transição com o então presidente do BNDES e sua diretoria. O professor Luciano Coutinho, como era chamado na casa, era o presidente mais longevo da instituição, no cargo desde maio de 2007.

Para minha surpresa, a maioria dos funcionários nunca havia presenciado uma mudança de comando. A razão, além do extenso período de permanência de Coutinho, é que o corpo funcional havia passado por uma expressiva renovação, por conta de programas de demissão voluntária que incentivaram financeiramente os mais antigos – em torno de 900 pessoas – a saírem da instituição e de quatro concursos posteriores, que admitiram cerca de 1.400 funcionários.

O BNDES que eu conheci, no início dos anos 1990, tinha cerca de 1.200 empregados. Em 2016, eram em torno de 2.800 – em dezembro de 2016, havia 2.798 profissionais concursados e dez contratados transitoriamente, para exercício de cargos em comissão, totalizando 2.808 empregados, sem considerar os terceirizados. Constatei, admirada, que conhecia apenas meia dúzia de pessoas. A maioria dos funcionários que eu havia encontrado na primeira passagem não estava mais lá. Eles deveriam ser, em 2016, os mais experientes da instituição, mas já tinham deixado o banco no processo de demissão voluntária.

A consequência desse fato inusitado – demitir para depois contratar – foi que, atualmente, não apenas a idade média dos funcionários é muito baixa como também o banco perdeu parcialmente um ativo fundamental: a transmissão, de geração para geração, da história da instituição. Seus erros, acertos, diversas correntes de pensamento, diferentes missões como órgão de Estado, enfim, tudo o que compõe a alma de uma instituição sexagenária e central para o país. Isso me impressionou e entristeceu muito. Um comentário que eu fazia, de vez em quando, era que eu sentia muita falta de "cabelos brancos" no banco. Tenho certeza de que teriam sido valiosos e feito diferença.

O primeiro assunto abordado em minha reunião inicial com o então presidente foi a respeito da Fundação de Assistência e Previdência Social do BNDES (Fapes), o fundo de pensão dos funcionários do Sistema BNDES – composto por BNDES, BNDESPar e Agência Especial de Financiamento Industrial (Finame). A Fapes, cujo relacionamento com o banco estava sendo auditado pelo TCU, precisava apresentar uma proposta para equacionamento de seu déficit e também de migração do Plano de Benefício Definido (PBD) – em que o valor do benefício que o participante irá receber ao se aposentar é conhecido no momento da entrada no plano – para um novo plano de contribuição variável.

Na ocasião, o PBD da Fapes era o único plano em vigor, dessa natureza, ainda aberto a novos entrantes. Durante o período em que houve significativo aumento real nos salários dos funcionários do Sistema BNDES, o plano contava com regra de paridade entre o salário dos ativos e os benefícios dos inativos, transferindo a eles o aumento acima da inflação. Segundo o então presidente, havia negociações em curso, desde 2015, com a Superintendência Nacional de Previdência

Complementar (Previc) e a Secretaria de Coordenação e Governança das Empresas Estatais (SEST), para fechar o PBD a novos entrantes. Como alternativa, seria criado um plano de contribuição variável e haveria incentivos para a migração dos participantes do PBD. Nos planos de contribuição variável, o valor do benefício futuro depende das contribuições realizadas, do tempo de acumulação e do retorno dos investimentos.

Aquele foi o meu primeiro contato com esse importante assunto, que rapidamente se tornou urgente. Naquela ocasião o TCU já havia considerado indevidos os aportes extraordinários que foram realizados pelo Sistema BNDES, entre 2009 e 2010, ao plano administrado pela Fapes. Os aportes, que totalizavam cerca de 448 milhões de reais em valores nominais e aproximadamente 900 milhões de reais em valores corrigidos, tinham sido feitos pelas empresas patrocinadoras (BNDES, BNDESPar e Finame), sem a contrapartida financeira dos participantes do plano, ou seja, dos empregados beneficiários, ativos e inativos. Apesar das apelações contra a decisão, interpostas junto ao TCU pelo Sistema BNDES e pela Fapes, esse assunto nos daria muita dor de cabeça.

Um mês depois de eu assumir, comunicamos ao Tribunal de Contas que, além dos estudos já realizados pela própria Fapes para a reformulação do plano de benefícios, iríamos preparar novos estudos considerando cenários alternativos, baseados em informações fornecidas por uma ou mais empresas especializadas, contratadas por licitação pública. A reação da Fapes à nossa iniciativa foi explosiva: ingressaram com uma ação judicial de cobrança contra o Sistema BNDES de "dívidas reconhecidas e não pagas" de cerca de 5,2 bilhões de reais.

A Fapes cobrava da diretoria do BNDES, recém-empossada, quantia bilionária que alegava ser devida ao fundo de pensão em razão de alterações que tinham sido efetuadas no plano de cargos e salários dos empregados do Sistema BNDES, "decorrentes de decisão unilateral dos patrocinadores". De acordo com o fundo de pensão, essas mudanças "alteraram, também, unilateralmente o contrato previdenciário, elevando extraordinariamente as obrigações do Plano Básico de Benefícios". Estudos desenvolvidos pela Fapes haviam concluído que essas mudanças haviam levado ao "incremento imprevisto no Passivo Atuarial do Plano, sem a respectiva cobertura por parte desses patrocinadores".

No fim de 2016 foi eleita uma nova diretoria para a Fapes, que apresentou um plano para equacionar o déficit de 2015, já formatado, em linhas gerais, pela diretoria anterior. Não demorou muito e as associações que representam os participantes do fundo de pensão decidiram, em assembleia, entrar na Justiça com o objetivo de suspender o plano de equacionamento. No dia seguinte, foram veiculadas notícias na imprensa[78] afirmando que eu estava enfrentando resistências internas por conta do fundo de pensão. Esse foi um tema relevante e sensível que requereu nossa atenção e acompanhamento permanentes.

Outro assunto importante, do qual tomei conhecimento ainda no período de transição, foi a respeito dos critérios para a análise do cadastro de empresas envolvidas na Operação Lava Jato, que o BNDES havia informado ao Banco Central em dezembro de 2014. Eles estabeleciam que, havendo denúncia contra uma empresa, o banco reduziria em um nível sua avaliação cadastral; se a empresa se tornasse ré, o cadastro passaria de regular para ruim, situação em que os desembolsos seriam suspensos. Quando interrompidos, os desembolsos só poderiam ser retomados se as empresas fossem absolvidas pela Justiça ou celebrassem acordos de leniência com os órgãos de controle. Satisfeitas essas condições, necessárias do ponto de vista cadastral, novos desembolsos ainda dependeriam da análise de risco de crédito da empresa.

Esses critérios abrangiam os contratos de financiamento de exportação de bens e serviços de obras no exterior, cujos desembolsos tinham sido suspensos em maio de 2016 – antes, portanto, da minha posse –, e também os contratos de infraestrutura no Brasil. No caso dos contratos de infraestrutura, em geral o banco havia concedido apenas empréstimos-ponte aos vencedores dos leilões de concessões, antecipando recursos que deveriam vir de empréstimos de longo prazo. Os empréstimos-ponte foram inteiramente desembolsados, mas, com a deterioração da economia e das premissas de desempenho projetadas pelas concessionárias, somadas ao fato de as empresas estarem sob investigação na Lava Jato, tornou-se inviável a estruturação dos financiamentos de longo prazo e, em muitos casos, a continuidade dos projetos.

A transição administrativa continuou até a minha posse e incluiu uma ida a Brasília para uma reunião com os ministros do Planejamento e da Fazenda e suas equipes, com o objetivo de analisar as condições em que o BNDES poderia antecipar pagamentos dos empréstimos feitos pelo Tesouro Nacional. A devolução desses valores era crucial para reduzir a trajetória crescente do estoque da dívida pública.

ENTENDER A ESTRUTURA organizacional do BNDES e adaptá-la, de acordo com os desafios do país naquele momento, foi um verdadeiro quebra-cabeça. Durante a transição, Luciano Coutinho me informou que haviam sido feitos vários estudos para reformular o organograma do banco, mas a mudança não chegou a ser realizada. De imediato comecei a discutir, com os primeiros integrantes da equipe e alguns funcionários, a redistribuição das diferentes áreas, de modo a aproveitar as sinergias entre as funções e tornar mais eficaz nossa atuação. Notei que não havia uma diretoria de controladoria, imprescindível em instituições financeiras. As funções estavam dispersas em diferentes diretorias. Criei a diretoria e parti em busca de um profissional tarimbado para a posição.

Rapidamente a nova diretoria foi sendo formada. As pessoas me diziam: se você está deixando tudo para ajudar o país, também vou fazer o mesmo. Claudio Coutinho foi para a diretoria financeira e de crédito; Marilene Ramos, ex-presidente do Instituto Estadual do Ambiente do Rio de Janeiro (Inea) e do Instituto Brasileiro do Meio Ambiente e dos Recursos Naturais Renováveis (Ibama), tornou-se diretora das áreas de infraestrutura e socioambiental; Eliane Lustosa assumiu a diretoria de mercado de capitais; e Vinicius Carrasco, professor de microeconomia da PUC-Rio, a de planejamento.

Eliane havia trabalhado comigo no Ministério da Fazenda, no governo Collor, e depois se especializado em finanças e em mercado de capitais. Claudio Coutinho, além de uma sólida carreira no mercado financeiro, foi meu sócio na MS&CR2 e atuou como consultor durante o descruzamento das participações societárias entre a CSN e a Vale. Com seu bom senso e profundo conhecimento bancário e do mercado de crédito, Claudio foi um parceiro fundamental e incansável durante o período em que esteve no banco. Conseguiu estabelecer um relacionamento de confiança e proximidade com os funcionários e colaborou decisivamente não só para as mudanças e aperfeiçoamentos que foram implantados nas áreas sob sua responsabilidade, como em todas as demais iniciativas que empreendemos.

Eu havia conhecido Marilene durante o meu trabalho nas Olimpíadas, quando ela estava à frente do Inea e foi responsável pelo licenciamento ambiental de alguns projetos olímpicos. Por coincidência, ela e Claudio foram colegas no curso de engenharia na Universidade Federal do Rio de Janeiro. Conheci Vinicius por intermédio de Arminio Fraga. Economista publicamente crítico às ações recentes do banco, ele foi bastante rejeitado na instituição. Meses antes, ele, Arminio Fraga e o professor do Insper João Manoel Pinho de Mello, que posteriormente se tornaria membro da equipe da Fazenda, haviam escrito o artigo "Abrindo a caixa preta do BNDES", publicado no jornal

O Globo.[79] Eles questionavam o fato de os dados dos empréstimos do banco "não estarem disponíveis publicamente, sob a justificativa de que seria uma violação do sigilo bancário". Defendiam que as empresas tomadoras de empréstimos a taxas subsidiadas deveriam, em contrapartida, abrir mão da confidencialidade de algumas informações. O texto dizia que era hora de "abrir a caixa preta".

Além de sua competência técnica, a motivação do meu convite a Vinicius foi por conta de sua postura crítica. Achei que ele poderia contribuir muito estando no "outro lado". De fato, apesar de não ter sido bem recebido, especialmente pela Associação de Funcionários do BNDES (AFBNDES), seu conhecimento sobre a forma de o banco operar e sua vontade de contribuir para a mudança foram impulsionadores importantes do nosso trabalho. Uma das primeiras demandas que endereçei a ele foi a de estudar, em detalhe, a legislação e a trajetória passada da TJLP, para que pudéssemos avaliar como a taxa se comportaria em um possível cenário de redução acentuada da Selic e da taxa de inflação. Mais tarde, nós formaríamos um grupo de trabalho com o Banco Central para preparar a proposta legislativa que resultou na mudança da TJLP para a TLP, a nova Taxa de Longo Prazo.

Ricardo Baldin, contador e especialista em instituições financeiras, que me foi apresentado por Gustavo Loyola, veio de São Paulo para ser o diretor de controladoria, gestão de riscos e tecnologia da informação. Baldin foi um sólido alicerce para o banco, desenvolvendo um competente trabalho técnico em sua diretoria, que concentrou o relacionamento com os órgãos de controle – TCU e Controladoria-Geral da União – e com a agência reguladora, o Banco Central. Promoveu ainda um importante trabalho de organização interna, realizando, por exemplo, a revisão de processos e seu registro em manuais.

A primeira pessoa da casa que convidei para a diretoria foi a então superintendente Claudia Prates, que conheci em uma das primeiras reuniões, durante o período de transição. Ela assumiu as áreas de indústria e serviços. O segundo convite foi para Ricardo Ramos, para a diretoria de operações indiretas, comércio exterior e, posteriormente, também administração e recursos humanos, funções que haviam ficado, inicialmente, com Eliane Lustosa. Profissional que conhece o banco profundamente, Ricardo foi um parceiro inestimável, auxiliando a mim e à diretoria em todos os assuntos. Por fim, completaram o time Solange Paiva Vieira, funcionária do BNDES, ex-presidente da Agência Nacional de Aviação Civil (Anac) e ex-secretária da antiga Secretaria de Previdência Complementar (atual Superintendência Nacional de Previdência Complementar), que assumiu a chefia de gabinete. Mariza Louven veio para coordenar a comunicação e Mariane Sussekind, já aposentada do banco, aceitou o convite para me ajudar e voltou ao BNDES como assessora especial da presidência.

Para minha surpresa, não havia diretoria jurídica e o jurídico do banco se reportava diretamente ao presidente. Eu não me lembrava disso da época em que estivera no BNDES, mas aparentemente sempre foi assim. A área tinha caráter consultivo, sem comando funcional e hierárquico sobre os advogados lotados nas áreas operacionais, que faziam parte das equipes de análise de projetos e se reportavam aos gestores de operações.

Se esse formato fazia sentido no passado, quando as grandes discussões jurídicas no BNDES eram de natureza societária e de mercado de capitais, certamente não era mais adequado em 2016, quando falávamos cotidianamente sobre direito criminal, por conta da Operação Lava Jato, e enfrentávamos delicadas discussões com os órgãos de controle. Questionei a subordinação dos advogados às chefias operacionais desde o primeiro momento. Eu achava que, no interesse da instituição, os advogados precisavam ser independentes e ter inteira liberdade para opinar e dizer não, se fosse o caso. Para isso, era condição necessária que fossem subordinados funcionalmente a um diretor jurídico, trabalhando matricialmente com as equipes operacionais. Não consegui mudar essa situação de imediato, pois houve forte resistência das equipes.

Um dos muitos momentos tensos que vivi no banco, e em que me dei conta, efetivamente, de que não seria possível seguir adiante sem um diretor jurídico, foi em fins de julho de 2016 e teve a ver com a disputa que já mencionei, entre o Sistema BNDES e seu fundo de pensão, a Fapes. Nessa ocasião, o Tribunal de Contas da União julgou os recursos do Sistema BNDES e da Fapes e determinou, em decisão de última instância, que fossem devolvidos pela Fapes ao Sistema BNDES os aportes extraordinários de aproximadamente 900 milhões de reais em valores corrigidos. Dado o caráter sensível e potencialmente explosivo da questão, tive a certeza de que a instituição precisava de um respaldo jurídico consistente, unívoco e, principalmente, de competências muito específicas.

Pedi ajuda ao ministro Henrique Meirelles, ao ministro-chefe da Casa Civil, Eliseu Padilha, e ao próprio presidente Michel Temer. Eu disse a eles que a instituição corria o risco de ficar imobilizada, pois, além da difícil situação entre o fundo de pensão e seu patrocinador, os empregados do banco estavam receosos de fazer operações e assinar documentos, em razão dos questionamentos públicos à sua atuação e das inúmeras auditorias do TCU. Precisávamos de um advogado "fora da curva", que fosse respeitado pelos órgãos federais de controle e acumulasse competências bem específicas – com um conhecimento profundo do funcionamento de instituições públicas e de direito administrativo, das questões relativas à Operação Lava Jato e de direito previdenciário. Esse advogado eu não encontraria no mercado.

Atendendo o meu pedido, o ministro Padilha sugeriu que eu conhecesse o chefe da assessoria da Casa Civil da Presidência, um jovem procurador da Advocacia-Geral da União (AGU), Marcelo de Siqueira Freitas. Ele foi a escolha perfeita. Brilhante profissional, muito respeitado, aceitou sair de sua zona de conforto e de sua cidade para enfrentar um desafio novo. Ajudou muito a mim e a toda a diretoria na missão de conduzir o banco e proporcionou maior segurança ao corpo técnico para o exercício de suas funções. À frente da diretoria jurídica a partir de setembro, Marcelo conseguiu assumir o comando dos advogados, até então subordinados às áreas operacionais. No início houve resistência, mas logo ele conquistou a todos, com sua rara capacidade de trabalho, seu preparo e sua disposição para o diálogo.

Havia ainda a área de estudos e projetos, que passou a ser denominada de desestatização e ficou subordinada diretamente a mim. Para chefiá-la convidei Rodolfo Torres, que era, até então, o superintendente responsável por operações de financiamento a estados e municípios. Uma escolha acertada. Estruturada para ser o braço executor do Programa de Parceria de Investimentos (PPI), comandado por uma secretaria executiva subordinada ao presidente da República, a área de desestatização também teve a atribuição de atuar como escritório de projetos dos governos estaduais, especialmente para investimentos em saneamento, e até mesmo municipais, como para a estruturação de parcerias público-privadas em projetos de iluminação pública, por exemplo.

Outra questão que precisei administrar, ainda no capítulo de recursos humanos, foi relativa à remuneração da diretoria. Fui informada que o presidente e os diretores recebiam a mesma remuneração, o que, em minha opinião, era uma prática inteiramente inadequada, por se tratar de funções e responsabilidades distintas. Como, claro, eu não iria aumentar a minha própria remuneração, decidi reduzir a dos diretores, para, minimamente, estabelecer uma diferenciação. Essa redução não poderia ser acentuada, pois os salários dos diretores ficariam muito próximos aos dos superintendentes, nível hierárquico imediatamente abaixo, preenchido, obrigatoriamente, por profissionais concursados. Discuti a questão com a área de recursos humanos do banco e fui orientada, pelo inusitado da matéria, a levá-la ao Ministério do Planejamento, que é o responsável pela supervisão das empresas estatais. Falei diretamente com os ministros da Fazenda e do Planejamento, que, embora surpresos, concordaram com o meu pedido. Fomos autorizados a proceder à mudança. Avisei aos novos diretores e eles não fizeram objeção.

Ainda em tema correlato, embora o presidente do BNDES tivesse assento nos conselhos de administração da Petrobras e da Vale, decidi não fazer parte dos mesmos. Considerando que o banco (a BNDES-Par) era acionista e também credor de ambas as empresas, julguei que havia espaço para potencial conflito de interesses. Declinei participar e foi a primeira vez, no passado recente, que o presidente do banco não participou do conselho dessas empresas.

Entrei no BNDES entusiasmada e de coração aberto. Meu nome foi saudado na imprensa por empresários e associações de classe patronais, que realçaram o fato de eu ter um perfil técnico e experiência nos setores público e privado. A expectativa era de que eu conduziria um novo ciclo de concessões no banco.

No dia 1º de junho de 2016, pela manhã, eu e Pedro Parente, juntamente com outras autoridades, tomamos posse em nossas novas funções, em Brasília. À tarde, no auditório do BNDES, no Rio de Janeiro, a cerimônia de transmissão do cargo contou com a presença dos ministros da Fazenda, Henrique Meirelles, do Planejamento, Dyogo de Oliveira, e da Defesa, Raul Jungmann. Estavam presentes também o governador do Rio em exercício, Francisco Dornelles, o então comandante militar do Leste, meu antigo parceiro nas Olimpíadas, general Fernando Azevedo e Silva, que assumiria em seguida a chefia do Estado-Maior do Exército, e o novo presidente da Petrobras, Pedro Parente. Luciano Coutinho, em sua fala de despedida e transmissão da função, afirmou que eu encontraria um banco em boa ordem. Lembrei-me dessa frase todos os dias.

Meu discurso deixava claro o que eu estava sentindo. Fiz uma homenagem a Eduardo Modiano, meu amigo e ex-presidente do BNDES, ao meu marido Rodolfo Fernandes, a meu irmão Marco Antonio e a meu pai Ruy, os três últimos já falecidos, e a meus familiares e amigos. Eu estava animada, segura de que havia muito a realizar naquela instituição tão importante para o Brasil. O país vivia um momento de graves preocupações sociais, políticas e econômicas e era importante não nos omitirmos, afirmei. Enfatizei a vontade de contribuir, junto com o time da casa, para ajudar a superar a profunda crise da vida nacional. Elogiei a reconhecida competência dos quadros técnicos do BNDES e convidei-os a somar esforços naquela nova etapa.

Afirmei que a sociedade buscava mais transparência e controle em relação aos gastos públicos, em geral, e às operações do banco, em particular. Firmei o compromisso de que dedicaria a esses temas atenção permanente. Lembrei que as principais fontes atuais de financiamento do BNDES eram o Tesouro Nacional e o Fundo de Amparo ao Trabalhador (FAT),[80] recursos públicos escassos, sendo obrigação da instituição prestar contas de seu uso e definir e avaliar criteriosamente as políticas de financiamento.

Deixei claro qual seria o norte da minha gestão: como banco de desenvolvimento, o BNDES deveria financiar projetos cujos retornos sociais superassem os privados, sem descuidar das empresas, especialmente as micro, pequenas e médias (MPMEs), que têm dificuldade de acesso a mecanismos privados de financiamento. Os aspectos social e ambiental seriam transversais na análise de todos os projetos, afetando a seleção dos mesmos e a alocação de capital. Igualmente importante seria, após a realização dos investimentos, avaliar o cumprimento de suas premissas, definidas a priori.

Falei também da intenção de contribuir para o desenvolvimento de um mercado de capitais robusto e de financiamentos privados de longo prazo. Nesse aspecto, o foco seria a área de infraestrutura, em que o banco possui reconhecida competência, essencial para um novo ciclo de crescimento sustentável. Mencionei que o BNDES tem notória capacidade como gestor, executor e apoiador de concessões, parcerias público-privadas e privatizações. Contei a conversa que eu havia iniciado com o então governador do Rio em exercício, Francisco Dornelles, para que o banco apoiasse o processo de concessão ou privatização da Cedae, a companhia estadual de saneamento do Rio de Janeiro.

A preocupação com o saneamento era antiga e tinha sido reavivada nos Jogos Olímpicos. Apesar de todos os esforços, a situação da baía de Guanabara quase produziu um grande fiasco e arranhou nossa imagem, como descrevi no capítulo anterior. Eu desejava que o banco conduzisse um programa de concessões estaduais de saneamento, o que de fato foi iniciado na minha gestão, e passei a estudar esse assunto, buscando conhecer mais sobre o tema. Quanto mais eu me informava, mais estarrecida e indignada ficava. Os números são vergonhosos e ainda assim subestimados, pois os indicadores, em vez de avaliarem a qualidade do serviço prestado, consideram a metragem de canos instalados. Como, não raro, parte deles não está conectada ao ponto de coleta ou a uma estação de tratamento, existe a infraestrutura física, mas não a prestação do serviço.

As estatísticas, consequentemente, mostram um país melhor do que a realidade, em termos de serviços de água e de esgoto, e minimizam o volume de recursos necessário para haver cobertura total no país. Recebíamos prefeitos da Baixada Fluminense, por exemplo, que nos contavam que as escolas não tinham água e que precisavam abastecê-las comprando caminhões-pipa, embora a Cedae garantisse existir o fornecimento. Esse tema atravessou todo o período que passei no banco. Infelizmente, muito pouco ainda aconteceu. No Rio continua sendo enorme a resistência a conceder à iniciativa privada os serviços prestados pela Cedae. Essa situação demonstra a força das corporações, mesmo em um estado falido e onde os serviços de saneamento estão muito aquém do necessário, especialmente em alguns bairros cariocas e na Baixada Fluminense, em contraponto à considerável melhoria do fornecimento dos serviços de água e esgoto nas regiões do estado onde foram concedidos ao setor privado.

Fui recebida no BNDES de forma fria. Não de guerra declarada, mas eu sentia a desconfiança ou, no mínimo, a estranheza. No primeiro encontro que realizei com os funcionários logo após a posse, no grande auditório do banco, fui questionada sobre a legitimidade que eu tinha para fazer mudanças durante um governo interino. A pergunta se devia ao fato de eu estar modificando o organograma e reduzindo alguns cargos de chefia. Respondi que, se ficasse lá um dia, dois dias, dez dias ou dez anos, a minha atitude seria a mesma: fazer o que eu achava que deveria ser feito, no interesse do país e da instituição.

Ao longo do tempo, minha aceitação pela casa não melhorou. Nunca havia passado por essa experiência e isso não me fazia bem. Sempre tive excelente relacionamento com os funcionários em todos os lugares por que passei, inclusive no BNDES, quando lá estive pela primeira vez. Sempre "vesti a camisa" das organizações e ao sair deixei amigos e boas lembranças. Fui percebendo que dessa vez seria difícil. Eu pensava de forma "diferente". Cheguei a ouvir de um funcionário que eu não era "desenvolvimentista". Respondi que, se uma pessoa que colocava como agenda prioritária do banco colaborar para que o país tivesse cobertura universal de água e esgoto não era considerada desenvolvimentista, então, de fato, eu não me enquadrava nessa definição. Não acredito que esse fosse o pensamento dominante no banco. Mas era o verbalizado. Embora incomodada com o não acolhimento, situação nova e difícil para mim, fui seguindo em frente. Não tinha uma agenda pessoal, meu único e exclusivo desejo era buscar ajudar o meu país naquele momento complicado, por meio da atuação de uma instituição que muito tinha a contribuir.

Não posso dizer que não me esforcei para manter o diálogo. Até quem me criticava reconhecia que fui a pessoa que mais conversou com os empregados nos últimos anos, usando vários canais de comunicação, além dos encontros no grande auditório. Realizava as reuniões regulares com cada área, como fiz habitualmente nos lugares por onde passei, e tinha contato permanente com todos os superintendentes. Gravei vídeos sobre temas importantes para o banco e o corpo funcional e criei o programa Fale com a Presidente, nos moldes do que tinha feito na CSN, com inscrições voluntárias para conversas com os chefes de departamento e depois com os gerentes. Essas reuniões, em minha opinião, foram muito boas. A turma mais jovem me questionava abertamente, falando o que pensava, a favor e contra. Gosto disso.

Embora muitos encontros tenham sido duros e até exaustivos, eu os terminava com a sensação de que estávamos construindo uma ponte para o entendimento. Colhi também, nessas oportunidades, sugestões valiosas para as políticas e iniciativas que estávamos implantando. Um jovem chefe de departamento comentou que havia se dado conta, em determinado momento, de que era a pessoa mais sênior do seu setor e confessou que não se sentia preparado para isso. O depoimento dele corroborou minha percepção a respeito da abrupta e extensiva renovação do corpo funcional.

Acredito que o fato de eu ter acabado com as salas individuais do presidente e dos diretores tenha sido um facilitador para os contatos mais pessoais e para o aumento da produtividade de nosso trabalho. Usualmente o banco sempre teve diversas "barreiras", na forma de recepcionistas e secretárias, para chegar aos diretores e, em especial, ao presidente. Todos ocupavam salas muito espaçosas, como relatei no capítulo da minha passagem inicial pelo banco. Assim que cheguei, a presidência ocupava um andar e a diretoria outro, logo abaixo. Solicitei a derrubada das divisórias de um dos andares, para que eu e os diretores trabalhássemos em um grande salão, totalmente aberto.

Foi essencial ter os diretores lado a lado, permitindo uma troca de ideias constante, rápida integração e um ritmo acelerado de trabalho. Era possível resolver várias questões de imediato, em um permanente entra e sai de pessoas. Havia ocasiões em que ficava até difícil trabalhar, porque muita coisa acontecia ao mesmo tempo e, não raro, se formava uma "fila" em frente à minha mesa, com várias pessoas querendo falar comigo. Isso seria impensável no banco de outrora.

Com a liberação de espaço físico conseguimos desocupar, nos nove meses seguintes, oito dos treze andares que estavam alugados no Edifício Ventura, localizado perto da sede do BNDES. Essa iniciativa reduziu à metade os gastos mensais de 4 milhões de reais com o pagamento de aluguéis. A reorganização do espaço foi muito importante porque, menos de um mês após nossa chegada, suspendemos o projeto em curso de construção de um novo edifício, orçado à época em cerca de 490 milhões de reais e destinado a abrigar parte da equipe que estava no espaço locado, novos centros de dados e arquivo. Achamos que não era o momento para uma despesa dessa natureza e, na verdade, ela não nos parecia justificável, pois era viável acomodar os funcionários no prédio-sede, economizando nos gastos e facilitando o desempenho de nossas atividades.

Os FINANCIAMENTOS às exportações de bens e serviços de engenharia e construção, para a realização de obras por empresas brasileiras no exterior, fez parte da política de governo dos presidentes Lula e Dilma, buscando a aproximação do Brasil com países da América Latina e da África. Em 2015 e 2016, esses empréstimos estavam sob auditoria do TCU e eram alvo de duros questionamentos na imprensa: por que o BNDES deveria financiar obras como a do porto de Mariel, em Cuba, ou do metrô, na Venezuela, por exemplo, se o Brasil precisava melhorar sua infraestrutura e gerar mais empregos aqui? Quais eram os critérios para os empréstimos? Eram indagações nada simples, cuja discussão pública havia afetado muito a imagem do banco.

O tema tinha ficado ainda mais em evidência depois que, em abril de 2015, foi instalada uma Comissão Parlamentar de Inquérito (CPI) destinada a apurar, em especial, as operações de financiamento às exportações de bens e serviços que haviam sido classificadas como secretas por ato do Ministério do Desenvolvimento, Indústria e Comércio Exterior, ao qual o BNDES estava vinculado à época. A CPI pretendia, ainda, analisar operações de crédito junto a empresas investigadas no âmbito da Lava Jato.

O avanço da operação, com implicações sobre a Odebrecht e demais grandes empreiteiras beneficiárias desses financiamentos, criou outro ponto de forte tensão no BNDES. A carteira total do banco, na linha BNDES Exim Pós-Embarque, que financia a comercialização de bens e serviços de empresas brasileiras no exterior, era composta por 47 projetos, em diferentes fases de tramitação dentro do BNDES. Em maio de 2016, pouco antes de eu assumir a presidência, os desembolsos para os 25 projetos já contratados tinham sido suspensos pela antiga diretoria.

Nesse tipo de exportação, o tomador do empréstimo é o país onde a obra é executada. O desembolso, entretanto, é feito no Brasil em reais para o exportador, no caso as empreiteiras. A existência de garantias era o fator determinante para que o banco aprovasse os financiamentos, e as operações contavam com o Seguro de Crédito à Exportação (SCE), com lastro no Fundo de Garantia à Exportação (FGE), instrumento da União dedicado à cobertura dos riscos de crédito associados às exportações brasileiras e constituído por recursos orçamentários.

Em outubro de 2016, a partir de consultas feitas à Advocacia Geral da União e aos demais órgãos do sistema de apoio oficial às exportações, e levando em consideração as recomendações contidas nos relatórios do TCU, um grupo de trabalho, subordinado ao diretor Ricardo Ramos, propôs critérios para as futuras operações de exportação de bens e serviços. Esses novos parâmetros também serviriam de base para a reavaliação da carteira de projetos, com prioridade para as 25 operações já contratadas, cujos desembolsos estavam paralisados. Essas operações, no total de 7 bilhões de dólares, dos quais 2,3 bilhões já tinham sido desembolsados, eram relativas a projetos em nove países: Argentina, Cuba, Venezuela, Guatemala, Honduras, República Dominicana, Angola, Moçambique e Gana.

Os critérios foram aprovados pela diretoria e, em seguida, as novas regras foram anunciadas. A eventual retomada dos desembolsos para as 25 operações suspensas seria condicionada ao atendimento dos seguintes procedimentos: progresso físico da obra; aporte de recursos dos demais financiadores (além do BNDES); análise do impacto de novos desembolsos no incremento da exposição do banco ao risco de crédito de cada país e, principalmente, a exigência de assinatura de um termo de conformidade (*compliance*) do importador (o país) e da empresa exportadora (a construtora), de que os recursos estavam sendo aplicados, integralmente, para a finalidade a que se destinavam. Posteriormente, essa última condição passou a constar de todos os contratos do BNDES que tivessem como uma das partes o setor público, brasileiro ou estrangeiro.

A partir da definição dos novos procedimentos, a análise dos futuros projetos de exportações de bens e serviços levará em consideração todos os seus aspectos, e não apenas o da parcela referente às exportações brasileiras, como foi feito até então. Assim como nos demais projetos do banco, foram incluídos quesitos como economicidade, efetividade e o financiamento global da obra. Nos pontos de efetividade deverão ser considerados os impactos positivos para a economia brasileira, como, por exemplo, sobre a cadeia de fornecedores nacionais, sobretudo as micro, pequenas e médias empresas, e o papel do financiamento do banco como indutor do conteúdo brasileiro e da agregação de valor às exportações. Esses aspectos serão avaliados antes e depois da contratação dos novos financiamentos e monitorados ao longo da execução, por meio de indicadores preestabelecidos. No quesito economicidade, introduziu-se a análise do orçamento do projeto ou da obra, a fim de avaliar a adequação de custos.

A fiscalização dos indicadores será feita inclusive *in loco*, por empresas independentes, contratadas pelo executor do projeto, mas gerenciadas pelo banco. Essa profunda mudança dos procedimentos para a concessão dos financiamentos para exportações de bens e serviços de engenharia e construção, para a realização de obras por empresas brasileiras no exterior, constou de um plano de ação entregue ao TCU e entrou em vigor imediatamente.

A mudança aconteceu em meio a uma intensa polêmica sobre os acordos de leniência das empreiteiras. Questionava-se se o BNDES poderia voltar a desembolsar para essas empresas e fazer novos empréstimos. Os acordos de leniência eram então embrionários e não havia clareza sobre a sua aplicabilidade. Quem daria a palavra final: o Ministério Público Federal, a Polícia Federal, o Tribunal de Contas da União, a Advocacia Geral da União? De novo ficamos no olho do furacão. Não havia trégua.

Nossa posição, amparada pelas regras de *compliance* e de cadastro, foi que a celebração de acordos de leniência seria considerada de forma positiva na análise cadastral e de risco de crédito das empresas envolvidas na Lava Jato. Seria, entretanto, condição necessária, porém não suficiente, para a retomada do crédito. Apesar dos acordos de leniência terem impacto positivo no cadastro, novos desembolsos e empréstimos dependem, adicionalmente, da avaliação de risco de crédito, que leva em consideração um conjunto de informações quantitativas e qualitativas, sobre a empresa e o setor. Decidimos solicitar ao Ministério Público Federal o recebimento periódico de declarações que confirmassem o cumprimento dos termos dos acordos de leniência para que pudéssemos atualizar, regularmente, a situação cadastral e de crédito das empresas.

Não havia solução mágica nem única – cada caso era um caso. Estávamos em uma situação inusitada e complexa, em que cada passo tinha que ser dado com segurança e em conformidade com as regulamentações (que ainda estavam sendo definidas). Afinal, éramos responsáveis por administrar um banco público. Fomos muito cobrados e criticados pelos que desejavam a retomada imediata dos desembolsos e financiamentos às empresas que assinassem acordos de leniência. O tempo mostrou que agimos de forma acertada, pois, ainda em 2018, persistem as discussões sobre a abrangência e a efetividade dos acordos.

Preocupada com todas essas questões, pouco depois de chegar ao banco criei uma força-tarefa, com participantes das áreas de crédito, financeira, infraestrutura, jurídica, mercado de capitais (em muitos casos o banco era credor e acionista das empresas), operações indiretas e indústria, com o propósito de organizar, acompanhar e tentar equacionar os casos problemáticos de crédito da nossa carteira. Em especial, os que tivessem garantias ou empréstimos-ponte próximos do vencimento.

Fazíamos reuniões quinzenais com esse grupo, com minha presença e a dos diretores das áreas. Foi muito importante a discussão conjunta de técnicos e diretoria sobre essas operações problemáticas de crédito. Em algumas foi possível avançar, como no caso do aeroporto internacional Tom Jobim, o Galeão, no Rio de Janeiro. Nessa operação, o banco conseguiu conceder o financiamento de longo prazo após a Odebrecht vender sua participação societária. Foi um processo demorado, que se iniciou praticamente quando cheguei e foi finalizado após a minha saída.

Em muitos casos, o BNDES havia financiado 100% dos projetos de infraestrutura com empréstimos-ponte, inclusive as outorgas (pagamento feito pelo concessionário quando da assinatura do contrato), especialmente em rodovias e aeroportos. Haviam sido pagos ágios elevados e, em geral, existiam conflitos de interesse entre as partes relacionadas – concessionários que também eram os empreiteiros das obras. A mudança nas condições da economia e o fato de as empresas estarem sob investigação na Operação Lava Jato inviabilizaram a conversão dos créditos-ponte em empréstimos de longo prazo.

É importante registrar que o nosso compromisso sempre foi com a retomada da atividade econômica e a continuidade dos projetos de investimento. Como todos os projetos tinham garantias, sob a forma de fianças bancárias e/ou corporativas, teria sido possível simplesmente executá-las. Mas não seguimos esse caminho, pois nosso objetivo era a conclusão dos investimentos. Por essa razão foi criada a força-tarefa. Buscamos analisar em profundidade cada situação e estabelecemos contato permanente com as empresas, à procura de soluções que, infelizmente, não eram fáceis nem imediatas e dependiam também de outras instâncias do governo, das agências reguladoras e do TCU.

Nesse contexto, um avanço importante para a estruturação do financiamento a projetos de infraestrutura, há muito demandado pelo mercado, foi a aprovação, pela diretoria, do inédito sistema de compartilhamento de garantias entre o banco e demais instituições financeiras. Procedemos a uma criteriosa e profunda revisão em todo o processo de divisão de garantias entre o BNDES e os demais bancos financiadores, de modo a obter maior equilíbrio entre as garantias e o percentual do risco que cada instituição estava disposta a correr. A intenção foi que o acesso às garantias ficasse proporcional à relevância da participação de cada banco no projeto. A partir das novas regras, tornou-se possível melhorar a precificação das fianças bancárias e reduzir o seu custo, com impacto positivo nas condições de financiamento dos projetos de longo prazo no país.

A conta de subsídios do BNDES nos dez anos anteriores, período em que o banco passou a emprestar significativamente mais, vinha ganhando atenção. O volume de desembolsos, que era de 7,1 bilhões de reais em 1995, passou a 51,3 bilhões de reais em 2006 e atingiu 190 bilhões de reais em 2013. Entre 2007 e 2016, os chamados subsídios implícitos às operações de crédito do BNDES, ou seja, a diferença entre as taxas que o Tesouro paga para captar recursos no mercado e a TJLP, a taxa de referência dos empréstimos do banco, somaram 240 bilhões de reais, em valores de 2016, conforme nota técnica divulgada no fim de julho de 2017 pela Secretaria de Acompanhamento Econômico do Ministério da Fazenda.[81]

A organização estava machucada pelas críticas a respeito do papel e do tamanho do BNDES, insegura por conta de auditorias do TCU e até por ações da Polícia Federal. Além de ex-dirigentes, funcionários de diversos níveis hierárquicos tinham tido contas bancárias e bens bloqueados pela Justiça, em decorrência de uma ação de improbidade administrativa impetrada pelo Ministério Público Federal (MPF). O órgão alegava que o banco havia concedido empréstimo sem garantias à Usina São Fernando, de José Carlos Bumlai, amigo do ex-presidente Lula e um dos réus na Operação Lava Jato. O BNDES tinha tomado todas as providências para a defesa de seu pessoal, mas é claro que a situação alarmava a todos.

Em nossa gestão, a diretoria de controladoria ficou responsável por formar comissões internas de apuração, para analisar denúncias e outros fatos, conforme previsto na legislação. Foi formada uma comissão específica para avaliar o processo de financiamento à Usina São Fernando, que não apurou nenhuma irregularidade na operação, concluindo que fora contratada de acordo com as definições operacionais do banco, seguindo, de forma regular, todos os procedimentos.

Por outro lado, a instituição estava acomodada nas suas posições, na sua grandeza, na sua quase inimputabilidade, como se não pudesse haver críticas à sua atuação. A nova dimensão do banco, proporcionada pelos aportes do Tesouro Nacional, alvo de tantos questionamentos, era motivo de orgulho para muitos funcionários. No final de maio de 2016, uma semana antes da minha posse, o governo anunciou que o banco faria uma devolução antecipada de 100 bilhões de reais ao Tesouro Nacional. Durante a operacionalização desse processo, fui reiteradamente "acusada", por parcela dos empregados, de querer o fim do BNDES. O que, evidentemente, não era verdade.

Os ajustes que realizamos não foram para encolher a instituição, mas sim para que ela voltasse à sua trajetória normal e se preparasse para o futuro, pois não só era necessário antecipar o pagamento dos empréstimos ao Tesouro, dada a gravíssima crise fiscal, como também não aconteceriam aportes adicionais de recursos públicos. Em toda a sua vida pregressa o BNDES havia financiado suas operações com recursos constitucionais do Fundo de Amparo ao Trabalhador e captações externas. Repentinamente, os recursos do contribuinte direcionados pelo Tesouro ao banco haviam tomado uma enorme relevância e as captações externas praticamente cessaram.

O banco havia sido artificialmente inchado por empréstimos de longuíssimo prazo, que não tinham impacto imediato no resultado primário do governo federal (receitas menos despesas, exceto juros) e, portanto, nas contas fiscais. Somente ao longo do tempo, e de forma gradativa, a pesada conta chegaria para os contribuintes brasileiros. O Tesouro deveria reembolsar ao BNDES, anualmente, os valores referentes ao diferencial entre a TJLP e as taxas praticadas pelo banco no Programa de Sustentação do Investimento (PSI), bem como deveria absorver a diferença entre o seu custo de captação de recursos no mercado e a TJLP, taxa de referência de seus empréstimos ao BNDES.

Em dezembro de 2016, o plenário do Tribunal de Contas da União, que havia sido consultado previamente à devolução antecipada dos 100 bilhões de reais do BNDES ao Tesouro, avaliou que a operação era legal e não feria a Lei de Responsabilidade Fiscal, dando sinal verde para sua efetivação. Na mesma ocasião, em nota conjunta com a Secretaria do Tesouro Nacional (STN), o banco informou que o montante previsto inicialmente para ser devolvido em três parcelas anuais, uma de 40 bilhões de reais e outras duas de 30 bilhões de reais, seria pago integralmente até o fim daquele mês. A decisão de fazer a devolução em uma só parcela foi tomada com base na análise da projeção do fluxo de desembolsos (líquidos de recebimentos) do banco nos dois anos seguintes, na constatação de que o pagamento integral não teria impacto em sua estrutura patrimonial e levando em consideração o pleno atendimento às regras prudenciais bancárias.

Segundo a STN, a antecipação dos recursos foi parte relevante do programa de ajuste fiscal do governo federal em 2016, resultando em melhora substancial e imediata no nível de endividamento público. Do total de 100 bilhões de reais, foram liquidados 40 bilhões em títulos públicos e 60 bilhões em dinheiro. Os títulos foram imediatamente cancelados e os recursos financeiros utilizados para o resgate de dívida pública em mercado.

A Dívida Bruta do Governo Geral (DBGG), indicador crítico para a sinalização de solvência da União, foi reduzida de imediato na mesma magnitude da operação, 100 bilhões de reais, equivalentes a cerca de 1,6% do PIB. De acordo com a STN, entretanto, o impacto total foi de 2,2% do PIB, pois além do abatimento da dívida bruta, na razão de um para um, a antecipação do pagamento de 100 bilhões reduziu, a valor presente, pelos 35 anos seguintes, em aproximadamente 37,3 bilhões de reais os custos com subsídios implícitos – decorrentes do diferencial entre o custo de captação do Tesouro e as taxas dos empréstimos ao banco – e explícitos, entre essas taxas e as utilizadas nos seus financiamentos. A redução total na DBGG foi, portanto, de 137,3 bilhões de reais.

Apesar da resistência interna e do grande debate público, a antecipação do pagamento dos empréstimos foi uma iniciativa crucial no contexto da urgente e grave situação das contas públicas. Tivemos a indispensável segurança jurídica, tanto do Tribunal de Contas, que se pronunciou previamente à devolução, quanto do Ministério da Fazenda, que cumpriu todas as condições formais prévias que estipulamos para realizar a operação. Além disso, o montante passível de ser devolvido foi avaliado criteriosamente pela equipe técnica do banco, com margem de segurança em todas as premissas.

Uma das medidas que adotamos, na mesma época, para proteger o capital do banco e fortalecê-lo como órgão de Estado foi a definição, pela primeira vez na história da instituição, de uma política para o pagamento de dividendos a seu acionista único, a União. Na maioria dos anos, desde 1997, o BNDES vinha pagando dividendos correspondentes a 95% do seu lucro líquido, em média, após a destinação das reservas legal e de incentivos fiscais. A política que definimos determinou que 40% do lucro líquido ajustado deveria ser retido e incorporado ao capital social, visando o fortalecimento da estrutura de capital do banco. Assim, o pagamento de dividendos ficou limitado a 60% do lucro líquido ajustado (25% de dividendos mínimos obrigatórios e 35% de dividendos complementares). O pagamento de dividendos adicionais foi condicionado à preservação dos indicadores prudenciais e corporativos mínimos de capital, previstos num horizonte de três anos. A política foi aprovada pelo conselho de administração do BNDES e referendada formalmente pelo ministro da Fazenda, como representante da União, previamente ao pagamento antecipado da parcela dos empréstimos ao Tesouro.

Além da distribuição pregressa de vultosos dividendos, que haviam sido cruciais para melhorar o resultado das contas fiscais do governo federal nos anos anteriores, o banco também havia sido capitalizado com ações da Petrobras e da Eletrobras, ambas fortemente atingidas pela Lava Jato. A operação de capitalização do banco com ações, e não com dinheiro, não gerava impacto negativo no resultado primário do governo federal, mas, por outro lado, havia tornado volátil o capital do BNDES, situação inadequada para uma instituição financeira.

Em função dos substanciais empréstimos à Petrobras, o banco estava também desenquadrado em relação à sua exposição de crédito à empresa, em patamar acima do permitido pelas regras do Banco Central, que havia estabelecido um cronograma para o reenquadramento. Em decorrência do forte ajuste de gestão na Petrobras e do início de seu programa de desinvestimento, ainda em 2016 a empresa começou a pagar previamente sua dívida com o BNDES, e a recuperação do preço de suas ações também nos ajudou.

Em linha com nossa preocupação com as boas práticas de administração, o BNDES foi a primeira estatal federal a adequar integralmente seu estatuto social aos novos padrões de governança, controle e transparência exigidos pela lei 13.303, de 30 de junho de 2016. A chamada Lei das Estatais estabeleceu paradigma importante para uma gestão mais eficiente das empresas públicas, promovendo o fortalecimento do papel de órgãos estatutários, como os conselhos de administração e fiscal e o comitê de auditoria, além de fomentar o profissionalismo e a responsabilidade dos administradores e disciplinar as relações com os entes federativos. O novo estatuto, aprovado em assembleia geral extraordinária em 20 de fevereiro de 2017, promoveu a maior reforma da estrutura societária da instituição em 15 anos, dando novas atribuições aos conselheiros e estabelecendo metas para os diretores.

A DISCUSSÃO INTERNA sobre a mudança da TJLP para a nova Taxa de Longo Prazo (TLP) foi muito difícil. A TJLP havia sido criada em 1994 com o objetivo de fomentar os investimentos do setor privado. Era uma taxa mais baixa que as praticadas pelos demais bancos, utilizada em financiamentos com recursos provenientes majoritariamente do Fundo de Amparo ao Trabalhador. O FAT transfere pelo menos 40%

de sua receita para o banco e, quando faltam recursos para cumprir suas obrigações – como o pagamento de seguro-desemprego e abonos salariais –, o Tesouro cobre a diferença com recursos orçamentários.

Como já mencionado, após a crise de 2008, o Tesouro captava recursos no mercado, pagando a taxa Selic e aumentando o endividamento público, para emprestar ao BNDES em TJLP por prazos muito longos e aumentar sua capacidade de financiamento. Nesse processo, houve duplo ônus para os contribuintes, que bancaram a diferença – que chegou a 6,25 pontos em 2016 – entre a taxa Selic e a TJLP e também a diferença entre a TJLP e as taxas cobradas pelo BNDES em seus empréstimos, com frequência inferiores à TJLP e até mesmo menores que a taxa de inflação.

Em março de 2017 propusemos a mudança da TJLP para a TLP, que no início ficaria no mesmo patamar da antiga taxa, mas, gradualmente, se igualaria aos juros de mercado, referenciados pela NTN-B, um dos títulos da dívida pública emitidos pelo Tesouro. Havia uma forte corrente no banco contra a mudança da taxa de referência dos empréstimos. Na imprensa, notícias davam conta da insatisfação de alguns empresários e associações patronais, verbalizada também por integrantes do governo. Os diretores Claudio Coutinho, Vinicius Carrasco e integrantes de suas equipes, assessorados pela área jurídica e com a ajuda do diretor Ricardo Ramos, capitanearam as discussões internas. Foram promovidos encontros, não apenas com os dirigentes da associação de funcionários, inclusive com minha presença, como com o grupo de superintendentes e também com todo o corpo funcional. Conhecendo o BNDES, duvido muito que medidas de governo adotadas em outros momentos tenham tido os mesmos debate interno e grau de transparência. Fizemos também reuniões com associações patronais, para discutir o tema e colher opiniões e sugestões.

A associação de funcionários, muito ativa no período da minha presidência, depois de já ter se posicionado, inclusive publicamente, contra a antecipação dos pagamentos ao Tesouro, veiculou longo texto, em janeiro de 2017, chamando a atenção dos funcionários para os estudos em curso para a mudança na TJLP. Segundo a nota, "a pergunta que todos devemos fazer é para onde está apontando uma diretoria que reduz deliberadamente o funding de longo prazo do BNDES, e agora propõe uma TJLP de mercado? Além da possível elevação da taxa de juros de longo prazo, bem como do aumento de sua instabilidade, talvez a mais grave consequência da medida seja a mudança do papel que até hoje se atribuiu à TJLP".[82]

Em entrevistas coletivas à imprensa, em 31 de março de 2017, o Banco Central e o Ministério da Fazenda, e em seguida o BNDES, anunciaram a decisão do governo de substituir a TJLP pela TLP nos contratos do banco firmados a partir de 1º de janeiro de 2018. De acordo com a medida provisória que seria encaminhada ao Congresso, a TJLP continuaria valendo ao longo da vida dos empréstimos firmados antes dessa data e sendo divulgada pelo Conselho Monetário Nacional (CMN).

A TLP seria definida, mensalmente, pelo Índice de Preços ao Consumidor Amplo (IPCA), mais o prêmio de juro real da NTN-B de cinco anos, e divulgada pelo Bacen. Após a assinatura dos contratos em TLP, a parcela de juro real seria fixa, variando apenas, ao longo da vida dos financiamentos, o componente da inflação, medido pelo IPCA. A primeira remuneração da TLP seria igual à da TJLP vigente em 1º de janeiro de 2018.

A convergência da TLP para a NTN-B se daria de forma gradual, em cinco anos, mediante a aplicação de um fator de desconto, aplicado anualmente. A expectativa é que a eliminação dos subsídios na TJLP aumente a potência da política monetária, pois haverá uma redução expressiva no estoque de crédito concedido a taxas inferiores à de referência do mercado. Isso permitirá que, ao longo do tempo, as taxas de juros da economia brasileira se reduzam de maneira estrutural, para todos os segmentos, com impactos positivos sobre os investimentos. Claro que a mudança da taxa referencial do BNDES não resolve por completo a questão do crédito direcionado, sendo necessário que as autoridades econômicas continuem o processo de retirada gradual dos subsídios implícitos ainda vigentes na economia, como no crédito imobiliário e em outros setores.

A decisão do governo, de seguir em frente com a proposta de uma nova taxa de referência para o banco, acirrou ainda mais os ânimos. No dia 6 de abril de 2017, a AFBNDES realizou uma assembleia geral extraordinária em que os empregados do Sistema BNDES "votaram contra a proposta de extinção da TJLP". Segundo comunicado da associação, "por unanimidade, os empregados apoiaram o posicionamento da diretoria da AFBNDES, que tem se colocado, desde o ano passado, contra várias medidas que visam enfraquecer o BNDES como banco de desenvolvimento, como a criação da TLP, a devolução antecipada de empréstimos ao Tesouro Nacional e a já ventilada proposta de fazer leilões dos recursos do FAT para favorecer os bancos privados".[83] Sobre o último ponto, registro que nunca tive conhecimento ou informação sobre essa proposta durante o período em que estive no banco.

O receio da mudança amplificava rumores sobre uma possível insatisfação de parcelas do empresariado e também do governo a respeito da minha condução à frente do banco, tendo sido veiculadas notícias sobre a minha saída e a busca de um novo presidente para o BNDES. Em algumas dessas ocasiões, recebi telefonemas do presidente da República, ou do então ministro da Secretaria-Geral da Presidência da República, Wellington Moreira Franco, desmentindo que houvesse qualquer insatisfação ou desejo que eu saísse. Da minha parte, embora esses rumores e notícias, claro, não fossem agradáveis, não me preocupavam. Nunca tive apego a cargos e me considerava em missão para meu país. Se não tivesse condições de cumpri-la, iria embora.

A discussão na imprensa a respeito da TLP permaneceu após a minha saída do BNDES, no final de maio de 2017. Paulo Rabello de

Castro, que me substituiu na presidência, somou sua voz à dos que eram contrários à mudança da taxa base dos empréstimos do banco. Sua discordância pública com a proposta da TLP motivou o pedido de demissão dos diretores Claudio Coutinho e Vinicius Carrasco, em julho de 2017, e gerou conflitos com a posição das equipes da Fazenda e do Banco Central.

Em 21 de setembro de 2017, o presidente Michel Temer sancionou a Lei 13.483, que entrou em vigor em janeiro de 2018, instituindo a nova taxa. A TLP foi fixada em 6,76% ao ano, praticamente igual, nesse primeiro momento, à TJLP, que estava no patamar de 6,75% em janeiro de 2018.

Com a nova taxa, os contratos de financiamento do BNDES podem agora ser precificados a mercado, aumentando a flexibilidade do banco para securitizar créditos, vender carteiras e constituir fundos de investimento. Para os clientes, graças à previsibilidade nas regras da TLP, torna-se possível fazer hedge dos contratos, reduzindo o grau de incerteza sobre as operações. Nossa ideia era também que, com a TLP, o BNDES passasse a priorizar segmentos de crédito que não despertam interesse de bancos comerciais e do mercado de capitais. Entre outras alternativas, atuar na prestação de garantias ou fianças e dedicar mais foco aos financiamentos a MPMEs.

Com mais produtos remunerados a taxas de mercado, o banco terá espaço para fazer novas captações nos mercados nacional e internacional. Na busca da diversificação de fontes de financiamento, solicitamos autorização ao Bacen para o BNDES emitir dois instrumentos financeiros: a Letra de Crédito Imobiliário (LCI) e a Letra de Crédito do Agronegócio (LCA). Esses pedidos estavam em fase de discussão avançada no Bacen quando saí do BNDES.

Mesmo quando a convergência da TLP para a NTN-B se completar, em 2022, o banco será a única instituição capaz de oferecer crédito de longo prazo a um custo equivalente ao soberano, ou seja, ao do

Tesouro Nacional, o menor do país. Isso reforça a vocação do BNDES de principal fomentador de investimento de longo prazo do Brasil.

O BNDES TEM uma marca forte e valiosa e especialistas em todos os assuntos. Mas eu percebi que era preciso uma reflexão interna a respeito da atuação futura da instituição. Por essa razão, logo nos meses seguintes à minha entrada, decidi realizar uma reunião de alinhamento com os superintendentes e outros executivos, para elaborarmos um plano de trabalho imediato. Nossa intenção era definir um conjunto de ações de curto prazo para ajudar a impulsionar o processo de retomada da economia. As prioridades estabelecidas nesse pequeno ciclo de alinhamento foram as MPMEs e a concessão de capital de giro para as empresas, de modo a tentar estancar os crescentes pedidos de recuperação judicial. Já estava em curso, então, a extensa revisão das políticas operacionais, como é chamado o conjunto de linhas de financiamento do banco e suas condições, capitaneada pela diretoria de planejamento.

Solicitei também que se iniciasse a preparação de um ciclo de planejamento estratégico, a ser conduzido em 2017, que deveria contemplar as atividades do banco até o ano de 2030. A intenção era realizarmos uma ampla discussão, interna e externa, com o suporte de uma consultoria, sobre as prioridades, fontes de financiamento, necessidade de recursos, áreas de atuação, estrutura organizacional, incidência de tributos, enfim, todos os temas relevantes para que o BNDES pudesse definir claramente sua missão futura e as condições necessárias para conduzi-la.

Quando saí do banco, no fim de maio de 2017, a formatação do ciclo de planejamento estava em fase de conclusão, com a contratação da consultoria que já havia sido selecionada. A intenção era iniciarmos os trabalhos em junho de 2017. Conforme informações veiculadas na imprensa, a diretoria que assumiu após a minha saída continuou a condução desse processo. É muito importante para o país conhecer os resultados dessa reflexão.

Enquanto a casa discutia as políticas operacionais, começamos a rever nossa forma de atuação. Havia uma forte preocupação em fazer chegar recursos às MPMEs, em um cenário de virtual travamento no crédito bancário, devido a vários fatores: elevado endividamento e inadimplência das empresas, concentração bancária, Operação Lava Jato etc. Como o BNDES não tem a capacidade de conceder e acompanhar o crédito de forma pulverizada, para centenas de milhares de companhias, as instituições financeiras são, simultaneamente, as distribuidoras das linhas do BNDES e suas concorrentes. Essa situação fazia com que nossas linhas de financiamento ou não chegassem às empresas, ou fossem disponibilizadas a custos muito elevados. Eram frequentes as reclamações, em nossa ouvidoria, de que os bancos não ofereciam nossos produtos, sob a alegação de que o BNDES não estava disponibilizando recursos ou que havia fechado as linhas, obviamente informações inverídicas.

Com a experiência adquirida na Icatu Seguros, onde permanentemente tínhamos que inventar nossa rede de distribuição, pensei em fazer o mesmo. Ainda durante as reuniões iniciais de alinhamento, liguei para os presidentes da B2W e da XP Investimentos, convidando-os, individualmente, para explorar a possibilidade de estabelecermos parcerias. A ideia era utilizar suas plataformas digitais como canais de distribuição para nossos produtos financeiros e também para a utilização do Cartão BNDES como moeda de compra dos produtos da Finame, o braço do BNDES para o financiamento da compra de máquinas e equipamentos.

A conversa com a XP não deslanchou naquele momento porque, conforme soubemos quando se tornou público, a plataforma de investimentos estava concentrada em negociações com o banco Itaú para venda de participação acionária. Mas com a B2W, sim. Estabelecemos um cronograma de trabalho, cujo objetivo final era cadastrar, no site da plataforma de vendas, todos os inúmeros produtos que podem ser financiados pela Finame e adquiridos com o Cartão BNDES. Esses produtos se destinam principalmente aos micro e pequenos empresários, que, por meio de transações digitais, ganharam mais rapidez nos acessos e economicidade para seus negócios.

Em 30 de março de 2017, anunciamos que, pela primeira vez, os portadores do Cartão BNDES poderiam adquirir e financiar bens e serviços em um site eletrônico – a plataforma da B2W, que reúne as marcas Americanas.com, Submarino, Shoptime e SouBarato. A parceria não era exclusiva, podendo outros fornecedores firmarem o mesmo tipo de relacionamento com o banco. Essa iniciativa era parte de uma agenda mais ampla de modernização das plataformas tecnológicas do BNDES, alinhada à prioridade estratégica de simplificar, agilizar e ampliar o acesso ao crédito para as MPMEs.

Na verdade, o primeiro instrumento que eu havia pensado para conseguir ampliar rapidamente a concessão de crédito às pequenas e médias empresas, inclusive para capital de giro, era o próprio Cartão BNDES. Eu queria criar o Cartão BNDES 2.0, com diversas funcionalidades, para ser o veículo para as MPMEs. Mas, para meu desalento, o Cartão BNDES, criado em 2003 em uma parceria com o Bradesco, tinha uma plataforma tecnológica muito defasada. E, pior, não flexível, praticamente inviabilizando sua atualização.

Solicitei, no segundo semestre de 2016, às áreas de TI e de operações indiretas (que realiza as operações de crédito por meio de agentes financeiros), um cronograma de trabalho para desenvolver uma nova plataforma para o cartão. Após estudarem a questão, retornaram dizendo que somente em dezembro de 2017 o termo de referência para o desenho e a construção de uma nova plataforma, uma das primeiras etapas para a contratação dos serviços, estaria pronto. Ou seja, levaria mais de dois anos para termos um novo cartão! Fiquei muito desanimada e não consegui esconder minha expressão de desapontamento. Percebendo minha frustração e meu sentimento de impotência em face da situação premente que vivíamos, os diretores Ricardo Ramos e Baldin, responsáveis pelas áreas de operações indiretas e TI, respectivamente, incitaram seus times a usar a criatividade.

As equipes abraçaram o desafio e partiram em busca de soluções imediatas para conseguirmos maior efetividade na concessão de financiamentos aos micro, pequenos e médios empresários. Em dezembro de 2016, anunciamos uma série de ações visando simplificar a relação com esse segmento. Entre elas, a redução da burocracia na concessão de crédito e mudanças nas exigências de garantias, para facilitar o acesso a capital de giro. Nosso objetivo era termos, a médio prazo, uma plataforma eletrônica própria, uma *fintech*, ou firmarmos parcerias com outras instituições, que nos permitissem ter relacionamento creditício mais direto com pequenas e médias empresas.

A partir de 2017, o conjunto de medidas para as MPMEs foi sendo implantado aos poucos e, mesmo após minha saída, continua sendo prioridade, conforme tenho acompanhado pela imprensa. Com base em um aplicativo (app) já disponível para o agronegócio, o BNDES Agro, desenvolvemos um outro para as micro, pequenas e médias empresas. O novo app MPME foi lançado em fevereiro de 2017, na Feira do Empreendedor, em São Paulo, e possui funcionalidades que permitem maior interação do banco com clientes atuais e potenciais, fornecedores credenciados e agentes financeiros repassadores de recursos. A plataforma possibilita aos empresários acompanhar em tempo real o estágio de suas operações financeiras, o que antes só era viável por meio de consultas ao agente repassador de recursos do BNDES. O agente financeiro e o fornecedor credenciado, por sua vez, passaram a poder visualizar no app sua carteira de operações com o banco.

Paralelamente ao aplicativo para as MPMEs, começamos o desenvolvimento de um portal de negócios para o mesmo segmento de empresas. A intenção era que o empresário pudesse selecionar no portal a linha de financiamento mais adequada ao seu investimento e a instituição financeira com a qual gostaria de se relacionar, poupando tempo e permitindo uma escolha mais adequada, tanto do tipo quanto do custo de seu empréstimo. Quando saí do banco, os testes de funcionamento do portal estavam sendo finalizados e, para minha satisfação, o Canal do Desenvolvedor MPME foi lançado em 26 de junho de 2017, um mês após minha renúncia.

Na revisão das políticas operacionais, também demos a esse segmento primazia no acesso ao crédito, com condições mais favoráveis de financiamento e prazos maiores. As novas políticas também mudaram a classificação de porte das MPMEs, de 90 milhões de reais para 300 milhões de reais de receita operacional bruta anual, ampliando o número de empresas que poderiam se enquadrar no segmento. Estimamos que cerca de 1,5 mil empresas passariam a ter acesso a financiamentos no BNDES, em melhores condições.

Em outubro de 2016, anunciamos as novas condições de financiamento para os modais aeroportuários e rodoviários e para saneamento, mobilidade e energia. Eliminamos a modalidade de empréstimos-ponte, que se mostrara tão problemática nos leilões do PIL, Programa de Investimentos em Logística, não tendo sido convertidos em financiamentos de longo prazo por razões de várias naturezas. O fim desses empréstimos não impediu o sucesso dos leilões de concessão de aeroportos e de linhas de transmissão, realizados posteriormente, e possibilitou, por outro lado, o surgimento de um mercado de financiamentos privados de curto prazo.

Nas concessões de aeroportos, o BNDES reduziu sua participação nos financiamentos em TJLP, de até 80% para até 40% do total do empréstimo, e estabeleceu um conjunto de regras de governança, preparadas em conjunto com a Secretaria do Programa de Parceria de Investimentos (PPI) e com o órgão regulador do setor, a Anac. Os leilões dos terminais aeroportuários de Fortaleza, Salvador, Florianópolis e Porto Alegre, realizados em março de 2017, atraíram grandes operadores internacionais. O grupo alemão Fraport assumiu os aeroportos de Porto Alegre e Fortaleza; a francesa Vinci, o de Salvador; e a suíça Zurich, que já é sócia do aeroporto de Confins, o de Florianópolis. Pela primeira vez operadores, e não empreiteiras, foram os vencedores dos leilões de concessão. As empresas pagaram ágio de 23%, que proporcionou arrecadação de 3,72 bilhões de reais ao governo federal.

Os novos critérios de financiamento a projetos de energia elétrica foram anunciados em outubro de 2016 e estabelecidos em colaboração e em sintonia com o Ministério de Minas e Energia e com a agência reguladora do setor, a Aneel. Desejávamos contribuir para a ampliação, na matriz elétrica brasileira, de fontes alternativas de energia e direcionar investimentos em TJLP para projetos com alto retorno social e ambiental. De forma inédita em uma política de financiamento do banco, foi estipulado que não seriam feitos empréstimos para a construção de termelétricas a carvão e óleo combustível, usinas com maior emissão de poluentes, medida que teve ampla repercussão positiva, nacional e internacionalmente.

Mantivemos o percentual de até 80% de participação do banco nos financiamentos em TJLP para projetos de eficiência energética e o mesmo nível para os de iluminação pública eficiente. Permaneceu também o percentual de participação de até 70% em TJLP para as energias alternativas (solar, pequenas centrais termelétricas, biomassa e cogeração), exceto para a energia eólica, cuja participação em TJLP foi elevada para até 80% do total do financiamento, por se tratar de tecnologia em fase inicial de desenvolvimento no país. Em linha com o objetivo de estimular alternativas de financiamento privado na composição dos novos financiamentos, o banco reduziu sua participação em empréstimos em TJLP para investimentos em grandes hidrelétricas de até 70% para até 50%.

Nos projetos de distribuição de energia houve redução da parcela em TJLP de 70% para 50%, mas a maior mudança foi para os leilões de transmissão. No início de abril de 2017, aprovamos as condições de financiamento para os leilões de transmissão que seriam realizados naquele ano. O BNDES extinguiu o financiamento em TJLP, ofertando somente linhas a custo de mercado, com prazo mais longo e participação de até 80% no financiamento total. Nosso entendimento, alinhado ao da Aneel, era que a função de garantir retorno apropriado aos projetos é da agência reguladora, e não do banco de fomento. O sucesso dos leilões mostrou o acerto da decisão.

Em 5 de janeiro de 2017, divulgamos a revisão completa das políticas operacionais, a mais ampla em nove anos, realizada com a participação de todas as áreas e níveis hierárquicos e também com debates externos. Trabalho de fôlego, que levou cerca de seis meses para ser concluído. Um direcionador importante foi a significativa simplificação das linhas, dos programas e dos produtos, resultando em maior transparência e eficácia. Outro norte fundamental foi a definição da alocação prioritária de recursos em TJLP para projetos com retorno social maior do que o retorno privado. Nessa lógica, os financiamentos à taxa de referência do banco foram priorizados para projetos em infraestrutura, MPMEs, inovação, saúde, educação, meio ambiente e exportação. Esses atributos, ou qualificadores de projetos, passaram a ser os condicionantes para a definição das concessões de financiamento, em uma mudança radical da tradicional forma de o banco operar: em vez de usar como referência o setor do qual o projeto se origina, o foco passou a ser o atributo ou o mérito do projeto, independentemente do setor. A lógica por trás da mudança era o fato de que as fronteiras entre os setores estão se tornando cada vez mais difusas, dificultando definir se o projeto é de serviços, indústria, comércio, agronegócio etc. O investimento em uma nova plataforma digital para o varejo deveria ser classificado como projeto de serviços ou comércio? Além disso, por que um projeto de inovação deveria ter condições de financiamento diferentes se fosse da indústria ou do comércio? Consequentemente, para permitir uma atuação horizontal do banco e proporcionar condições iguais a projetos de natureza equivalente, era fundamental definir critérios de financiamento por tipos de projetos, e não mais por setores.

Outra preocupação era com a efetividade dos empréstimos, de modo a assegurar não só que estivéssemos financiando investimentos adicionais – isto é, viabilizando bons projetos que não ocorreriam sem o apoio da instituição –, como também que seus objetivos fossem cumpridos. Para esse fim, criamos o departamento de avaliação e monitoramento de projetos, na diretoria de planejamento, com a missão de definir, previamente, metas a serem alcançadas nos empreendimentos, resumidas em "quadros de resultados". Essas metas passaram a ser acompanhadas pela equipe técnica do banco e, ao seu fim, o projeto terá seu impacto mensurado, permitindo a avaliação das políticas de financiamento e seu aperfeiçoamento. Para os investimentos em infraestrutura de grande porte (crédito superior a 1 bilhão de reais), o banco passou a contratar os serviços de empresas externas para o acompanhamento de projetos, prática já adotada por outros bancos de desenvolvimento internacionais. Para os demais setores, quando os projetos tiverem financiamento superior a 500 milhões de reais, também deverão ser contratados serviços externos para acompanhar sua evolução.

Buscamos ainda incentivar as boas práticas de governança, critério importante para a análise dos projetos e o aperfeiçoamento das empresas financiadas. Procuramos ampliar o acesso ao capital de giro, permitindo a realização de operações diretamente com o BNDES, sem a intermediação de agentes financeiros, para valores superiores a 10 milhões de reais. Eliminamos a possibilidade de o banco financiar integralmente os projetos, que devem ter o seu financiamento complementado com a utilização de capital próprio, emissão de debêntures ou outro instrumento do mercado de capitais.

Por fim, colocamos restrições para que as empresas distribuam dividendos acima do mínimo legal de 25% quando mais da metade do montante total de seu empréstimo for referenciada em TJLP. Nossa preocupação era garantir que os recursos fossem efetivamente canalizados para financiar investimentos adicionais, e não utilizados para outros fins, como o de distribuir dividendos para os acionistas. Os dados de Formação Bruta de Capital Fixo do IBGE mostram que o expressivo volume de financiamentos em condições favorecidas, especialmente no PSI, não resultou no crescimento sustentado da taxa de investimento, o que sugere ter ocorrido, pelo menos em alguma proporção, mera substituição de fontes de recursos.

A restrição à distribuição de dividendos foi outro tema que despertou muita polêmica e resistência dentro do banco. A decisão visava a utilização adequada dos escassos recursos em TJLP, taxa abaixo da de referência do mercado, e também considerava que, em geral, empresas em fase de investimento reinvestem seus lucros nos planos de expansão ou modernização, reduzindo naturalmente a distribuição de dividendos ao mínimo legal. Portanto, a medida não deveria impactar empresas com boas práticas de gestão e, por outro lado, garantiria a efetiva aplicação dos recursos para financiar o aumento da capacidade produtiva do país. Caso a empresa desejasse distribuir uma parcela maior de dividendos durante o período de carência do financiamento, poderia optar por mudar a taxa de referência de seu crédito para a taxa de mercado ou quitá-lo antecipadamente.

Segundo notícias veiculadas na imprensa em janeiro de 2018, infelizmente o banco decidiu encerrar a restrição à distribuição de dividendos como critério para a concessão de financiamentos a taxas inferiores às de mercado. De acordo com o anúncio, o objetivo foi o de fomentar novos investimentos no país, desconsiderando os resultados negativos da experiência recente.

Fizemos ampla divulgação das novas políticas operacionais, inclusive com visitas dos diretores de operações indiretas, serviços e indústria e planejamento às associações e entidades patronais. Com o estabelecimento dos novos critérios, que valorizam atributos de projetos para a definição das condições de financiamento, encerrou-se o apoio direcionado a setores, razão de tantas críticas aos empréstimos do banco. A partir de então tornou-se possível o surgimento espontâneo de muitos campeões nacionais, e não apenas de alguns poucos eleitos.

Eu tinha muita preocupação em incentivar discussões plurais no banco sobre assuntos variados que nos ajudassem a refletir a respeito de questões centrais para o país, como produtividade, educação, situação fiscal e outras. Fizemos seminários, abertos a todos os funcionários, com personalidades como Nélida Piñon, Ricardo Paes de Barros e José Alexandre Scheinkman, encontros para discussões técnicas sobre temas como política de conteúdo local e inovação, com a participação de especialistas, governo e acadêmicos, e também almoços-palestra, com um público mais reduzido de superintendentes e chefes de departamento. Recebemos, nessas ocasiões, profissionais de reconhecida excelência em suas áreas: Arminio Fraga, Claudio Frischtak, José Roberto Mendonça de Barros, Elena Landau, Marcos Lisboa, Sergio Besserman, Izabella Teixeira, Nilson Teixeira, Gustavo Franco, Sergio Guimarães, Jerson Kelman, Juliano Seabra, Míriam Leitão, Marcelo Madureira, Lauro Jardim, Mario Veiga, José Márcio Camargo, Márcio Garcia, Armando Castelar e Mauro Cunha.

Um dos primeiros seminários foi realizado pelo economista e professor da Universidade de Princeton José Alexandre Scheinkman no grande auditório do banco, sobre a evolução da produtividade no

Brasil. Fiquei muito impressionada com os dados apresentados. Eles deixavam claro o desempenho medíocre da produtividade total dos fatores de produção nas últimas décadas, em comparação ao dos demais países emergentes. Precisamos avançar muito rapidamente nas reformas estruturais e no foco em educação e inovação, se quisermos recuperar nosso atraso e almejar ser um país de renda per capita elevada e menor desigualdade.

Também muito marcante foi o seminário sobre educação apresentado por Ricardo Paes de Barros,[84] importante especialista no tema. Ele mostrou como o Brasil, a cada par de anos, abandona planos de educação que estavam em implantação, por falta de resultados. Em vez de avaliar o que não funcionou, aperfeiçoar e continuar sua execução, os planos são deixados de lado e anuncia-se um novo com estardalhaço. Os casos de sucesso que existem no país mostram que boa educação não depende apenas de salários elevados, nem de tecnologias inovadoras. E sim de professores motivados, diretores que se preocupam com gestão e resultados e pais engajados com a escola. Para comprovar, há incríveis casos de sucesso em escolas de cidades muito pobres, neste país que não copia nem os seus próprios benchmarks.

No início de 2017, realizamos o seminário "As políticas industriais e de conteúdo local no Brasil e no mundo", para discutirmos a política de conteúdo local do banco, que estabelece os percentuais de componentes dos produtos que devem ser obrigatoriamente produzidos dentro do país, para que os fabricantes possam ter acesso aos financiamentos em TJLP. Participaram funcionários, acadêmicos especialistas no tema, integrantes do governo, empresários e associações patronais. O objetivo foi discutir, de forma aberta, um assunto bastante controverso e colher insumos para uma revisão conceitual da política do BNDES.

Após muita polêmica, acredito que chegamos a alguns pontos comuns. O primeiro foi que, segundo opinião quase geral, a política de conteúdo local tem caráter compensatório, no sentido de que mitiga ineficiências da economia. Em vez de resolver as questões estruturais, como a complexa e elevada carga tributária, a insuficiência e a má qualidade da infraestrutura etc., foram sendo criadas políticas compensatórias, mascarando a questão central, da falta de competitividade da indústria nacional devido ao chamado custo Brasil. Convergimos também para o entendimento de que todos os países, em alguma medida, têm políticas de incentivo a suas indústrias – mas com a definição prévia de indicadores e marcos periódicos para avaliação e prazo para terminarem.

Durante o seminário, fiquei perplexa ao saber que a chamada Lei de Informática, criada em 1984, não só ainda está em vigor, como foi renovada até 2029! Quarenta e cinco anos de incentivos fiscais. Quais foram os resultados dessa massa de recursos subsidiados? O custo-benefício para o contribuinte, que banca os subsídios, é positivo? Ou foram redistribuídos recursos das classes menos favorecidas para as de renda mais alta? Com que objetivo o prazo de validade da lei foi novamente estendido? Quais são as metas, o que se espera alcançar? Perguntas que não tiveram resposta.

Indagações semelhantes valem para a Zona Franca de Manaus, criada em 1957 para impulsionar o desenvolvimento econômico da Amazônia e que tem previsão de vigorar até 2023. Sessenta e seis anos! Vultosos incentivos fiscais foram e serão destinados à região nesse período. Os resultados compensaram? Quais são as evidências? Existem alternativas que deveriam ser discutidas? Perguntas para as quais também não obtive resposta. Esses são dois exemplos de política de incentivos que perduram há décadas no país. Sou favorável a políticas de incentivo com começo, meio e fim, métrica e avaliação. Mas não é assim que tem sido feito no Brasil.

Em maio de 2017, em parceria com o Banco Mundial, realizamos o seminário internacional "O papel dos bancos de desenvolvimento no presente e no futuro: experiências, oportunidades e desafios". O evento foi concebido como ponto de partida para o ciclo de planejamento estratégico do banco, que pretendia estabelecer suas diretrizes até 2030. Estiveram presentes, dividindo conosco suas experiências, além de representantes do Banco Mundial, a Associação Latino-Americana de Instituições Financeiras para o Desenvolvimento, o Development Bank of Southern Africa (África do Sul), o KfW (Alemanha), a Corporación de Fomento de la Producción (Chile), o China Development Bank (China), a Financiera de Desarrollo Nacional (Colômbia) e a Nacional Financiera (México).

Antes de iniciar o desenho de uma nova visão de futuro, fomos buscar, nas experiências dos pares do BNDES, elementos para a reflexão interna da instituição, em meio às transformações econômicas e sociais em curso no Brasil e no mundo. Como fomentar investimentos que conjuguem crescimento econômico, distribuição de renda, desenvolvimento tecnológico, inclusão social e sustentabilidade ambiental sem gerar distorções na economia? Como estabelecer uma relação complementar entre a atuação de instituições públicas de fomento e o mercado privado de capitais de modo a viabilizar mais projetos de interesse da sociedade? Esses e outros desafios foram abordados em uma série de painéis e debates, que tiveram a participação dos executivos e de cerca de 350 empregados, nas sessões abertas a todo o corpo funcional.

Pudemos constatar que as diretrizes e a atuação dessas instituições estavam em linha com a direção que já estávamos seguindo, ou avaliando. Julgávamos que o BNDES deveria usar tecnologia e inovação para distribuir suas linhas de financiamento, trazendo *fintechs* como parceiros ou desenvolvendo ele mesmo uma plataforma digital. Nos projetos de infraestrutura, que geram significativas externalidades, o banco deveria alavancar a participação das instituições financeiras e do mercado de capitais, viabilizando a modalidade de financiamento conhecida como *project finance*, em que as receitas do empreendimento constituem a garantia do empréstimo. Nosso profundo conhecimento da estruturação de projetos nesse setor poderia ser um selo de qualidade e funcionar como atrativo para o mercado de capitais e os bancos privados, que deveriam conceder a maior parcela dos financiamentos.

Nos empréstimos para estados e municípios, especialmente para infraestrutura (saneamento, inclusive), o papel mais relevante do banco deveria ser o de prestar assistência técnica aos entes subnacionais. Em geral, e com raras exceções, cidades e estados não têm a capacidade de desenvolver e acompanhar os projetos. O BNDES, atuando como um escritório de gerenciamento de projetos, poderia prestar importante apoio aos entes subnacionais, viabilizando um novo ciclo de investimentos e a melhoria na prestação de serviços públicos para a população.

No ano em que fui presidente do BNDES, endereçamos todos os temas que consideramos prioritários. Foi um período transformador, com mudanças estruturais, como a da legislação da taxa de referência dos financiamentos e a busca por soluções digitais que ampliassem a distribuição das linhas de crédito da instituição. Era um momento difícil, com milhares de empresas entrando em recuperação judicial, desemprego crescente, inflação alta, famílias e empresas fortemente endividadas, estoques elevados e muita capacidade ociosa. Ou seja, os investimentos não voltariam de imediato. Hora de arrumar a casa.

Incentivei e priorizei a revisão e simplificação de processos, com uso mais intensivo de tecnologia, visando reduzir o período de tramitação interna dos projetos e dar maior agilidade às operações. Definimos uma meta para reduzir ao máximo o prazo de concessão dos financiamentos, que levava em média 600 dias, com grande desvio padrão, para 180 dias. Essa meta passou a ser um dos indicadores utilizados para definir a remuneração variável dos empregados. Passamos a acompanhar semanalmente, nas reuniões de diretoria, a evolução da carteira de projetos, organizada por prazo, valor e tipo de investimento. Fizemos profunda revisão nas condições de financiamento do banco, consolidando 101 instrumentos de financiamento em 50, eliminando programas superpostos, produtos e linhas.

As MPMEs, que mais necessitavam de crédito, não tinham acesso a financiamentos, pois, naquele momento de crise, os bancos haviam se retraído. O BNDES, por sua vez, não conseguia atingir diretamente as pequenas e médias empresas. A solução foi iniciar a implantação de um plano de ação digital, que permita ampliar o acesso das MPMEs aos recursos do banco. Aumentamos também o montante destinado a financiar o capital de giro das empresas, com condições mais favorecidas.

Definimos uma política de porta-vozes, que estabeleceu diretrizes e distribuiu competências para a participação da alta administração e dos funcionários em entrevistas para a mídia e na comunicação com outros públicos de interesse do banco. O objetivo foi zelar pela transparência e contribuir para a correta transmissão das informações. Apenas para ilustrar, ao longo de 2016 foram registrados mais de 700 pedidos de informações por parte dos veículos de comunicação e contabilizadas mais de 57 mil matérias publicadas com menção ao BNDES, um crescimento de 138% em relação a 2015. Parte desse aumento foi devido à proposição de pautas e temas pelo banco, e parte, à repercussão das crises em curso envolvendo o nome da instituição.

O BNDES tinha também uma grande exposição nas redes sociais. O perfil do Twitter ultrapassou a marca de 160 mil seguidores no fim de 2016. O canal no YouTube, por sua vez, encerrou o ano com mais de meio milhão de visualizações acumuladas (503.548 no total) e 2.239 inscritos. No ano, houve 281.576 visualizações no canal, o que representou alta de 134% em relação ao ano anterior. Registramos ainda 53 mil curtidas na fan page no Facebook (crescimento de 123% em relação às 24 mil ao fim de 2015).

Em setembro de 2016, lançamos um novo portal institucional, já em fase final de produção quando chegamos ao banco. Com uma arquitetura de informação reformulada e layout mais dinâmico, o novo site conseguiu facilitar o acesso às informações do Sistema BNDES e agregar mais transparência à instituição, bem como aproximar o banco de seus diferentes públicos, especialmente daqueles que mais acessam a ferramenta: micro, pequenas e médias empresas, sociedade civil, imprensa e acadêmicos. Posteriormente introduzimos melhorias no novo site, como a simplificação da pesquisa por linhas de crédito e um simulador de valores de prestações. Passamos também a disponibilizar os contratos das operações de exportações de bens e serviços, os dados sobre as operações de renda variável e relatórios de estatísticas. As informações passaram a ser organizadas em função dos diferentes públicos de interesse, como jornalistas e acadêmicos, facilitando o acesso e o entendimento.

Na área de mercado de capitais definimos uma política para a indicação de membros independentes (externos ao banco ou aposentados) para os conselhos de administração de empresas investidas pela BNDESPar. Buscamos estimular o aperfeiçoamento da governança das empresas e estruturamos fundos inovadores de crédito, como o de Venture Debt, destinado a comprar títulos de dívida de empresas de inovação em estágio inicial, que não conseguem acessar o mercado de crédito, e o lastreado em debêntures de projetos de energia renovável. Em março de 2017, anunciamos a chamada pública para contratar o gestor de um fundo de 500 milhões de reais destinado às startups brasileiras com grande potencial de inovação.

Em maio de 2017, realizamos a primeira captação internacional no mercado de *green bonds*, no valor de 1 bilhão de dólares e com vencimento em 2024. A demanda pelos títulos atingiu 5 bilhões de dólares, com a participação de mais de 370 investidores no processo de formação de preço dos títulos. A última emissão do banco no exterior havia acontecido em 2014. Os *green bonds* têm características similares aos *bonds* convencionais, mas os recursos obtidos devem ser destinados a financiar projetos ambientalmente sustentáveis, atestados por uma empresa verificadora especializada na área ambiental. No caso do BNDES, a captação foi destinada a projetos de geração eólica ou solar, novos ou já existentes na carteira.

Busquei, cotidianamente, a redução de custos na instituição, como já relatado, interrompendo o processo para a construção de uma nova sede, modificando o layout dos andares para acomodar empregados que estavam em escritórios alugados em outro prédio e reintroduzindo a apropriação de custos por áreas, que não era feita quando chegamos. Não havia o acompanhamento sistemático da evolução de custos do banco e a métrica utilizada para avaliação de desempenho era preponderantemente atingir metas para desembolsos dos financiamentos.

No processo de otimização de custos e de resultados, fechamos os escritórios que haviam sido abertos em Londres, Joanesburgo e Montevidéu. Antes de tomar essa decisão conversamos com os órgãos relacionados dos ministérios da Fazenda e do Planejamento e também com o Itamaraty. A conclusão foi a de que todas as operações poderiam ser realizadas diretamente no Brasil, reduzindo despesas e riscos, pois em Londres também eram realizadas operações de tesouraria. Os funcionários lotados nesses escritórios retornaram ao Brasil e se reintegraram às equipes.

Após uma breve recuperação em 2012 e 2013, os desembolsos do banco estavam em trajetória descendente desde 2010, tendo caído da exuberante participação de 4,3% do PIB naquele ano para 1,4% em

2016. Nos anos anteriores a 2008, haviam se situado em torno de 1% a 2% do Produto Interno Bruto. Os valores desembolsados em um determinado ano, em realidade, refletem empréstimos contratados em anos anteriores, pois o fluxo de recursos é disponibilizado ao longo da execução do projeto. Quando se tomam como base as consultas feitas ao banco, a defasagem é ainda maior, pois o processo de avaliação e aprovação de projetos é longo, levando em média 600 dias.

A preços constantes de 2016, o BNDES desembolsou 112 bilhões de reais anuais, em média, entre 2001 e 2008. Entre 2009 e 2013, a média subiu para 231,2 bilhões de reais, mais do que o dobro do período anterior. Já de 2014 a 2016, os desembolsos apresentaram contração média real de 28,4% ao ano, encerrando 2016 em 88,3 bilhões de reais, patamar muito próximo ao que vigorou no início da década de 2000. Em 2017, na gestão que me sucedeu, o total caiu ainda mais, para 70,8 bilhões de reais, e continua decrescendo em 2018.

Em 2016, em consequência da aguda redução da taxa de crescimento da economia em 2014 e da severa recessão iniciada em 2015, não havia demanda por novos investimentos. Os únicos setores que não tinham capacidade ociosa eram os de óleo e gás, agricultura e infraestrutura. Esses eram os que poderiam liderar a tão desejada recuperação da economia. Na indústria, a capacidade ociosa era de cerca de 40%, e nos setores de caminhões e ônibus, que haviam recebido em torno de 60% dos financiamentos do Programa de Sustentação do Investimento, chegava a 50%. As concessões antigas tinham problemas jurídicos e de crédito, não sendo possível conceder os empréstimos de longo prazo.

Apesar de todas essas evidências, o banco e eu, nominalmente, éramos repetidamente criticados na imprensa por estarmos "travando" o crédito, o que, claro, não fazia sentido algum. Pelo contrário, tentávamos ampliar a disponibilidade de crédito às MPMEs, restrito pela concentração bancária e outras questões. Disponibilizamos acesso digital a esse segmento de empresas e ampliamos os recursos destinados a capital de giro, revendo as condições dos financiamentos para torná-las mais favoráveis. Criamos também uma força-tarefa para tentar solucionar a situação dos projetos de concessão de infraestrutura que estavam parados. É interessante que, após a minha saída do banco, e apesar do contínuo declínio no volume de desembolsos, as críticas tenham cessado.

No início de 2017, todos esses pontos estavam sob acirrado debate público. Questões internas do banco e discussões ainda embrionárias apareciam nos jornais. O Brasil vinha sendo sacudido por revelações da Operação Lava Jato e de outras investigações conduzidas pela Polícia Federal e pelo Ministério Público. No dia 12 de maio, a Polícia Federal deflagrou a Operação Bullish para apurar suspeitas de irregularidades em aportes concedidos, entre 2007 e 2011, pela BNDESPar, braço de participações do BNDES, à empresa JBS para a aquisição de frigoríficos. Logo cedo, agentes da Polícia Federal cumpriram 37 mandados de condução coercitiva, levando ex-gestores e técnicos do banco para prestar esclarecimentos.

Foi um dia terrível. Eu estava em um avião, antes das sete da manhã, prestes a decolar para Brasília, onde ia participar da comemoração de um ano de governo do presidente Temer, quando comecei a receber mensagens sobre a operação. Não tinha mais como descer do avião. Fiz a viagem com grande preocupação e assisti à cerimônia tensa, sem conseguir prestar atenção, recebendo e respondendo mensagens, com o telefone escondido debaixo da mesa. Saí quase correndo ao fim do evento e voltei ao Rio imediatamente.

Quando cheguei ao BNDES, estava ocorrendo uma audioconferência com a imprensa para a divulgação do balanço financeiro do primeiro trimestre de 2017. Aproveitei a oportunidade e falei aos jornalistas, reafirmando minha confiança na instituição e na probidade e capacidade técnica dos funcionários. Disse que era do interesse da diretoria e dos empregados que tudo fosse devidamente apurado e esclarecido.

Nesse meio-tempo, os empregados que tinham ido depor começaram a chegar ao banco. Reuni-me com eles e, embora razoavelmente calmos, estavam, com razão, inconformados com a experiência traumática a que tinham sido submetidos. Entre eles, havia até mesmo uma funcionária grávida, o que causou revolta em todos. Procurei confortá-los e reiterei o apoio do banco a cada um. No entanto, o que a maioria queria era que eu defendesse, publicamente e sem restrições, as operações que haviam sido realizadas com a JBS. Isso eu não podia fazer. Não só eu não tinha participado dessas operações, como também não havíamos, diferentemente do caso da Usina São Fernando, concluído as apurações internas sobre as mesmas. Após ouvir todas as opiniões – dos funcionários envolvidos, dos diretores e da assessoria de imprensa –, resolvi gravar um vídeo para ser oferecido ao *Jornal Nacional*, que aceitou veicular a mensagem em que reiterei o que já havia afirmado aos jornalistas, por telefone, mais cedo.

Julguei que deveria, em um dia tão difícil, falar para todo o corpo funcional. Pedi para avisá-los que um pouco mais tarde, no início da noite, iria ao auditório para encontrá-los. Por volta de sete e meia me dirigi para lá com os diretores, no intuito de dar uma palavra de conforto a todos. Minha intenção era "abraçá-los", externar o meu apoio. O auditório, onde cabem cerca de 700 pessoas, estava lotado, com muita gente sentada no chão. Para ficar mais próxima, em vez de me posicionar no palco, fui para a frente da primeira fila de poltronas, acompanhada pelos diretores. Falei de coração, de improviso, com a única motivação de passar a eles solidariedade e carinho. No entanto, após a minha fala, o tom das intervenções ficou cada vez mais pesado, com alguns dos funcionários, principalmente representantes da associação, cobrando duramente que eu fosse a público defender de maneira irrestrita as operações com a JBS e as pessoas que delas haviam participado.

Em certo momento, a discussão ficou tão acalorada que decidi não falar mais. Tive receio de que a situação fugisse ao controle. Essa percepção também foi a de algumas pessoas que me acompanhavam, como me disseram depois.

Fui embora exausta e muito entristecida com tudo o que havia acontecido. Passei o fim de semana em casa, sem energia, tentando me recuperar daquele dia tão difícil. Naquele momento, pela primeira vez, achei que não conseguiria estabelecer um relacionamento cordial com a casa. Me senti derrotada nesse aspecto e, para mim, o episódio foi um divisor de águas no meu período no banco.

O que aconteceu naquela sexta-feira refletia um pouco o ânimo do país, partido pela polaridade das opiniões. Quando eu trabalhei pela primeira vez no BNDES, não havia consenso em tudo, claro. Nem todos eram a favor da privatização das estatais federais, por exemplo. O debate ocorria, as discussões eram plurais, mas os funcionários, servidores de uma instituição de Estado, buscavam a melhor forma de atingir os objetivos estabelecidos pela administração e pelo controlador do banco, a União. Dessa vez funcionava de forma diferente para uma parcela das pessoas: se você não pensa como eu, você pensa errado.

Cinco dias depois, no dia 17 de maio, o colunista Lauro Jardim revelou, no site do jornal *O Globo*, que o dono do frigorífico JBS, Joesley Batista, havia entregado ao Ministério Público Federal a gravação de uma conversa com o presidente Michel Temer, feita no dia 7 de março na residência do presidente, o Palácio do Jaburu. Segundo noticiado à época, os irmãos Joesley e Wesley Batista estavam tentando fechar um acordo de delação premiada com o Ministério Público e, para isso, tinham entregue várias gravações aos procuradores.

Na noite de 18 de maio, eu e alguns diretores do BNDES assistimos estarrecidos, em nossa sala no banco, à exibição pelas redes de TV do áudio feito por Joesley Batista de sua conversa com o presidente

Temer. Durante o encontro, ele mencionou meu nome ao presidente, no contexto do episódio em que o BNDES vetou, em 25 de outubro de 2016, a operação de internacionalização da JBS, que transferiria a sede da empresa para o exterior, e que foi divulgado ao mercado no dia 26 de outubro. Não gostei nada de ter sido citada naquele encontro.

Em posterior degravação da conversa feita pela Polícia Federal, ouve-se que, após Joesley dizer que o ex-ministro Geddel Vieira Lima (PMDB) havia lhe relatado "todo empenho e esforço" sobre "aquela operação" que envolvia o BNDES, Temer teria afirmado: "Sabe que eu fui em janeiro pressionar (ininteligível)." Depois de mais um trecho inaudível, Joesley teria respondido: "Não deu de um jeito, mas deu do outro, tá e pronto, deu certo." Também no encontro com Joesley, Temer teria dito que "muito recentemente" havia me chamado e que eu teria lhe relatado a solução encontrada para o caso da JBS. "Eu chamei e ela veio me explicar. Daí... (ininteligível)."

Em 20 de junho, o BNDES divulgou uma nota a respeito da reunião com o presidente da República para tratar do assunto da JBS. Informamos que, de fato, o presidente havia me solicitado um encontro para se informar acerca do projeto de reorganização societária e internacionalização da empresa, que levantava bastante polêmica. A reunião aconteceu em 24 de outubro de 2016, um dia antes de o banco formalizar o veto à operação, com a minha presença e dos diretores jurídico e de mercado de capitais. Na ocasião informei ao presidente as razões que levaram o banco a vetar a operação, e não houve solicitação, ou sugestão, para que a diretoria alterasse sua decisão. O encontro com o presidente aconteceu no Rio de Janeiro, para onde ele veio acompanhado do então ministro do Planejamento, Dyogo Oliveira, para a abertura da Conferência Rio Oil & Gas, no Riocentro. Esse compromisso está nas agendas públicas da presidência da República e da presidência do BNDES.

Sobre o episódio do veto do BNDES à mudança para o exterior das sedes societárias e fiscal da JBS, reitero o que foi informado na época da divulgação ao mercado: o BNDES exerceu o seu direito de veto, previsto no acordo de acionistas para assuntos que envolvessem reorganização societária, porque a operação seria danosa aos interesses da empresa e de seus acionistas minoritários. A reorganização proposta pelos controladores da empresa previa a transferência da propriedade de ativos que representavam aproximadamente 85% da geração de caixa operacional da JBS para uma companhia com sede no Reino Unido, seu domicílio fiscal para a Irlanda e a negociação de suas ações para a Bolsa de Valores de Nova York. No Brasil passariam a ser feitas, apenas, as negociações de Brazilian Depositary Receipts (BDRs). A mudança do domicílio societário e fiscal implicaria desnacionalização da empresa e alteraria substancialmente os direitos e deveres conferidos a todos os acionistas, com repercussões de diversas naturezas. Eles passariam, por exemplo, a ser submetidos a legislação e jurisdição estrangeiras.

Embora tenhamos vetado a proposta de reorganização societária, reiteramos nosso total apoio à JBS e informamos estar abertos para avaliar outras alternativas que viessem a ser apresentadas pela companhia. Entre as opções posteriormente avaliadas, a JBS decidiu pela futura listagem de recibos de ações de sua subsidiária, a JBS Foods International, na New York Stock Exchange (NYSE), mantendo a sede da JBS S.A. no Brasil e suas ações na bolsa brasileira. Como essa solução não envolvia reorganização societária, o BNDES não precisou opinar.

Fiquei muito aborrecida por meu nome ter sido citado duas vezes na conversa gravada por Joesley e, depois, mencionado pelo presidente em fala na televisão, no contexto de assunto relativo à JBS. Aceitei o convite para assumir a presidência do BNDES para cumprir uma agenda técnica, não queria me envolver em política. Após a divulgação da gravação da conversa de Joesley com o presidente, pensei em renunciar imediatamente. Mas esperei alguns dias, pois o tumulto já era muito grande. Como mencionei diversas vezes neste livro, não tenho apego a cargos e julguei, naquele momento, que não estava mais blindada para o exercício da minha função. Estava no olho do furacão, no centro daquela discussão que afetava diretamente o banco. Minha intuição – que sempre respeitei – me dizia que não teria mais condições de desenvolver o trabalho ao qual me propusera.

Na sexta-feira, dia 26 de maio de 2017, fui cedo para Brasília e pedi a Solange Vieira, minha chefe de gabinete, que solicitasse um encontro com o presidente Temer. Às duas da tarde, acompanhada por Luiz Roberto Magalhães, chefe do escritório de Brasília e um dos poucos funcionários e amigos do banco que permanecia desde a minha primeira passagem por lá, fui ao gabinete do presidente da República. Como sempre, fui cortesmente recebida pelo presidente e lhe informei que havia pedido a audiência para entregar minha carta de demissão, em caráter irrevogável. Embora surpreso, o presidente aceitou minha renúncia e me agradeceu pelo trabalho e dedicação.

Foram doze meses atribulados, repletos de acontecimentos e de emoções. Mas, apesar de todas as turbulências, relembro esse período como gratificante e de grande aprendizado do ponto de vista profissional e pessoal. Ajudamos a reduzir o endividamento público, revisamos de forma abrangente e profunda as políticas de financiamento do banco, iniciamos a agenda digital, buscamos dar celeridade ao processo de concessão de financiamentos, revimos processos e controles, realizamos uma ampla programação de debates internos e externos sobre questões críticas para o banco e para o país e, junto com o Banco Central, definimos uma nova taxa de referência para os empréstimos do BNDES, vinculada ao custo de emissão do Tesouro Nacional. Acredito que estabelecemos bases sólidas para o banco repensar o seu papel e sua forma de atuação, em face dos novos desafios e da realidade de nosso país.

Epílogo

PARECIA IMPOSSÍVEL, MAS É REAL. Escrevi um livro narrando a minha trajetória profissional! E, devo confessar, gostei muito de fazê-lo. Não poderia imaginar uma atividade mais gratificante para o meu período de quarentena obrigatória após sair do BNDES.

Pela primeira vez em minha vida adulta, fiquei em casa por um longo período, fazendo uma atividade prazerosa e disponível o tempo todo para os meus filhos. Foi muito bom olhar para trás e relembrar os erros e acertos, as pessoas que me ajudaram, incentivaram, abriram portas, as tristezas e os momentos felizes, as conquistas e as derrotas. Uma verdadeira viagem introspectiva em minha vida pregressa.

Fiquei feliz com o balanço das minhas realizações. Creio que fui coerente com meus princípios e sempre dei o melhor de mim em todas as atividades que realizei. Os erros e fracassos aconteceram na busca do acerto e da realização. No setor privado, coloquei em primeiro lugar o interesse das empresas em que trabalhei e, no setor público, sem agenda pessoal, busquei contribuir para o fortalecimento das instituições e o desenvolvimento do meu país.

Fiquei muito orgulhosa também em constatar que fui a primeira mulher em todas as posições que ocupei. Sabia que havia sido pioneira em muitas delas, mas não havia me dado conta de que isso ocorreu em todas: primeira mulher diretora e presidente do BNDES; primeira secretária de Fazenda da cidade do Rio de Janeiro; primeira presidente de uma siderúrgica – Companhia Siderúrgica Nacional; presidente do Instituto Aço Brasil; primeira presidente de uma seguradora – Icatu Seguros; presidente da Empresa Olímpica Municipal; primeira mulher membro dos conselhos de administração da Vale, Petrobras e Anglo American. Nada mau para uma garota que teve que lutar para conseguir estudar na cidade grande e perseguir seu sonho de ter uma vida diferente da que parecia destinada a ela.

Outro fato recorrente que percebi foi que minhas experiências públicas e privadas sempre estiveram relacionadas a momentos críticos e de transformação do país: crises externas e negociações com o FMI e credores internacionais; Plano Collor; Programa Nacional de Desestatização; Plano Real; privatizações de empresas emblemáticas como a CSN e a Vale; desvalorização acentuada do câmbio na primeira eleição de Lula e seu impacto sobre a economia e as empresas; crise do mercado financeiro internacional em 2008; Olimpíadas e a profunda crise econômica e política em 2016.

Tive muita sorte em estar sempre no lugar certo, na hora certa. Mas também atribuo uma parcela razoável dessa sorte a ter seguido minha intuição e ter estado aberta a ousar e fazer coisas diferentes. Para isso, um trunfo inigualável foi a minha sólida formação acadêmica. Permitiu que eu tivesse flexibilidade para aprender coisas novas e transitar por tantos assuntos diferentes, apesar da inevitável "dor de barriga" que sempre sinto quando encaro um novo desafio profissional.

Não tem sido diferente neste momento em que inicio, mais uma vez, um trabalho em um setor novo para mim, o de banco de investimentos. Durante minha quarentena, fui procurada pelo Goldman Sachs, banco de investimentos americano. O presidente no Brasil ia se aposentar e eu estava na lista de possíveis candidatos. No primeiro contato, eu não quis sequer prolongar a conversa – afinal, a sede do Goldman é em São Paulo e eu nunca havia pensado em trabalhar no mercado financeiro.

Cerca de um mês depois, eu estava trabalhando em meu livro quando de repente o assunto me veio à cabeça. Pensei: "Mas por que, pelo menos, não converso com eles? Por que fechar a porta desse jeito?" Mais uma vez ouvi minha intuição. Fiz contato com eles e, após obter a autorização da Comissão de Ética da Presidência da República, pois eu ainda estava em período de quarentena, começamos a conversar.

Após vários meses de entrevistas e muita indecisão, porque a mudança de vida seria grande, inclusive passando a ficar a maior parte da semana fora da minha casa no Rio, onde moro com meus filhos, aceitei o convite. Em abril de 2018, tornei-me, mais uma vez, a primeira mulher a assumir uma posição – desta vez, a de presidente do banco Goldman Sachs no Brasil.

Novamente, um frio na barriga. Comecei no banco sem conhecer a equipe e sem conhecimento específico sobre a atividade, a não ser o fato de que, em minhas experiências anteriores, fui cliente dos bancos de investimentos e fiz muitas operações de mercado de capitais. Quatro meses depois, quando escrevo este epílogo, me sinto apoiada pelo time e cada vez mais confortável em minha posição. Mais importante do que tudo, já começando a ter muito prazer com o trabalho! Acho que esqueci de mencionar, mas imagino que deva ter transparecido em todas as coisas que fiz – impossível fazer bem-feito, por muito tempo, algo que não te proporcione prazer. É fundamental gostar do que se faz.

Nesta nova atividade, em que tenho contato permanente com colegas, amigos e conhecidos do mundo corporativo e do mercado financeiro, agora meus clientes ou potenciais clientes, tem sido muito recompensador constatar que conto com sua confiança e que construí um ativo de credibilidade ao longo da minha carreira. Mais uma vez as experiências se conectam, agora praticamente fazendo um fecho.

Além dos meus planos pessoais futuros – fazer cursos de aperfeiçoamento possivelmente no exterior, estudar coisas novas, ter mais experiências no terceiro setor, praticar novos esportes –, de uma coisa tenho certeza: desejo nunca parar de trabalhar. Não consigo conceber não estar contribuindo para uma causa, seja ela privada ou pública, ou viver sem um propósito. Acho que viemos ao mundo para desempenhar missões – e eu pretendo exercer todas que estejam ao meu alcance.

Notas

CAPÍTULO 1 Sonho de mudança

[1] Cirurgião-geral pelo Colégio Brasileiro de Cirurgiões, com mestrado em cirurgia gastroenterológica pela Universidade Federal Fluminense, doutorado em técnica cirúrgica e cirurgia experimental pela Universidade Federal de Minas Gerais e pós-doutorado no serviço de transplante de órgãos da Medical University of South Carolina, em Charleston, nos Estados Unidos. Ingressou no quadro funcional da Uerj como médico do serviço de cirurgia geral do Hospital Universitário Pedro Ernesto em 1986 e, desde 1994, atua como professor. Assumiu a reitoria da Uerj em 2016.

CAPÍTULO 2 Admirável mundo acadêmico

[2] Rudiger Dornbusch, economista alemão radicado nos Estados Unidos, foi professor do Instituto de Economia da Universidade de Massachusetts. Cunhou uma frase célebre, citada ainda hoje quando o assunto é economia internacional: "A crise financeira leva muito mais tempo para chegar do que você pensa, e então passa muito mais rápido do que você imaginaria."

[3] José Alexandre Scheinkman leciona na Universidade de Colúmbia, em Nova York, e é professor emérito da Universidade de Princeton. É membro da National Academy of Sciences dos Estados Unidos, fellow da Econometric Society, da American Academy of Arts and Sciences, da American Finance Association e da Guggenheim Foundation. É Docteur honoris causa pela Université Paris-Dauphine.

[4] Aloisio Araújo, professor da EPGE e do IMPA, lecionou nas universidades de Pennsylvania, Chicago e Califórnia, nos Estados Unidos, e na Sorbonne, na França. É membro titular da Academia Brasileira de Ciências e fellow da Guggenheim Foundation, da Econometric Society e da Third World Academy of Sciences. Em 2006 foi eleito para a National Academy of Sciences dos Estados Unidos.

CAPÍTULO 3 A primeira experiência executiva a gente nunca esquece

[5] Em novembro de 1992, cerca de um mês depois da abertura do processo de impeach-

ment de Collor, o acordo da dívida externa seria assinado por Fernando Henrique Cardoso, então ministro das Relações Exteriores de Itamar Franco.

CAPÍTULO 4 A primeira vez no BNDES

[6] A lei nº 6.404, de 15 de dezembro de 1976, rege as Sociedades Anônimas. Foi redigida pelos juristas José Luiz Bulhões Pedreira e Alfredo Lamy Filho, a pedido do então ministro da Fazenda, Mario Henrique Simonsen.

CAPÍTULO 5 A mulher de 1 bilhão de dólares

[7] Fundado em 1945 como Banco da Prefeitura do Distrito Federal S.A., passou a Banco do Estado da Guanabara (BEG) em 1960, e a Banco do Estado do Rio de Janeiro em 1975. Em 1987, foi submetido à intervenção do Bacen. Incluído no Programa Estadual de Desestatização em 1996, foi privatizado em 26 de junho de 1997, em leilão na Bolsa de Valores do Rio de Janeiro, vencido pelo Banco Itaú.

[8] No dia 15 de setembro de 1988, o então prefeito Roberto Saturnino Braga, do Partido Socialista Brasileiro (PSB), declarou que a cidade estava falida, sem condições de pagar suas obrigações, especialmente salários dos servidores e fornecedores. Segundo declarações dele à imprensa, o problema ocorreu devido à elevada oposição dos vereadores, que haviam impedido o reajuste das tarifas municipais, e ao não cumprimento, pelo governo federal, de apoio financeiro à cidade após as chuvas ocorridas no início do ano. Saturnino Braga foi sucedido por Marcello Alencar, eleito pelo Partido Democrático Trabalhista (PDT).

[9] Augusto Ivan de Freitas Pinheiro é arquiteto e urbanista pela UFRJ e pós-graduado em planejamento urbano e regional pelo Institute for Housing Studies de Roterdã, Holanda, e pelo Instituto de Pesquisa e Planejamento Urbano e Regional da UFRJ. Ocupou diversos cargos na prefeitura do Rio, como os de coordenador do projeto Corredor Cultural, subprefeito do Centro, diretor do Instituto Pereira Passos e secretário municipal de Urbanismo. Trabalhou como meu assessor na Empresa Olímpica Municipal.

[10] Camelot é o lugar em que o mítico rei Arthur teria estabelecido sua corte, entre os séculos V e VI. Segundo a lenda, com sua espada Excalibur e os Cavaleiros da Távola Redonda, ele defendeu a Bretanha (hoje Grã-Bretanha) das invasões saxônicas. Camelot teria sido um mundo mágico e de paz.

[11] Business Improvement Districts são áreas definidas dentro de uma cidade administradas por uma entidade não lucrativa, que complementa a prestação de serviços públicos. Nos Estados Unidos, os BIDs são, em geral, financiados por um imposto criado de forma voluntária, inteiramente direcionado à melhoria da área em questão. Os BIDs têm sido usados em mais de mil grandes cidades americanas, que têm, cada uma, diversos BIDs. Somente Nova York tem mais de 67 deles.

CAPÍTULO 6 A dama do aço

[12] A Fundação CSN era denominada anteriormente de Fundação General Edmundo Macedo Soares e Silva, importante personagem da história do país e da siderúrgica. Decidimos que devíamos dar o nome da empresa à fundação, de modo a vincular sua atuação, claramente, à companhia. Fizemos uma justa e merecida homenagem ao general, dando seu nome ao edifício do escritório central da CSN e publicando um livro com seu depoimento ao CPDOC (Centro de Pesquisa e Documentação de História Contemporânea do Brasil) da FGV.

[13] Atual Fibria, empresa resultante da fusão entre a Aracruz e a Votorantim Celulose e Papel.

[14] Impossível listar todos os integrantes da grande equipe que fez a diferença na administração da CSN. Gostaria de registrar meu profundo agradecimento e reconhecimento a todos – os veteranos que lá encontrei e os novos profissionais que se uniram a nós, vindos de diferentes empresas e áreas de conhecimento. Foi maravilhoso trabalhar com todos vocês!

[15] Em 2007 foi reimplantado o turno de 6 horas na CSN e há notícias na imprensa de que a empresa tenta, novamente, adotar o turno de 8 horas.

[16] Em 2006, a Multibrás S.A. Eletrodomésticos fundiu-se com a Embraco, formando a Whirlpool S. A.

[17] EDF, Électricité de France, é a maior produtora e distribuidora de energia da França. Fundada em 1946, após um programa de nacionalização do setor nesse país, foi uma companhia estatal até novembro de 2004, quando adotou personalidade jurídica de direito privado.

[18] AES Corporation é uma empresa americana especializada na produção e distribuição de energia elétrica. A AES Corporation atua no Brasil através do Grupo AES Brasil, composto por empresas das áreas de geração, distribuição e comercialização de energia elétrica, infraestrutura, telecomunicações e redução de emissões de gases do efeito estufa.

[19] O Banco CR2, sediado no centro do Rio de Janeiro, foi fundado por cinco ex-sócios do Banco BBM, entre os quais Claudio Coutinho e Carlos Guedes, como o primeiro banco de investimentos brasileiro especializado em fundos imobiliários. O processo de registro do Banco CR2 junto ao Banco Central foi iniciado em julho de 1999 e finalizado em maio de 2000. Em 31 de julho de 2013, o holandês ABN Amro Bank adquiriu a instituição financeira.

CAPÍTULO 7 Executiva terceirizada

[20] Fundado em 1858, o Banco BBM é o grupo financeiro mais antigo do Brasil. Originou-se do Banco da Bahia, tendo, no início, foco em financiamento agrícola para produtores da região daquele estado. Hoje o Banco BBM destaca-se nas áreas de crédito para

médias e grandes empresas, gestão de recursos de terceiros, tesouraria e mercado de capitais. Controlado até 2016 pela família Mariani, teve 80% de seu capital vendido para o Bank of Communications (BoCom), da China. Os 20% restantes permanecem com o Grupo Mariani. O BoCom BBM tornou-se a primeira joint venture do BoCom fora da China.

[21] Uma das lojas de Ipanema, de menor porte, depois foi fechada.

[22] Francisco de Assis Chateaubriand Bandeira de Melo, o Chatô, jornalista que foi dono dos Diários Associados.

[23] Fundador do jornal *Última Hora*.

[24] MatlinPatterson é um gestor global de recursos, com foco em ativos de risco e outras oportunidades de crédito.

[25] Segundo declaração do juiz Luiz Roberto Ayoub, da 1ª Vara Empresarial do Rio de Janeiro, a recuperação judicial da Varig, da Rio Sul e da Nordeste Linhas Aéreas, que começou em 2005, foi o caso pioneiro que deu vida à então recentíssima Lei de Falências (Lei 11.101/05). A causa possibilitou que a lei fosse aplicada em inúmeras outras recuperações judiciais subsequentes, decorrentes da crise econômica.

[26] Os sócios desse escritório representam o ex-presidente Lula nos processos da Lava Jato e outras ações.

[27] Segundo matéria publicada pelo jornal *O Globo* em 11 de junho de 2008, a VarigLog teria chegado a ser transferida, ao menos no papel, a uma empresa controlada pelo argentino Santiago Born, numa operação triangulada pelo fundo americano MatlinPatterson. Em novembro de 2007, Lap Wai Chan exerceu a opção de compra para remover os três sócios brasileiros da Volo do Brasil, controladora da VarigLog, e avisou estar comprando compulsoriamente suas ações. Born e Chan já tinham estado com o presidente Lula, no Palácio do Planalto, levados pelo advogado Roberto Teixeira, compadre de Lula.

[28] Sir Mark Moody-Stuart é inglês e foi presidente do conselho de administração da Anglo American plc entre 2001 e 2009. Foi diretor executivo da Shell Transport and Trading Company plc e presidente do conselho da Royal Dutch Shell. Foi membro dos conselhos do HSBC, da Accenture e do Global Reporting Initiative. É presidente do conselho da Hermes Equity Ownership Services, do conselho da Foundation for the Global Compact e membro do conselho da Saudi Aramco.

[29] Cynthia Blum Carroll, inglesa, foi presidente da companhia canadense de mineração e produção de alumínio Alcan. Em 2007 tornou-se presidente da Anglo American, sendo a primeira mulher e o primeiro não sul-africano a ocupar a posição.

CAPÍTULO 8 Um novo olhar sobre o mercado de seguros

[30] Seus principais acionistas são a BB Seguros e Participações, controlada pelo Banco do Brasil, a Icatu Seguros e a Companhia de Seguros Aliança da Bahia.

[31] Empresa controlada pela Caixa Seguros e Participações Securitárias, Sul América Capitalização e Icatu Seguros.

[32] Os planos fechados, também conhecidos como fundos de pensão, são criados por empresas e destinados exclusivamente aos seus funcionários.

[33] *Insurance markets in 2016: China saves the day.*

[34] *Insurance markets: outlook 2027.*

[35] Atualmente a Icatu Seguros tem o dobro de clientes.

[36] Criada em 1835, está presente em todo o Brasil, com 2,1 milhões de clientes. Em 2009 a Mongeral foi integrada ao Grupo Aegon, que é a maior seguradora, em previdência em grupo, da Holanda.

[37] Em 1995, autorizadas pelo Conselho Monetário Nacional, cooperativas filiadas ao Sistema de Crédito Cooperativo (Sicredi) constituíram o Banco Cooperativo Sicredi, primeiro banco cooperativo privado brasileiro. O Sicredi, criado em 1902 na localidade de Linha Imperial, município de Nova Petrópolis, Rio Grande do Sul, é a primeira cooperativa de crédito brasileira. Tem, atualmente, 117 cooperativas de crédito filiadas, que operam com uma rede de atendimento com mais de 1,5 mil agências.

[38] Banco do Estado do Rio Grande do Sul, criado em 1928.

[39] Sediada em Zurich, na Suíça, foi fundada em 1962 e está presente em 64 países.

[40] O American International Group foi fundado na China em 1919, quando o americano Cornelius Vander Starr iniciou uma agência de seguros em Xangai, que cresceu primeiro naquele país e depois no mundo. É a maior empresa seguradora dos Estados Unidos, sediada em Nova York. Está presente em mais de 80 países, sendo que, no Brasil, a partir de 1949.

[41] Atualmente a legislação brasileira prevê três tipos de resseguradores. O "local" é sediado no Brasil, constituído sob forma de sociedade anônima e supervisionado pela Susep. O "admitido" é o ressegurador estrangeiro com mais de cinco anos de operação no mercado internacional, que precisa estar registrado na Susep e ter escritório de representação no Brasil, além de atender a outros pré-requisitos. E o "eventual" é o ressegurador estrangeiro em operação no país de origem há mais de cinco anos, sem escritório de representação no Brasil e com registro na Susep.

CAPÍTULO 9 Força olímpica

[42] O Rio Media Center foi instalado num terreno anexo ao do prédio onde funcionavam a Empresa Olímpica Municipal e o Comitê Organizador, vizinho à sede da prefeitura, na Cidade Nova, centro do Rio. Projetado, principalmente, para atender os jornalistas não credenciados para a cobertura dos eventos esportivos, recebeu também profissionais credenciados.

[43] Consórcio público formado pelos governos federal (Lei Federal nº 12.396, de 21/3/2011), do estado do Rio de Janeiro (Lei Estadual nº 5.949, de 13/4/2013) e do mu-

nicípio do Rio de Janeiro (Lei Municipal nº 5.260, de 13/4/2013). Esse modelo de gestão tripartite foi considerado inédito na administração pública brasileira. O objetivo era coordenar a participação da União, do estado e do município do Rio de Janeiro na preparação e realização dos Jogos Rio 2016, para assegurar o cumprimento das obrigações assumidas perante o COI.

[44] O COI confia a organização dos Jogos ao comitê olímpico do país, que forma um Comitê Organizador dos Jogos (COJO) local.

[45] Nascida em Casablanca, Marrocos, é a primeira mulher marroquina, africana e nascida em um país islâmico a ser campeã olímpica. Conquistou medalha de ouro nos Jogos Olímpicos de Los Angeles, em 1984, na prova de 400 metros com barreiras. Também foi a primeira mulher a liderar uma comissão de coordenação do COI. Suas conquistas contribuíram para que outras mulheres de origem muçulmana pudessem seguir a carreira esportiva.

[46] Campeão de esgrima, na modalidade florete, nos Jogos Olímpicos de Verão em 1976, em Montreal, no Canadá, onde conquistou a medalha de ouro.

[47] Tomou posse como presidente da APO em 19 de novembro de 2013. Com vida e carreira ligadas ao esporte, foi paraquedista do Exército e atleta de vôlei. Teve importante participação na preparação e na realização dos V Jogos Mundiais Militares, disputados no Rio de Janeiro em 2011. Em 2015 foi promovido a general de exército, pediu exoneração da presidência da APO e foi nomeado comandante militar do Leste. Nessa posição, que exerceu até 2016, chefiou o planejamento e execução do segmento de defesa e das três Forças Armadas nos Jogos Rio 2016, como coordenador geral de defesa de área, nome oficial da função durante os Jogos Olímpicos. Após o encerramento dos Jogos, foi nomeado chefe do Estado-Maior do Exército.

[48] No mês de agosto, quando os Jogos são realizados, é verão no Hemisfério Norte, sede do COI, mas inverno no Brasil, que fica no Hemisfério Sul. O COI realiza também Jogos Olímpicos de Inverno, dedicados aos esportes praticados em países frios, como patinação no gelo e esqui. Os últimos Jogos Olímpicos de Inverno aconteceram em fevereiro de 2014 e de 2018, respectivamente, em Sochi, na Rússia, e em PyeongChang, na Coreia do Sul.

[49] A construção do Parque Olímpico possibilitou a revitalização do bairro de Stratford, a leste de Londres, antiga área industrial e destino de imigrantes pobres. O local tinha passado por um processo de degradação, até ser renovado no âmbito dos Jogos de Londres 2012.

[50] O *debriefing* dos Jogos de Londres aconteceu no Rio, em novembro de 2012, e o do Rio foi realizado em novembro de 2016, em Tóquio, sede dos Jogos de 2020.

[51] O primeiro prefeito de Londres foi Ken Livingstone. Eleito em 2000 e reeleito, ficou até 2008. Boris Johnson foi prefeito de Londres até 2016.

[52] O Instituto Pereira Passos (IPP) é um instituto de pesquisa da prefeitura do Rio, referência nacional e internacional em dados e conhecimento de gestão para o planeja-

mento estratégico e integração de políticas públicas, mapeamento, produção cartográfica e aplicação de geotecnologias.

[53] Servidão pública é o direito público real, constituído por pessoa jurídica de direito público, sobre imóvel de domínio privado, para que este, como prolongamento do domínio público, possa atender aos interesses coletivos.

[54] As faixas marginais de proteção de rios, lagos, lagoas e reservatórios d'água são necessárias à proteção, à defesa, à conservação e à operação de sistemas fluviais e lacustres, determinadas em projeção horizontal e considerados os níveis máximos de água, de acordo com as especificações dos órgãos federais e estaduais competentes. A FMP da orla da lagoa de Jacarepaguá totaliza uma área de 73 mil metros quadrados, na qual foi iniciado, durante a construção do Parque Olímpico, um projeto de recuperação da vegetação nativa de mangue e restinga. A FMP é uma Área de Proteção Permanente (APP).

[55] A Casa Civil foi a responsável pelo edital de licitação da concessão administrativa, com prazo de 15 anos, publicado em janeiro de 2012. A assinatura do contrato aconteceu em abril do mesmo ano. A PPP passou a ser acompanhada pela Subsecretaria de PPPs.

[56] Projetada como temporária, com 12 mil lugares, segundo o conceito de "arquitetura nômade", que prevê que possa ser desmontada e remontada em outros locais, como escolas municipais, o que não aconteceu até o momento (fevereiro de 2018). A responsabilidade pela desmontagem é da prefeitura, com recursos federais.

[57] Instalação onde ocorreram as provas de ciclismo de velocidade, com 5 mil lugares.

[58] Conjunto formado por uma arena principal permanente, com 10 mil lugares, uma temporária, com 5 mil assentos, e outra com 3 mil lugares, projetada para permanecer após os Jogos, sem as arquibancadas. O conjunto é composto, ainda, por mais 13 quadras descobertas, sendo sete destinadas a disputas de partidas (seis delas permanentes) e as outras, a treinamento e aquecimento. Além das partidas de tênis olímpico e paralímpico, o local recebeu a competição de futebol de 5.

[59] Instalação projetada para ser temporária, com 18 mil lugares. A responsabilidade pela definição do legado era do Ministério do Esporte e a desmontagem ficou a cargo da prefeitura, com recursos federais. Até janeiro de 2018, isso não havia acontecido.

[60] A Fundação Ezute é uma instituição privada, sem fins lucrativos, criada em 1997. Atua em projetos estruturantes, em sistemas tecnológicos complexos, na absorção e desenvolvimento de novas tecnologias e na gestão complementar de empreendimentos estratégicos, tanto no âmbito civil quanto no da defesa.

[61] Exceto pelo atletismo, a luta greco-romana é tida como o esporte mais antigo do mundo. Nesse tipo de combate, o atleta tem o objetivo de controlar os movimentos do rival, forçando-o a encostar as costas no chão.

[62] Exclusivo para cegos ou deficientes visuais, é disputado por times formados por cinco jogadores.

63 Desenvolvido exclusivamente para pessoas com deficiência visual. Cada equipe conta com três jogadores titulares e três reservas.

64 Os atletas ficam sentados em cadeiras de rodas e limitados a um espaço demarcado para fazer o arremesso de bolas. Praticada por atletas com elevado grau de paralisia cerebral ou deficiências severas, é permitido usar as mãos, os pés e instrumentos de auxílio, e contar com ajudantes (calheiros), no caso dos atletas com maior comprometimento dos membros.

65 Ao todo, são 10,7 quilômetros de redes de drenagem (extensão equivalente a aproximadamente três vezes e meia a praia de Ipanema); 6,8 quilômetros de redes de esgoto; 11,2 quilômetros de redes de água potável; 9,23 quilômetros de redes de incêndio e vasos comunicantes; 25,7 quilômetros de rede de iluminação pública; 13,77 quilômetros de rede de média tensão e 27,5 quilômetros de redes de telecomunicações.

66 A Arena Carioca 1 sediou as competições de basquetebol, basquetebol em cadeira de rodas e rúgbi em cadeira de rodas. A Arena Carioca 2 foi palco das competições de judô, esgrima, luta greco-romana e luta livre nos Jogos Olímpicos e de bocha nos Paralímpicos.

67 Na Arena Carioca 3 aconteceram os torneios de taekwondo e esgrima, bem como de judô paralímpico.

68 O pentatlo foi um dos primeiros esportes a integrar o quadro de modalidades disputadas nos Jogos Olímpicos da Antiguidade. Entrou na agenda olímpica dos Jogos da era moderna em 1912, em Estocolmo, com adaptações. O pentatlo praticado hoje é composto por provas de esgrima, natação, hipismo, tiro e corrida.

69 O futebol de 7 é praticado por atletas com paralisia cerebral decorrente de sequelas de traumatismo cranioencefálico ou de acidentes vasculares cerebrais. Cada time tem sete jogadores, incluindo o goleiro.

70 Segundo o Programa das Nações Unidas para o Desenvolvimento (PNUD), o IDH serve de contraponto ao Produto Interno Bruto (PIB) per capita, que considera apenas a dimensão econômica do desenvolvimento. Baseado em três pilares – saúde, educação e renda –, considera outros fatores como expectativa de vida e escolaridade, por exemplo.

71 Sediou disputas do basquete e de esgrima do pentatlo moderno, nos Jogos Olímpicos, e de esgrima em cadeira de rodas, nos Paralímpicos.

72 O BRT Transoeste foi o primeiro a ser inaugurado, em 2012, ligando a Barra da Tijuca ao bairro de Santa Cruz, na Zona Oeste. Foi depois ampliado para Campo Grande e Paciência e, em agosto de 2016, integrado à Linha 4 do Metrô, no terminal Jardim Oceânico. A Transcarioca foi inaugurada em 2014, às vésperas da Copa do Mundo, ligando o terminal Alvorada, na Barra da Tijuca, ao aeroporto internacional Tom Jobim, na Ilha do Governador. Nas estações de Madureira (Manaceia) e de Olaria, na Zona Norte, é integrada aos trens da Supervia e, em Vicente de Carvalho, bairro da

Zona Norte, faz integração com a Linha 2 do Metrô (Botafogo-Pavuna). A Transolímpica, inaugurada em agosto de 2016, vai do Recreio dos Bandeirantes a Jardim Sulacap, ambos na Zona Oeste.

[73] O VLT percorre o centro da cidade e a região portuária, conectando metrô, barcas, aeroporto Santos Dumont e rodoviária Novo Rio, passando também pelo centro de comércio mais popular da cidade, a Sociedade de Amigos das Adjacências da Rua da Alfândega (Saara). Projetado para ter um total de 28 quilômetros, teve sua Linha 1 (Rodoviária Novo Rio–Aeroporto Santos Dumont) inaugurada em junho de 2016 e a Linha 2 (Saara–Praça XV) em fevereiro de 2017. Está prevista, ainda, a Linha 3 (Central do Brasil–Aeroporto Santos Dumont).

[74] O Iphan é uma autarquia federal vinculada ao Ministério da Cultura que responde pela preservação do Patrimônio Cultural Brasileiro. Cabe ao Iphan proteger e promover os bens culturais do país, assegurando sua permanência e usufruto para as gerações presentes e futuras.

[75] A tocha olímpica é transportada, em sistema de revezamento, de Olímpia, na Grécia, ao país que vai realizar os Jogos. O revezamento da tocha dos Jogos do Rio começou em 21 de abril de 2016 e terminou em 5 de agosto do mesmo ano, na cerimônia de abertura, passando por mais de 300 cidades brasileiras. A honra de conduzi-la até a pira olímpica coube ao ex-maratonista Vanderlei Cordeiro de Lima, atleta injustiçado nos Jogos de Atenas 2004, quando um ex-padre irlandês interrompeu seu trajeto rumo à medalha de ouro na maratona.

CAPÍTULO 10 De volta ao BNDES: No olho do furacão

[76] "Recursos financeiros captados junto ao Tesouro Nacional", BNDES, disponível em: https://bit.ly/2PU4Wop. Acesso em setembro de 2018.

[77] Funcionária de carreira do Tesouro Nacional, foi secretária de Fazenda do Espírito Santo até assumir a Secretaria do Tesouro Nacional, em outubro de 2016, de onde saiu em abril de 2018 para exercer a função de secretária executiva do Ministério da Fazenda.

[78] "Rombo em fundo de pensão provoca discussão no BNDES", de Vinicius Neder, em *O Estado de S. Paulo*, 19 de janeiro de 2017.

[79] *O Globo*, 7 de março de 2016.

[80] Fundo especial, de natureza contábil-financeira, vinculado ao Ministério do Trabalho, destinado ao custeio do Programa do Seguro-Desemprego, do Abono Salarial e ao financiamento de programas de desenvolvimento econômico. Sua principal fonte de recursos é proveniente das contribuições para o Programa de Integração Social (PIS) e para o Programa de Formação do Patrimônio do Servidor Público (Pasep). O artigo 239 da Constituição determina que, do total dessas contribuições, "pelo menos 40 por cento serão destinados a financiar programas de desenvolvimento econômico, através do Banco Nacional de Desenvolvimento Econômico e Social, com critérios de remu-

neração que lhes preservem o valor". A Lei 7.998, de 1990, regulamentou o artigo 239 e instituiu o FAT.

[81] "Tesouro desembolsou R$ 240 bi para subsidiar juros do BNDES", de Idiana Tomazelli, em *O Estado de S. Paulo*, 21 de julho de 2017.

[82] Disponível em: https://bit.ly/2QPeVwE. Acesso em setembro de 2018.

[83] Disponível em: https://bit.ly/2I8tiby. Acesso em setembro de 2018.

[84] Atualmente economista-chefe do Instituto Ayrton Senna e professor do Insper. É graduado em engenharia eletrônica pelo Instituto Tecnológico de Aeronáutica (ITA), com mestrado em estatística pelo Instituto de Matemática Pura e Aplicada (IMPA) e doutorado em economia pela Universidade de Chicago. Possui pós-doutorado pelo Centro de Pesquisa em Economia da Universidade de Chicago e pelo Centro de Crescimento Econômico da Universidade Yale.

Bibliografia

"20 anos do impeachment do presidente da República Fernando Collor". Brasília: Câmara dos Deputados/Departamento de Taquigrafia, Câmara dos Deputados. Disponível em <http://www2.camara.leg.br/atividade-legislativa/plenario/discursos/escrevendohistoria/20-anos-do-impeachment/20-anos-do-impeachment-do-presidente-fernando-collor>. Acesso em setembro de 2017.

Acórdão 1922/2016. Brasília: TCU, 11 de outubro de 2016. Disponível em <http://www.tcu.gov.br/Consultas/Juris/Docs/CONSES/TCU_ATA_0_N_2016_40.pdf>. Acesso em fevereiro de 2018.

Acórdão 029.058/2014-7 Brasília: TCU, 27 de julho de 2016. Disponível em <http://portal.tcu.gov.br/lumis/portal/file/fileDownload.jsp?fileId=8A8182A2561DF3F5015632B2AA3C5F80&inline=1>. Acesso em fevereiro de 2018.

Acórdão 2620/2016. Brasília: TCU, 11 de outubro de 2016. Disponível em <https://contas.tcu.gov.br/pesquisaJurisprudencia/#/detalhamento/11/*/KEY:ACORDAO--COMPLETO-2099966/DTRELEVANCIA%20desc/false/1>. Acesso em fevereiro de 2018.

Acórdão 1.623/2009. Brasília: TCU, 22 de julho de 2009. Disponível em <http://www.lexml.gov.br/urn/urn:lex:br:tribunal.contas.uniao;plenario:acordao:2009-07-22;1623>. Acesso em fevereiro de 2018.

Acórdão 2766/2015. Brasília: TCU, 28 de outubro de 2015. Disponível em <https://contas.tcu.gov.br/pesquisaJurisprudencia/#/detalhamento/11/%252a/NUMACORDAO%253A2.766%2520ANOACORDAO%253A2015/DTRELEVANCIA%2520desc%252C%2520NUMACORDAOINT%2520desc/false/1/false>. Acesso em fevereiro de 2018.

Acórdão 3142/2010. Brasília: TCU, 24 de novembro de 2010. Disponível em <https://contas.tcu.gov.br/etcu/ObterDocumentoSisdoc?seAbrirDocNoBrowser=true&codArqCatalogado=1642399>. Acesso em fevereiro de 2018.

Ação de cobrança da FAPES. Rio de Janeiro: FAPES, 21 de julho de 2016. Disponível em <http://www.gdpape.org/AAA2-FAPES_Inicial_2082016_75328799-1-1-pp.pdf>. Acesso em fevereiro de 2018.

AIG. Disponível em <https://www.aig.com.br/quem-somos>. Acesso em dezembro de 2017.

AIG. Disponível em<http://www.aig.com/about-us/history>. Acesso em dezembro de 2017.

ALBUQUERQUE, Adriano; FILIPO, Leonardo. "Vila Autódromo comemora entrega de novas casas, mesmo com problemas". Rio de Janeiro: Globoesporte.com, 30 de julho de 2016. Disponível em < http://globoesporte.globo.com/olimpiadas/noticia/2016/07/vila-autodromo-comemora-entrega-de-novas-casas-mesmo-com-problemas.html>. Acesso em janeiro de 2018.

Allianz. Disponível em <https://www.allianz.com/en/about_us/who_we_are/history/>. Acesso em dezembro de 2017.

Allianz. Disponível em <https://www.allianz.com/en/press/news/studies/170313_Insurance-markets-in-2016/>. Acesso em dezembro de 2017.

Allianz. Disponível em <https://www.allianz.com/en/press/news/studies/170705_insurance-markets-outlook-2027/>. Acesso em dezembro de 2017.

ALMEIDA, Paulo Roberto de. "O Brasil e o FMI desde Bretton Woods: 70 anos de história". São Paulo: *Revista Direito GV*, 2016. Disponível em <http://www.scielo.br/pdf/rdgv/v10n2/1808-2432-rdgv-10-2-0469.pdf>. Acesso em setembro de 2017.

ALVARENGA, Darlan; LAPORTA, Taís. "Com forte disputa, leilão de transmissão tem deságio médio de 40% e garante investimentos de quase R$ 9 bilhões". G1, 15 de dezembro de 2017. Disponível em <https://g1.globo.com/economia/noticia/leilao--de-transmissao-tem-todos-os-lotes-arrematados-e-garante-investimentos-de-quase-r-9-bilhoes.ghtml>. Acesso em fevereiro de 2018.

ALVARENGA, Darlan; Melo Luisa. "Governo arrecada R$ 3,72 bilhões com leilão de aeroportos e grupos estrangeiros assumem concessões". G1, 16 de março de 2017. Disponível em <https://g1.globo.com/economia/negocios/noticia/governo--arrecada-r-372-bilhoes-com-leilao-de-aeroportos.ghtml>. Acesso em fevereiro de 2018.

AMORIM, Ernandes. Proposta de fiscalização e controle (PFC) 65/2008. Brasília: Câmara dos Deputados. Disponível em <http://www.camara.gov.br/proposicoesWeb/fichadetramitacao?idProposicao=421399>. Acesso em fevereiro de 2018.

ANGEL, Hildegard. "Esta colunista se despede do amigo Antonio Galdeano". Rio de Janeiro: Hildegard Angel, 6 de julho de 2011. Disponível em <http://www.hildegardangel.com.br/esta-colunista-se-despede-do-amigo-antonio-galdeano/>. Acesso em novembro de 2017.

ANTUNES, Jéssica. "Impasse leva Academia de Tênis do glamour à ruína". Brasília: *Jornal de Brasília*, 7 de março de 2016. Disponível em <http://www.jornaldebrasilia.com.br/cidades/impasse-leva-academia-de-tenis-do-glamour-a-ruina/>. Acesso em setembro de 2017.

APN. "Abastecimento em números". Rio de Janeiro: ANP/ Superintendência de Abastecimento, Boletim Gerencial, nº 53, dezembro de 2016. Disponível em <http://www.anp.gov.br/images/publicacoes/boletins-anp/Boletim_Abastecimento/Boletim_n53.pdf>. Acesso em novembro de 2017.

"APO divulga Matriz de Responsabilidades dos Jogos Rio 2016". Rio de Janeiro: APO, 28 de janeiro de 2014. Disponível em <https://bit.ly/2QPlkaY>. Acesso em setembro de 2018.

Ato Institucional nº 2, de 27 de outubro de 1965. Presidência da República/ Casa Civil Presidência da República. Disponível em <http://www.planalto.gov.br/ccivil_03/ait/ait-02-65.htm>. Acesso em setembro de 2017.

Augusto Ivan de Freitas. Linkedin. Disponível em <https://www.linkedin.com/in/augusto-ivan-de-freitas-pinheiro-5a262821/?ppe=1>. Acesso em outubro de 2017.

"A volta do golfe aos Jogos Olímpicos". Rio de Janeiro: Prefeitura do Rio de Janeiro. Disponível em <http://www.rio.rj.gov.br/dlstatic/10112/5263319/4136849/DOSSIE-GOLFE.pdf>. Acesso em janeiro de 2018.

B2W. Disponível em <https://ri.b2w.digital/institucional/historico>. Acesso em dezembro de 2017.

BALARIM, Raquel. "Skaf constrange Meirelles ao criticar aprovação da TLP pela Câmara". São Paulo: *Valor Econômico*, 24 de agosto de 2017. Disponível em <http://www.valor.com.br/brasil/5094188/skaf-constrange-meirelles-ao-criticar-aprovacao-da-tlp-pela-camara>. Acesso em fevereiro de 2018.

BALIEIRO, Silvia; PIRES, Fabiana. "O mundo depois da crise de 2008". Época Negócios, 25 de setembro de 2013. Disponível em <http://epocanegocios.globo.com/Informacao/Visao/noticia/2013/09/o-mundo-depois-da-crise-de-2008.html>. Acesso em dezembro de 2017.

"Banco CR2 lança fundo imobiliário". São Paulo: Agência Estado, 4 de julho de 2000. Disponível em <http://economia.estadao.com.br/noticias/geral,banco-cr2-lanca-novo-fundo-imobiliario,20000704p7839>. Acesso em novembro de 2017.

Banrisul. Disponível em <https://bit.ly/2xEHiVs>. Acesso em dezembro de 2017.

BARBOSA, Mariana; BRINBAUM, Ricardo. "Ex-diretora da Anac acusa Casa civil de favorecer comprador da Varig". São Paulo: *O Estado de S. Paulo*, 4 de junho de 2008. Disponível em <http://economia.estadao.com.br/noticias/geral,ex-diretora-da-anac-acusa-casa-civil-de-favorecer-comprador-da-varig,183508>. Acesso em novembro de 2017.

BARROS, Rafaela. "Fim de obras olímpicas provoca êxodo de cerca de dez mil trabalhadores do Rio". Rio de Janeiro, *Extra*, 24 de julho de 2016. Disponível em <https://extra.globo.com/noticias/economia/fim-de-obras-olimpicas-provoca-exodo-de-cerca-de-dez-mil-trabalhadores-do-rio-19770284.html> Acesso em janeiro de 2018.

BATISTA, Henrique Gomes. "Para se blindar na briga com sócios, Lap Chan transferiu ações no fim de 2007 para o milionário Santiago Born". Brasília: *O Globo*, 11 de junho de 2008. Disponível em <http://www2.senado.leg.br/bdsf/bitstream/handle/id/416491/noticia.htm?sequence=1>. Acesso em novembro de 2017.

"BNDES divulga novas políticas operacionais e condições de financiamento". Rio de Janeiro: BNDES, 5 de janeiro de 2017. Disponível em <https://www.bndes.gov.br/wps/portal/site/home/imprensa/noticias/conteudo/bndes-divulga-novas-politicas--operacionais>. Acesso em fevereiro de 2018.

"BNDES quer dobrar o desembolso para projetos em Pernambuco". Recife: *JC on-line*, 22 de dezembro de 2017. Disponível em <http://jconline.ne10.uol.com.br/canal/economia/pernambuco/noticia/2017/12/22/bndes-quer-dobrar-o-desembolso-para--projetos-em-pernambuco--321125.php>. Acesso em fevereiro de 2018.

"Bocha". Comitê Paralímpico Brasileiro. Disponível em <http://www.cpb.org.br/modalidades/bocha>. Acesso em janeiro de 2018.

BOECKEL, Cristina. "Rio recebeu 1,17 milhão de turistas na Olimpíada; 410 mil são do exterior". Rio de Janeiro: G1, 23 de agosto de 2016. Disponível em <http://g1.globo.com/rio-de-janeiro/olimpiadas/rio2016/noticia/2016/08/prefeitura-faz-balanco-da--olimpiada-e-paes-diz-que-o-rio-calou-criticos.html>. Acesso em janeiro de 2018.

BOURROUL, Marcela; FERREIRA, Michele; MOREIRA, Isabela. "20 anos do Plano Real". Rio de Janeiro: Época Negócios. Disponível em <http://20anosdoreal.epocanegocios.globo.com/>. Acesso em outubro de 2017.

BRADLEY, Marion Zimmer. *As Brumas de Avalon*. Rio de Janeiro: Imago, 1985.

BRASILCAP CAPITALIZAÇÃO S.A. Relatório de Administração. Disponível em <http://www.brasilcap.com.br/brasilcap/downloads/balanco20171.pdf>. Acesso em dezembro de 2017.

BRTRio. Disponível em <http://brtrio.com/conheca>. Acesso em janeiro de 2018.

CAIXA CAPITALIZAÇÃO S.A. Demonstrações financeiras. Susep. Disponível em <https://bit.ly/2xFwRRM>. Acesso em dezembro de 2017.

CAIXA CAPITALIZAÇÃO S.A. Demonstrações financeiras. Susep. Disponível em http://www.susep.gov.br/setores-susep/cgsoa/coaso/arquivos-demonstracoes--anuais/2016-06/CaixaCapitalizacaoSA-25585-IN-201606.pdf>. Acesso em dezembro de 2017.

CALICCHIO, Vera. "Atos Institucionais". Rio de Janeiro: CPDOC/FGV. Disponível em <http://www.fgv.br/cpdoc/acervo/dicionarios/verbete-tematico/atos-institucionais>. Acesso em agosto de 2017.

CAMPOS, Eduardo. "Mudança de TJLP para TLP adiará investimentos de empresas, diz Fiesp". Brasília: *Valor Econômico*, 8 de agosto de 2017. Disponível em <http://www.valor.com.br/brasil/5072510/mudanca-de-tjlp-para-tlp-adiara-investimentos--de-empresas-diz-fiesp>. Acesso em fevereiro de 2018.

CAMPOS, Eduardo; GRANER, Fábio. "Decisão do Copom deve igualar Selic e TJLP pela 1ª Vez". *Valor Econômico*, 6 de dezembro de 2017. Disponível em https://www.valor.com.br/financas/5218895/decisao-do-copom-deve-igualar-selic-e-tjlp-pela-1--vez>. Acesso em setembro de 2018.

CAMPOS, Eduardo; PUNO, Fábio. "CMN reduz TJLP a 6,75% ao ano". Brasília: *Valor Econômico*, 21 de dezembro de 2017. Disponível em <https://www.valor.com.br/financas/5235277/cmn-reduz-tjlp-675-ao-ano>. Acesso em fevereiro de 2018.

CAPRIOLI, Gabriel. "Em menos de um ano no BNDES, Maria Silvia foi bombardeada por críticas". São Paulo: *Valor Econômico*, 26 de maio de 2017. Disponível em <https://www.valor.com.br/financas/4982760/em-menos-de-um-ano-no-bndes--maria-silvia-foi-bombardeada-por-criticas>. Acesso em fevereiro de 2018.

CARRASCO, Vinicius; FRAGA NETO, Arminio; MELLO, João Manoel Pinho de. "Abrindo a caixa preta do BNDES". Rio de Janeiro: *O Globo*, 7 de março de 2016. Disponível em <https://oglobo.globo.com/opiniao/abrindo-caixa-preta-do-bndes--15529030#ixzz56dFLEtxk>. Acesso em fevereiro de 2018.

CASTRO, Lucas Crivelenti. "Os principais planos de combate à inflação no Brasil moderno". São Paulo: Época Negócios, 29 de setembro de 2016. Disponível em < http://epocanegocios.globo.com/Economia/noticia/2016/09/os-principais--planos-de-combate-inflacao-no-brasil-moderno.html>. Acesso em outubro de 2017.

CBG. Perícia mostra imenso legado ambiental do Campo Olímpico de Golfe. Rio de Janeiro: Confederação Brasileira de Golfe, 1º de março de 2016. Disponível em <http://www.cbg.com.br/?p=10953>. Acesso em janeiro de 2018.

CERQUEIRA, Ceres Aires. "Dívida Externa Brasileira – Processo negocial 1983-1996". Brasília: Banco Central do Brasil, 1996.

"Ciclismo BMX". Confederação Brasileira de Ciclismo. Disponível em <https://www.cob.org.br/pt/Esportes/ciclismo-bmx>. Acesso em janeiro de 2018.

"Ciclismo MTB". Confederação Brasileira de Ciclismo. Disponível em <https://www.cob.org.br/pt/Esportes/ciclismo-mtb>. Acesso em janeiro de 2018.

"Choque com Exército deixa 3 grevistas mortos na CSN". Rio de Janeiro: *Folha de S.Paulo*, 10 de novembro de 1988. Disponível em <http://almanaque.folha.uol.com.br/cotidiano_10nov1988.htm>. Acesso em outubro de 2017.

CLEMENTE, Isabel. "BNDES volta a ser um generoso financiador de grandes empresas". Época, 17 de abril de 2013. Disponível em <http://revistaepoca.globo.com/ideias/noticia/2013/04/bndes-volta-ser-um-generoso-financiador-das-grandes-empresas.html>. Acesso em fevereiro de 2018.

CNSEG. "Recorde no faturamento global de seguros". Segs, 16 de março de 2017. Disponível em<http://www.segs.com.br/seguros/56558-recorde-no-faturamento-global--de-seguros.html>. Acesso em dezembro de 2017.

"COB e confederações brasileiras olímpicas constituirão Comitê Organizador Rio 2016". Rio de Janeiro: COB, 22 de dezembro de 2009. Disponível em <https://www.cob.org.br/pt/noticia/cob-e-confederaes-brasileiras-olmpicas-constituiro-comit-organizador-rio-2016>. Acesso em janeiro de 2018.

"Complexo Esportivo de Deodoro, no Rio de Janeiro, tem projeto escolhido por concurso público". Rio de Janeiro: CAUBR, 29 de agosto de 2013. Disponível em <http://www.caubr.gov.br/consorcio-vigliecca-marobal-e-contratado-para-elaborar-projeto-do-complexo-esportivo-de-deodoro/>. Acesso em janeiro de 2018.

"Conselho da Embratel aceita pedidos de renúncia de Jorge Rodriguez e Cláudia Azeredo Santos". Rio de Janeiro: Embratel, 9 de junho de 2004. Disponível em <http://hmlg.embratel.com.br/embratel/a-embratel/saladeimprensa/2004/090604.php>. Acesso em setembro de 2018.

COSTA, Célia Maria Leite. "A campanha presidencial de 1960". Rio de Janeiro: CPDOC/FGV. Disponível em <http://cpdoc.fgv.br/producao/dossies/Jango/artigos/Campanha1960/A_campanha_presidencial_de_1960>. Acesso em agosto de 2017.

COSTA, Marcelo; DIAS, Sônia; FREIRE, Americo; KELLER, Vilma. "Leonel de Moura Brizola". Rio de Janeiro: FGV/CPDOC. Disponível em < http://www.fgv.br/cpdoc/acervo/dicionarios/verbete-biografico/leonel-de-moura-brizola>. Acesso em janeiro de 2018.

COUTO, André. "Partido da Reconstrução Nacional (PRN)". Rio de Janeiro: FGV/CPDOC. Disponível em <http://www.fgv.br/cpdoc/acervo/dicionarios/verbete-tematico/partido-da-reconstrucao-nacional-prn>. Acesso em setembro de 2017.

COUTO, André; DANTAS, André; GALVÃO, Cláudia. "Roberto Saturnino Braga". Rio de Janeiro: FGV/CPDOC. Disponível em <http://www.fgv.br/cpdoc/acervo/dicionarios/verbete-biografico/roberto-saturnino-braga>. Acesso em outubro de 2017.

CYTRYNOWICZ, Roney. *A história de um clube do livro com 800 mil sócios*. São Paulo: Publishnews, 2012. Disponível em <http://www.publishnews.com.br/materias/2012/12/07/71420-a-historia-de-um-clube-do-livro-com-800-mil-socios>. Acesso em agosto de 2017.

"Debriefing Londres 2012". Rio de Janeiro: APO. Disponível em <http://www.apo.gov.br/wp-content/uploads/2012/09/debriefing_20130820_reduzido.pdf>. Acesso em janeiro de 2018.

"Debriefing Olympic Games Rio 2016". Lausanne: IOC. Disponível em <https://bit.ly/2NrIPZX>. Acesso em setembro de 2018.

DELMAZO, Carol. "Palco da vela no Rio 2016, nova Marina da Glória é apresentada". Rio de Janeiro: Portal Brasil 2016, 7 de abril de 2016. Disponível em <http://www.brasil2016.gov.br/pt-br/noticias/palco-da-vela-no-rio-2016-a-nova-marina-da-gloria-e-apresentada-1>. Acesso em janeiro de 2018.

"Descruzamento acionário: CVRD venda sua participação na CSN". Rio de Janeiro: Vale S.A., 15 de março de 2001. Disponível em <http://www.vale.com/brasil/PT/investors/information-market/press-releases/Paginas/descruzamento-acionario-cvrd--venda-sua-participacao-na-csn.aspx>. Acesso em novembro de 2017.

DILASCIO, Flávio. "Segurança da Rio 2016 será feita por policiais militares e forças armadas". Rio de Janeiro: Globoesporte.com, 24 de fevereiro de 2015. Disponível em <http://globoesporte.globo.com/olimpiadas/noticia/2015/02/seguranca-da-rio-2016--sera-feita-por-policiais-militares-e-forcas-armadas.html>. Acesso em janeiro de 2018.

Dossiê de Candidatura. Rio de Janeiro: APO. Disponível em <http://www.apo.gov.br/index.php/matriz/a-matriz-e-o-dossie-de-candidatura/>. Acesso em janeiro de 2018.

"Dr Ludwig Guttmann". Lausanne: IPC, *Paralympics – History of the movement*. Disponível em <https://www.paralympic.org/the-ipc/history-of-the-movement>. Acesso em janeiro de 2018.

DUARTE, Fábio; SOUSA, Márcia Cristina. "Roberto Procópio de Lima Netto". Rio de Janeiro: FGV/CPDOC. Disponível em < http://www.fgv.br/cpdoc/acervo/dicionarios/verbete-biografico/roberto-procopio-de-lima-neto>. Acesso em outubro de 2017.

"Embratel contrata Maria Silvia para consultoria e assessoria financeira". Rio de Janeiro: Embratel, 13 de setembro de 2002. Disponível em <http://hmlg.embratel.com.br/embratel/a-embratel/saladeimprensa/2002/130902.php>. Acesso em setembro de 2018.

"Embratel tem novo vice-presidente econômico-financeiro: Norbert Glatt". Rio de Janeiro: Embratel, 7 de outubro de 2002. Disponível em < http://hmlg.embratel.com.br/embratel/a-embratel/saladeimprensa/2002/071002.php>. Acesso em setembro de 2018.

"Em 1988, prefeito anunciou a falência do Rio". *Folha de S.Paulo*, 19 de junho de 2016. Disponível em <http://www1.folha.uol.com.br/mercado/2016/06/1783227--em-1988-prefeito-anunciou-a-falencia-do-rio.shtml>. Acesso em outubro de 2017.

"Esgrima". Confederação Brasileira de Esgrima. Disponível em <https://www.cob.org.br/pt/Esportes/esgrima>. Acesso em janeiro de 2018.

"Ex-presidente da CSN vira consultora da Varig". São Paulo: Agência Estado, 16 de agosto de 2006. Disponível em <http://economia.estadao.com.br/noticias/mercados,ex-presidente-da-csn-vira-consultora-da-varig,20060816p16741>. Acesso em novembro de 2017.

FABRINI, Fabio. "TCU condena aporte do BNDES em fundo de pensão". Brasília: *O Estado de S. Paulo*, 28 de julho de 2016. Disponível em <http://economia.estadao.com.br/noticias/geral,tcu-condena-aporte-do-bndes-em-fundo-de-pensao,10000065411>. Acesso em fevereiro de 2018.

FARIAS, Ignez Cordeiro de; GRYNSPAN, Mário. "Maria Silvia Bastos Marques". Rio de Janeiro: CPDOC/FGV, jul.-nov. 1999. Disponível em <https://bit.ly/2OON4uU>. Acesso em setembro de 2017.

FARIELLO, Danilo; OLIVEIRA, Eliane. "O mês em que o Brasil faliu". Brasília: *O Globo*, 1º de setembro de 2012. Disponível em <https://oglobo.globo.com/economia/o--mes-em-que-brasil-faliu-5976901>. Acesso em setembro de 2017.

FERNANDES, Adriana; TOMAZELLI, Idiana. "BNDES quer sobreviver longe do governo". Brasília: *O Estado de S. Paulo*, 17 de setembro de 2017. Disponível em <http://economia.estadao.com.br/noticias/geral,bndes-quer-sobreviver-longe-do-governo,70002003840>. Acesso em fevereiro de 2018.

"Fernando Collor". Brasília: Presidência da República/Biblioteca Presidência da República. Disponível em <http://www.biblioteca.presidencia.gov.br/presidencia/ex-presidentes/fernando-collor/nome-do-presidente>. Acesso em outubro de 2017.

FERREIRA, Denilson Queiroz Gomes. *Privatização da CSN: Resistência e adaptação do Sindicato dos Metalúrgicos sob a perspectiva de dependência de recursos*. Rio de Janeiro: Dissertação ao Programa de Pós-Graduação em Administração/Coppead/UFRJ, 2005. Disponível em <http://www.coppead.ufrj.br/upload/publicacoes/Denilson_Ferreira.pdf>. Acesso em outubro de 2017.

FILGUEIRAS, Sonia. "Delfim Netto". São Paulo: *IstoÉ*, 15 de dezembro de 2004. Disponível em <https://istoe.com.br/8455_DELFIM+NETTO+/>. Acesso em setembro de 2017.

FILIPO, Leonardo. "APO divulga atualização da Matriz de 2016 com aumento de R$ 100 milhões". Rio de Janeiro: Globoesporte.com, 28 de janeiro de 2015. Disponível em <http://globoesporte.globo.com/olimpiadas/noticia/2015/01/apo-divulga-2-atualizacao-da-matriz-dos-jogos-com-aumento-de-100-mi.html>. Acesso em janeiro de 2018.

FILIPO, Leonardo. "Prefeitura cancela processo de licitação do Parque Olímpico". Rio de Janeiro: Globoesporte.com, 16 de dezembro de 2016. Disponível em <http://globoesporte.globo.com/olimpiadas/noticia/2016/12/prefeitura-cancela-processo-de--licitacao-do-parque-olimpico.html>. Acesso em janeiro de 2018.

FONTES, Ângela Maria Mesquita; LAMARRÃO, Sérgio Tadeu de Niemeyer. "Volta Redonda: história de uma cidade ou de uma usina?". Rio de Janeiro: *Revista Rio de Janeiro*, jan.-dez. 2006. Disponível em <http://www.forumrio.uerj.br/documentos/revista_18-19/Cap-12-Angela_Fontes_Sergio_Lamarao.pdf>. Acesso em outubro de 2017.

FRAGA, Helton; LIMA, Gustavo; LOUVEN, Mariza (org.); RÊGO, Sandro. *Janelas abertas*. Rio de Janeiro: CSN, 2001.

FRAGA, Helton; LIMA, Gustavo; LOUVEN, Mariza; RÊGO, Sandro (org.). *Janelas abertas*, p. 49. Rio de Janeiro: CSN, 2001.

"Fundação Ezute". Disponível em <http://www.ezute.org.br/quem-somos/a-fundacao--ezute/>. Acesso em janeiro de 2018.

"Futebol de 5". Comitê Paralímpico Brasileiro. Disponível em <http://www.cpb.org.br/modalidades/futebol-de-5>. Acesso em janeiro de 2018.

GALDO, Rafael; RAMALHO, Guilherme. "Um ano após a Olimpíada, o que ficou de legado para o Rio". Rio de Janeiro: *O Globo*, 4 de agosto de 2017. Disponível em <https://oglobo.globo.com/rio/um-ano-apos-olimpiada-que-ficou-de-legado-para-rio-21666449>. Acesso em janeiro de 2018.

GALLAS, Daniel. "Londres 2012: Confira cinco dores de cabeça dos organizadores dos Jogos". Londres: BBC Brasil, 12 de julho de 2012. Disponível em <http://www.bbc.com/portuguese/noticias/2012/07/120712_olympics_5problemas_dg>. Acesso em janeiro de 2018.

GALLO, Alberto. "End of an era irrational complacency in markets". Nova York: *Financial Times*, 6 de dezembro de 2017. Disponível em <https://www.ft.com/content/d7b54a48-ca04-11e7-aa33-c63fdc9b8c6c>. Acesso em agosto de 2017.

GISMONDI, Lydia. "Londres 2012 deixa região revitalizada, parque público e mudança cultural". Londres: Globoesporte.com, 13 de agosto de 2012. Disponível em <http://globoesporte.globo.com/olimpiadas/noticia/2012/08/londres-2012-deixa-regiao-revitalizada-parque-publico-e-mudanca-cultural.html>. Acesso em janeiro de 2018.

"Goalball". Comitê Paralímpico Brasileiro. Disponível em <http://www.cpb.org.br/modalidades/goalball>. Acesso em janeiro de 2018.

GÓES, Francisco; ROMERO, Cristiano. "Para BNDES, sem adesão de outros órgãos, leniência não dá segurança jurídica". Rio de Janeiro: *Valor Econômico*, 20 de março de 2017. Disponível em <http://www.valor.com.br/brasil/4905094/para-bndes-sem-adesao-de-outros-orgaos-leniencia-nao-da-seguranca-juridica>. Acesso em fevereiro de 2018.

"Gol compra Varig por R$ 320 milhões". São Paulo: Globo.com/G1, 28 de março de 2007. Disponível em <http://g1.globo.com/Noticias/Economia_Negocios/0,,MUL15312-9356,00.html>. Acesso em novembro de 2017.

GOOD, Fernanda. "Prefeitura abre licitação para serviços de conservação no Parque Radical de Deodoro". Rio de Janeiro: Prefeitura do Rio de Janeiro, 30 de junho de 2017. Disponível em <http://www.rio.rj.gov.br/web/guest/exibeconteudo?id=7135102>. Acesso em janeiro de 2018.

GRANER, Fabio; CAMPOS, Eduardo. "Decisão do Copom deve igualar Selic e TJLP pela 1ª vez". *Valor Econômico*, Brasília: 6 de dezembro de 2017. Disponível em <https://www.valor.com.br/financas/5218895/decisao-do-copom-deve-igualar-selic-e-tjlp-pela-1-vez>. Acesso em fevereiro de 2018.

GUIDO, Maria Cristina; KELLER, Vilma. "Mário Henrique Simonsen". Rio de Janeiro: CPDOC/FGV. Disponível em <http://www.fgv.br/cpdoc/acervo/dicionarios/verbete-biografico/simonsen-mario-henrique>. Acesso em setembro de 2017.

"Handebol". Confederação Brasileira de Handebol". Disponível em <https://www.cob.org.br/pt/Esportes/handebol>. Acesso em janeiro de 2018.

"História". Rio de Janeiro: FGV/EBAPE. Disponível em <http://ebape.fgv.br/institucional/historia>. Acesso em agosto de 2017.

"Hóquei sobre grama". Confederação Brasileira de Hóquei sobre Grama e Indoor. Disponível em <https://www.cob.org.br/pt/Esportes/hoquei-sobre-grama>. Acesso em janeiro de 2018.

ICATU HARTFORD. Demonstrações financeiras. Disponível em <http://www.portal.icatuseguros.com.br>. Acesso em setembro de 2018.

"Icatu Vanguarda". Disponível em <http://www.icatuvanguarda.com.br/pt/historia>. Acesso em dezembro de 2017.

"Itaú Compra Banerj por R$ 311 mi e ágio de 0,35%". Rio de Janeiro: *Folha de S.Paulo*, 27 de junho de 1997. Disponível em <http://www1.folha.uol.com.br/fsp/brasil/fc270602.htm>. Acesso em outubro de 2017.

"Jânio Quadros". Rio de Janeiro: FGV, Dicionário Bibliográfico Brasileiro pós 1930. 2ª. Edição. 2001. Disponível em <http://cpdoc.fgv.br/producao/dossies/Jango/biografias/janio_quadros>. Acesso em setembro de 2017.

JARDIM, Lauro. "Apertem os cintos: BNDES desiste de construir nova sede de R$ 490 milhões". Rio de Janeiro: *O Globo*, 29 de junho de 2016. Disponível em <http://blogs.oglobo.globo.com/lauro-jardim/post/apertem-os-cintos-bndes-desiste-de-construir-nova-sede-de-r-490-milhoes.html>. Acesso em fevereiro de 2018.

JARDIM, Lauro. "Dono da JBS grava Temer dando aval para compra de silêncio de Cunha". Rio de Janeiro: *O Globo*, 17 de maio de 2017. Disponível em <https://oglobo.globo.com/brasil/dono-da-jbs-grava-temer-dando-aval-para-compra-de-silencio--de-cunha-21353935#ixzz56uRpjH89>. Acesso em fevereiro de 2018.

JULIÃO, Luís Guilherme. "Palácio da Cidade, que já teve de Rainha Elizabeth a bala perdida, recebe Crivella". Rio de Janeiro: *Extra*, 22 de janeiro de 2017. Disponível em <https://extra.globo.com/noticias/rio/palacio-da-cidade-que-ja-teve-de-rainha--elizabeth-bala-perdida-recebe-crivella-20805287.html>. Acesso em janeiro de 2018.

"João Roberto Marinho". Rio de Janeiro: *O Globo*/ Perfis e Depoimentos. Disponível em <http://memoria.oglobo.globo.com/perfis-e-depoimentos/joatildeo-roberto-marinho-9257568>. Acesso em novembro de 2017.

"José Carlos Martins". Rio de Janeiro: Vale S.A. Disponível em <http://www.vale.com/PT/aboutvale/leadership/Documents/perfilcompleto/fev-14/CV_DEJM_port%20FEV%202014.pdf>. Acesso em outubro de 2017.

"Ken Livingstone é reeleito prefeito de Londres". UOL, 11 de junho de 2004. Disponível em <https://noticias.uol.com.br/ultnot/efe/2004/06/11/ult1808u15266.jhtm>. Acesso em janeiro de 2018.

Lei 13.483, de 21 de setembro de 2017. Brasília: Presidência da República/Casa Civil. Disponível em <http://www.planalto.gov.br/ccivil_03/_ato2015-2018/2017/Lei/L13483.htm>. Acesso em fevereiro de 2018.

Lei 5.230, de 25 de novembro de 2010. Rio de Janeiro: Prefeitura. Disponível em <http://smaonline.rio.rj.gov.br/legis_consulta/35737Lei%205230_2010.pdf>. Acesso em janeiro de 2018.

"Leilão da Aneel proporcionará mais de R$ 12,7 bilhões de investimentos em transmissão em 19 estados". Aneel, 24 de abril de 2017. Disponível em <https://bit.ly/2QMIoXT>. Acesso em setembro de 2018.

"Leilão de transmissão da Aneel é encerrado; investimentos somam R$ 12,7 bilhões". Época Negócios, 24 de abril de 2017. Disponível em <https://epocanegocios.globo.com/Empresa/noticia/2017/04/epoca-negocios-aneel-promove-leilao-para-viabilizar-ate-r131-bi-em-novas-linhas-de-transmissao.html>. Acesso em fevereiro de 2018.

"Leilão da Varig é remarcado para o dia 19". São Paulo: Agência Estado, 13 de julho de 2006. Disponível em <http://economia.estadao.com.br/noticias/mercados,leilao-da--varig-e-remarcado-para-o-dia-19,20060713p16395>. Acesso em novembro de 2017.

LIMA, Samantha. "União impõe imposto para revitalização de áreas comerciais". Rio de Janeiro: *Folha de S.Paulo*, 4 de março de 2009. Disponível em <http://www1.folha.uol.com.br/fsp/cotidian/ff0403200924.htm>. Acesso em dezembro de 2017.

"Livro verde: nossa história tal como ela é". Rio de Janeiro: BNDES, 2017. Disponível em <https://web.bndes.gov.br/bib/jspui/handle/1408/12697>. Acesso em fevereiro de 2018.

LOBATO, Elvira. "Mídia nacional acumula dívida de R$ 10 bi". Rio de Janeiro: *Folha de S.Paulo*, 15 de fevereiro de 2004. Disponível em <http://www1.folha.uol.com.br/fsp/dinheiro/fi1502200416.htm>. Acesso em novembro de 2017.

"Luta greco-romana". Confederação Brasileira de Wrestling. Disponível em <https://www.cob.org.br/pt/Esportes/luta-greco-romana>. Acesso em janeiro de 2018.

MAGALHÃES, Luiz Ernesto. "Decoração começa a ser instalada no Rio para os Jogos Olímpicos". Rio de Janeiro: *O Globo*, 26 de junho de 2016. Disponível em <https://oglobo.globo.com/rio/decoracao-comeca-ser-instalada-no-rio-para-os-jogos-olimpicos-19605226#ixzz53EmoD45h>. Acesso em janeiro de 2018.

MAGALHÃES, Luiz Ernesto. "Metade dos candidatos a voluntário dos Jogos Olímpicos de 2016 tem até 25 anos de idade". Rio de Janeiro: Globo.com, 27 de janeiro de 2016. Disponível em <https://oglobo.globo.com/rio/metade-dos-candidatos-voluntario--dos-jogos-olimpicos-de-2016-tem-ate-25-anos-de-idade-15158893>. Acesso em janeiro de 2018.

MAGRO, Maíra. "STF obriga BNDES a informar ao TCU dados sobre empréstimo do JBS". Brasília: *Valor Econômico*, 26 de maio de 2015. Disponível em <https://www.

valor.com.br/politica/4068082/stf-obriga-bndes-informar-ao-tcu-dados-sobre-em-prestimo-do-jbs>. Acesso em fevereiro de 2018.

"Mandado de segurança questiona decisão do TCU que determina envio de dados sigilosos". Brasília: STF, 27 de novembro de 2014. Disponível em <http://www.stf.jus.br/portal/cms/verNoticiaDetalhe.asp?idConteudo=280610>. Acesso em fevereiro de 2018.

MARQUES, Maria Silvia Bastos. "Discurso de posse no BNDES". Rio de Janeiro: BNDES, 1º de junho de 2016. Disponível em <https://bit.ly/2QISGIB>. Acesso em setembro de 2018.

Maurizio Mauro. Linkedin. Disponível em <https://www.linkedin.com/in/maurizio--mauro-7bb71a4/>. Acesso em novembro de 2017.

"Ministério do Esporte assume a gestão das instalações da Rio 2016, diz Paes". Rio de Janeiro: Globoesporte.com, 21 de dezembro de 2016. Disponível em <http://globoesporte.globo.com/olimpiadas/noticia/2016/12/ministerio-do-esporte-assume-gestao-das-instalacoes-da-rio-2016-diz-paes.html>. Acesso em janeiro de 2018.

MONGERAL AEGON. Disponível em <https://www.mongeralaegon.com.br/grupo--mongeral-aegon/sobre>. Acesso em dezembro de 2017.

MOREIRA, Maria Ester Lopes. *Diretas já*. Rio de Janeiro: CPDOC/FGV. Disponível em <http://www.fgv.br/cpdoc/acervo/dicionarios/verbete-tematico/diretas-ja>. Acesso em agosto de 2017.

MOSER, Laura. "Três anos depois das Olimpíadas, bairro do Parque Olímpico de Londres ganha nova vida". Londres: *The New York Times/O Globo*, 10 de fevereiro de 2016. Disponível em <https://oglobo.globo.com/boa-viagem/tres-anos-depois-das--olimpiadas-bairro-do-parque-olimpico-de-londres-ganha-nova-vida-15241996>. Acesso em janeiro de 2018.

MOURA, Joana. "Laudo aponta ganho ambiental em terreno de golfe olímpico". Rio de Janeiro: Terra, 26 de fevereiro de 2016. Disponível em <https://www.terra.com.br/esportes/lance/laudo-aponta-ganho-ambiental-em-terreno-do-campo-de-golfe-olimpico,f6891c81cf9a3a7869d4e58a877f7a1fh81q4l0e.html>. Acesso em janeiro de 2018.

"Mr Thomas Bach". Lausanne: IOC/Members. Disponível em <https://www.olympic.org/mr-thomas-bach>. Acesso em janeiro de 2018.

"Ms Nawal el Moutawakel". Lausanne: IOC/Members. Disponível em <https://www.olympic.org/ms-nawal-el-moutawakel>. Acesso em janeiro de 2018.

NEDER, Vinicius. "Rombo em fundo de pensão provoca discussão no BNDES". Rio de Janeiro: *O Estado de S. Paulo*, 19 de janeiro de 2017. Disponível em < http://economia.estadao.com.br/noticias/geral,rombo-em-fundo-de-pensao-provoca-discussao--no-bndes,70001633636>. Acesso em fevereiro de 2018.

NETO, Fernando Paulino. "Opostos se completam no Icatu". Rio de Janeiro: *Folha de S.Paulo*, 21 de agosto de 1994. Disponível em <http://www1.folha.uol.com.br/fsp/1994/8/21/dinheiro/38.html>. Acesso em dezembro de 2017.

"Nilton Molina". São Paulo: Abrapp. Disponível em <http://www.abrapp.org.br/Eventos/Paginas/enapc/niltonmolina.aspx>. Acesso em dezembro de 2017.

"Nota à Imprensa". Brasília: Presidência da República/Portal Planalto, 17 de junho de 2017. Disponível em <http://www2.planalto.gov.br/acompanhe-planalto/notas-oficiais/notas-oficiais-do-presidente/nota-a-imprensa-36>. Acesso em fevereiro de 2018.

"Nota à imprensa: veto à internacionalização da JBS". Rio de Janeiro: BNDES, 20 de junho de 2017. Disponível em <https://www.bndes.gov.br/wps/portal/site/home/imprensa/noticias/conteudo/nota-a-imprensa-veto-internacionalizacao-jbs>. Acesso em fevereiro de 2018.

"Nossa equipe e estrutura". Rio de Janeiro: BNDES. Disponível em <https://www.bndes.gov.br/SiteBNDES/bndes/bndes_pt/Hotsites/Relatorio_Anual_2016/assets/bndes_ra2016_web_03_nossaequipe.pdf>. Acesso em fevereiro de 2018.

NUNES, Vicente. "Moreira Franco derrubou Maria Silvia do BNDES, dizem fontes". Brasília: *Correio Braziliense,* 26 de maio de 2017. Disponível em <http://blogs.correiobraziliense.com.br/vicente/moreira-franco-derrubou-maria-silvia-do-bndes-dizem-fontes/>. Acesso em fevereiro de 2018.

"Olimpíada: Comitê pede desculpa por gafe com bandeiras". São Paulo: *Veja*, 26 de julho de 2012. https://veja.abril.com.br/esporte/olimpiada-comite-pede-desculpa-por-gafe-com-bandeiras/>. Acesso em janeiro de 2018.

"Operação urbana consorciada da região do Porto do Rio – Caracterização do empreendimento". Rio de Janeiro: Porto Maravilha. Disponível em <http://www.portomaravilha.com.br/conteudo/estudos/impacto-a-vizinhaca/III.%20Caracterizacao%20do%20Empreendimento.pdf>. Acesso em janeiro de 2018.

"Operações de crédito entre o BNDES e JBS/Friboi não estão cobertas pelo sigilo bancário". Brasília: STF, 26 de maio de 2015. Disponível em <http://www.stf.jus.br/portal/cms/verNoticiaDetalhe.asp?idConteudo=292332>. Acesso em fevereiro de 2018.

"O projeto de reconstrução nacional". Brasília: Presidência da República/Biblioteca Presidência da República, 15 de março de 1990. Disponível em <file:///C:/Users/mariz_001/OneDrive/Documents/01.pdf. Acesso em outubro de 2017.

"O que é o IDH". PNUD BRASIL. Disponível em <http://www.br.undp.org/content/brazil/pt/home/idh0/conceitos/o-que-e-o-idh.html>. Acesso em janeiro de 2018.

OREIRO, José Luis. "Origem, causas e impactos da crise". São Paulo: *Valor Econômico*, 13 de setembro de 2011. Disponível em<https://jlcoreiro.wordpress.com/2011/09/13/origem-causas-e-impacto-da-crise-valor-economico-13092011/>. Acesso em dezembro de 2017.

"Organising Committees for the Olympic Games". Lausanne: IOC. Disponível em <https://www.olympic.org/ioc-governance-organising-committees>. Acesso em janeiro de 2018.

"Os mil negócios de Kati". São Paulo: *IstoÉ Dinheiro*, 28 de agosto de 2002. Disponível em <https://www.istoedinheiro.com.br/noticias/negocios/20020828/mil-negocios--kati/20336>. Acesso em dezembro de 2017.

PAIVA, Rafael. "Trabalhadores aprovam proposta pelo turno de oito horas na CSN". Volta Redonda: *Diário do Vale*, 23 de novembro de 2017. Disponível em <http://diariodovale.com.br/tempo-real/trabalhadores-aprovam-proposta-pelo-turno-de-oito--horas-na-csn/>. Acesso em outubro de 2017.

"Parque Radical de Deodoro é reaberto neste domingo". Rio de Janeiro: *O Dia*/IG, 24 de setembro de 2017. Disponível em <https://www.odia.com.br/rio-de-janeiro/2017-09-24/parque-radical-de-deodoro-e-reaberto-neste-domingo.html>. Acesso em janeiro de 2018.

PAULINO NETO, Fernando. "CSN fará demissões para reduzir custos". Rio de Janeiro: *Folha de S.Paulo*, 26 de novembro de 1996. Disponível em <http://www1.folha.uol.com.br/fsp/1996/11/26/dinheiro/27.html>. Acesso em outubro de 2017.

PEDREIRA, William. "Massacre de Volta Redonda completa 26 anos". São Paulo: Central Única dos Trabalhadores, 7 de novembro de 2014. Disponível em <https://cut.org.br/noticias/memoria-de-luta-e-resistencia-1cbc/>. Acesso em outubro de 2017.

"Pentatlo moderno". Confederação Brasileira de Pentatlo Moderno. Disponível em <https://www.cob.org.br/pt/Esportes/pentatlo-moderno>. Acesso em janeiro de 2018.

PESSOA, Daniela. "Tanit Galdeano, empresária conhecida do ramo imobiliário, se une a famosas seguidoras de guru indiano". Rio de Janeiro: *Veja Rio*, 25 de fevereiro de 2017. Disponível em <https://vejario.abril.com.br/blog/beira-mar/tanit-galdeano--empresaria-conhecida-do-ramo-imobiliario-se-une-a-famosas-seguidoras-de-guru-indiano/>. Acesso em novembro de 2017.

"Petrobras paga dívida de R\$ 16,7 bi com BNDES, informa banco". Rio de Janeiro: *O Globo*/Reuters, 23 de dezembro de 2016. Disponível em <https://oglobo.globo.com/economia/petrobras-paga-divida-de-167-bi-com-bndes-informa-banco-20688217#ixzz57IDUSpfz>. Acesso em fevereiro de 2018.

PONSO, Fabio. "Sedes da prefeitura do Rio, do Campo de Santana, em 1892, ao Palácio da Cidade". Rio de Janeiro: *O Globo*, 23 de setembro de 2016. Disponível em <http://acervo.oglobo.globo.com/em-destaque/sedes-da-prefeitura-do-rio-do-campo-de--santana-em-1892-ao-palacio-da-cidade-20169039>. Acesso em janeiro de 2018.

"President Bach pays tribute to Pierre de Coubertin on the anniversary of his death". Lausanne: IOC, 2 de setembro de 2015. Disponível em<https://www.olympic.org/news/president-bach-pays-tribute-to-pierre-de-coubertin-on-the-anniversary-of--his-death>. Acesso em janeiro de 2018.

"Record tem novo presidente". São Paulo: Agência Estado, 7 de janeiro de 2003. Disponível em <http://cultura.estadao.com.br/noticias/geral,record-tem-novo-presidente,20030107p2369>. Acesso em novembro de 2017.

Relatório TCU. Brasília: TCU, 2014. Disponível em <http://portal.tcu.gov.br/lumis/ portal/file/fileDownload.jsp?fileId=8A8182A151356F960151A0B64A397727&inli ne=1>. Acesso em fevereiro de 2018.

"Réveillon de Copacabana leva público de 2,4 milhões de pessoas à praia". Rio de Janeiro: *O Globo*, 1º de janeiro de 2018. Disponível em <https://oglobo.globo.com/rio/ reveillon-de-copacabana-leva-publico-de-24-milhoes-de-pessoas-praia-22244222>. Acesso em janeiro de 2018.

"Roberto Teixeira e ex-sócios da Volo são convidados a prestar depoimento sobre venda da Varig". Brasília: Senado/Senado Notícias, 2 de julho de 2008. Disponível em <https://www12.senado.leg.br/noticias/materias/2008/07/02/roberto-teixeira-e-ex-socios-da-volo-sao-convidados-a-prestar-depoimento-sobre-venda-da-varig>. Acesso em novembro de 2017.

ROCHA, JOSÉ. Relatório CPI BNDES. Brasília: Câmara dos Deputados, fevereiro de 2016. Disponível em <http://www.camara.gov.br/proposicoesWeb/prop_mostrarint egra?codteor=1433015>. Acesso em fevereiro de 2018.

"Rúgbi". Confederação Brasileira de Rugby. Disponível em <https://www.cob.org.br/pt/ Esportes/rugbi>. Acesso em janeiro de 2018.

SAFATLE, Claudia. "A experiência amarga do cruzado". Brasília: *Valor Econômico*, 26 de fevereiro de 2016. Disponível em <http://www.valor.com.br/especial/planocruzado>. Acesso em setembro de 2017.

SAFATLE, Claudia. *A mãe de todas as crises*. Brasília: Valor econômico, 10 de agosto de 2012. Disponível em <http://www.valor.com.br/cultura/2783388/mae-de-todas--crises-do-brasil>. Acesso em setembro de 2017.

SANTOS, Chico. "Vale registra lucro de R$ 1 bilhão em 98". Rio de Janeiro: *Folha de S.Paulo*, 4 de março de 1999. Disponível em <http://www1.folha.uol.com.br/fsp/dinheiro/fi04039921.htm>. Acesso em setembro de 2017.

"Sarney explicará suspensão de remessa de juros". Rio de Janeiro: *O Globo*, 20 de fevereiro de 1987. Disponível em <http://acervo.oglobo.globo.com/fatos-historicos/brasil--declara-moratoria-9948414>. Acesso em setembro de 2017.

SCOFIELD JUNIOR, Gilberto. "Bamerindus coloca à venda ações da CSN". Rio de Janeiro: *Jornal do Brasil*, 1º de novembro de 1995. Disponível em <http://memoria. bn.br/pdf/030015/per030015_1995_00207.pdf>. Acesso em outubro de 2017.

"Seguradora AIG nasceu na China há 90 anos". São Paulo: AFP/Brasil Econômico, 16 de setembro de 2008. Disponível em <http://economia.ig.com.br/seguradora--aig-nasceu-na-china-ha-90-anos/n1237717126824.html>. Acesso em dezembro de 2017.

"Sidney Levy assumirá a diretoria geral da Rio 2016". São Paulo: *Valor Econômico*, 12 de novembro de 2012. Disponível em< http://www.valor.com.br/carreira/2900392/ sidney-levy-assumira-diretoria-geral-da-rio-2016>. Acesso em janeiro de 2018.

SILVA, Alzira Rosa Morais da (ed.). *Dez anos de metas para a inflação no Brasil 1999-2009*. Brasília: Banco Central do Brasil, 2011. Disponível em <https://www.bcb.gov.br/Pec/Metas/10_anos_metas_inflacao_completo.pdf>. Acesso em setembro de 2017.

SILVA, Carlos Eduardo Lins da. "A origem de Camelot". Washington: *Folha de S.Paulo*, 1994. Disponível em <http://www1.folha.uol.com.br/fsp/1994/5/24/mundo/8.html>. Acesso em novembro de 2017.

Sistema Sicredi. Portal do Corporativismo Financeiro. Disponível em <http://cooperativismodecredito.coop.br/cenario-mundial/cenario-brasileiro/dados-consolidados-dos-sistemas-cooperativos/sistema-sicredi/>. Acesso em dezembro de 2017.

Sobre a antecipação dos R$ 100 bi à União. Rio de Janeiro: AFBNDES, 25 de novembro de 2016. Disponível em <http://www.afbndes.org.br/notas/index.htm>. Acesso em fevereiro de 2018.

Sobre a proposta de mudança na metodologia de cálculo da TJLP. Rio de Janeiro: AFBNDES, 24 de janeiro de 2014. Disponível em <http://www.afbndes.org.br/notas/nota_24012017.htm>. Acesso em fevereiro de 2018.

SPITZ, Clarice. "Sozinha em leilão, VarigLog fica com a Varig por R$ 24 milhões". Rio de Janeiro: *Folha de S.Paulo*, 20 de julho de 2006. Disponível em <http://www1.folha.uol.com.br/folha/dinheiro/ult91u109537.shtml>. Acesso em novembro de 2017.

"Story os Paralympics founder Sir Ludwig Guttmann". Oxford: BBC, 24 de agosto de 2012. Disponível em http://www.bbc.com/news/av/uk-england-oxfordshire-19368602/story-of-paralympics-founder-sir-ludwig-guttmann>. Acesso em janeiro de 2018.

"Sucessão de erros leva o Rio à falência". Rio de Janeiro: *O Globo*, 25 de setembro de 1988. Disponível em <http://acervo.oglobo.globo.com/em-destaque/prefeito-saturnino-braga-decretou-falencia-do-rio-de-janeiro-em-1988-18436051>. Acesso em outubro de 2017.

Swiss Life Group. Disponível em <https://www.swisslife.com/en/swisslifegroup/overview/overview.html>. Acesso em dezembro de 2017.

Sylvio Coutinho. Linkedin. Disponível em <https://www.linkedin.com/in/sylvio-coutinho-16ba6514/>. Acesso em outubro de 2017.

"Taekwondo". Confederação Brasileira de Taekwondo. Disponível em <https://www.cob.org.br/pt/Esportes/taekwondo>. Acesso em janeiro de 2018.

"Tancredo Neves". Rio de Janeiro: FGV/CPDOC. Disponível em <http://cpdoc.fgv.br/producao/dossies/AEraVargas2/biografias/Tancredo_Neves>. Acesso em agosto de 2017.

Tao Empreendimentos. Facebook. Disponível em <https://www.facebook.com/pg/TaoEmp/about/>. Acesso em novembro de 2017.

The Hartford. Disponível em <https://www.thehartford.com/about-us>. Acesso em dezembro de 2017.

"The Olympic Games of Antiquity". Lausanne: IOC, maio de 2012. Disponível em <https://bit.ly/2OCvYQY>. Acesso em setembro de 2018.

"The organization". Lausanne: IOC. Disponível em<https://www.olympic.org/about-ioc-institution>. Acesso em janeiro de 2018.

"Tocha Olímpica inicia revezamento no Brasil". Brasília: Portal Brasil 2016, 3 de maio de 2016. Disponível em <http://www.brasil.gov.br/esporte/2016/05/tocha-olimpica-chega-ao-brasil-nesta-terca-3-e-comeca-revezamento-pelas-ruas-de-brasilia>. Acesso em janeiro de 2018.

TORRES, Fernando. "Transcrição de áudio indica ação de Temer em favor da JBS no BNDES". São Paulo: *Valor Econômico*, 28 de junho de 2017. Disponível em <https://www.valor.com.br/politica/5019670/transcricao-de-audio-indica-acao-de-temer-em-favor-da-jbs-no-bndes>. Acesso em fevereiro de 2018.

UERJ. Reitor Ruy Garcia Marques. Disponível em <http://www.uerj.br/institucional/reitoria.php>. Acesso em agosto de 2017.

VARGAS, Getúlio. Decreto-Lei 3.002/1941. Disponível em <http://www2.camara.leg.br/legin/fed/declei/1940-1949/decreto-lei-3002-30-janeiro-1941-412984-publicacaooriginal-1-pe.html>. Acesso em agosto de 2017.

VARGAS, Vagner. "Novo presidente da Autoridade Pública Olímpica toma posse no Rio de Janeiro". Brasília: Ministério do Esporte, 19 de novembro de 2013. http://www.esporte.gov.br/index.php/ultimas-noticias/211-noticias-snear/45738-novo-presidente-da-autoridade-publica-olimpica-toma-posse-no-rio-de-janeiro-2>. Acesso em janeiro de 2018.

"Varig antiga define nova estrutura em assembleia". São Paulo: Agência Estado, 16 de agosto de 2006. Disponível em <http://economia.estadao.com.br/noticias/geral,-varig-antiga-define-nova-estrutura-em-assembleia,20060816p37712>. Acesso em novembro de 2017.

"Veja as medidas contra a crise já tomadas pelo governo no Brasil". São Paulo: UOL, 11 de dezembro de 2008. Disponível em <https://economia.uol.com.br/ultnot/2008/12/11/ult4294u2001.jhtm>. Acesso em dezembro de 2017.

VENTURA, Manoel. "No Rio, quase 70% dos dejetos não são tratados antes de ser despejados". Rio de Janeiro: *O Globo*, 24 de setembro de 2017. Disponível em <https://oglobo.globo.com/economia/no-rio-quase-70-dos-dejetos-nao-sao-tratados-antes-de-serem-despejados-21865486>. Acesso em fevereiro de 2018.

"VLT passa a operar na Central neste sábado". Rio de Janeiro: VLT Carioca. Disponível em <http://vltrio.rio/noticia/vlt-operacao-central-do-brasil/>. Acesso em janeiro de 2018.

"VLT terá mais duas paradas em operação na Linha 1". Rio de Janeiro: VLT Carioca. Disponível em <http://vltrio.rio/noticia/vlt-mais-duas-paradas-operacao-linha-1/>. Acesso em janeiro de 2018.

Para saber mais sobre os títulos e autores
da Editora Sextante, visite o nosso site.
Além de informações sobre os próximos lançamentos,
você terá acesso a conteúdos exclusivos
e poderá participar de promoções e sorteios.

sextante.com.br